初级财务管理

主　　编　熊细银
副主编　　王文冠　陶建蓉　张　鹄
　　　　　金　晶
参　　编　郑　婧　黄慧雯　杜　丽
　　　　　杨高武　易继红

北京理工大学出版社
BEIJING INSTITUTE OF TECHNOLOGY PRESS

内 容 简 介

本书系统地阐述了财务管理的基本理论和基本方法。

本书共3编13章。第1编，介绍财务管理概念，包括财务管理的内容和原则、财务管理的发展和目标、财务管理的环境。第2编，介绍财务管理基础，包括货币时间价值、风险与收益、证券估价、资本成本和现金流量、杠杆原理。第3编，介绍财务管理的方法，包括财务预测、财务决策、财务预算、财务控制和财务分析。

本书结构合理，体系完整，实践性强，应用面广，可作为普通高等学校本科财务专业的必读教材、经济管理类本科专业的重要教材以及非经济管理类学生的选修教材，也可作为高职高专相关专业学生的选用教材。

版权专有　侵权必究

图书在版编目（CIP）数据

初级财务管理／熊细银主编．—北京：北京理工大学出版社，2011.5（2016.9重印）

ISBN 978－7－5640－4500－5

Ⅰ.①初… Ⅱ.①熊… Ⅲ.①财务管理－高等学校－教材 Ⅳ.①F275

中国版本图书馆 CIP 数据核字（2011）第082030号

出版发行 ／ 北京理工大学出版社
社　　址 ／ 北京市海淀区中关村南大街5号
邮　　编 ／ 100081
电　　话 ／ (010)68914775（总编室）　68944990（批销中心）　68911084（读者服务部）
网　　址 ／ http://www.bitpress.com.cn
经　　销 ／ 全国各地新华书店
印　　刷 ／ 北京市通州富达印刷厂
开　　本 ／ 710毫米×1000毫米　1/16
印　　张 ／ 19.25
字　　数 ／ 358千字
版　　次 ／ 2011年5月第1版　2016年9月第5次印刷　　　　责任校对 ／ 陈玉梅
定　　价 ／ 39.00元　　　　　　　　　　　　　　　　　　　责任印制 ／ 边心超

图书出现印装质量问题，本社负责调换

前　　言

"初级财务管理"是财务管理学科的专业基础课程，包括了财务学原理、财务管理观念和财务管理技能的系统性教学内容，具有很强的理论性和对财务管理实务工作的指导性。随着市场经济的发展，财务管理不仅在企业管理中的核心地位愈加巩固，在非营利组织也得到普遍的重视。企业财务管理最重要的价值观念和核心问题是什么？企业财务管理的各个环节有哪些基本方法？如何应用？本书将给出这些问题的答案。对于财务管理人员，它是学习财务管理的一本入门书，引领你进入财务管理这一领域，并为学习更高级财务管理打好基础；对于非财务管理人员，它能让你知道企业财务管理能做什么，我们如何认识、组织和参与财务管理各项工作。

本书有如下几个特色。

（1）思路清晰、定位正确。本书以创造价值这一理财目标为核心，以现金流量、风险与收益为主线，突出价值管理导向的思想，系统地介绍了财务基本理论与基本方法，构建了基于价值创造的财务管理体系。

（2）内容充实、新颖。本书吸收了当今世界上财务管理的最新研究成果，将财务原则、财务假设、估价理论等最新研究成果融入教材中。同时，又结合我国市场的实际，阐明我国的财务目标、财务环境、财务原则等基本理论与实践问题，从而能拓展学生的思路和视野，提高读者的思维创新能力。

（3）应用面广、通俗易懂。本书涉及财务管理的内容、理论与方法，是学习更深层财务管理知识的平台。本书语言浅显通俗，有引导性的案例、本章小结和练习题（附有部分答案），更易懂易学。

本书共3编13章，由江西农业大学南昌商学院熊细银任主编，王文冠、陶建蓉、张鹄任副主编，参编的还有郑婧、黄慧雯、杜丽、杨高武、易继红。具体分工是：熊细银编写第1、第2、第3章及附录4，陶建蓉编写第4、第5章及附录1，张鹄编写第6、第7章及附录2，杜丽编写第8章，王文冠编写第9章及附录3，郑婧编写第10章，杨高武编写第11章，易继红编写第12章，黄慧雯编写第13章。

本书在编写过程中，得到了江西农业大学南昌商学院袁瑾洋教授、杨光耀博士的支持和帮助，借鉴吸收了许多专家学者在财务管理实践与教学研究方面的新成果，参考了大量公开发表的文献资料。在此，向以上各位学者、专家表示衷心的感谢！

　　由于时间紧迫，编者水平有限，书中难免有些不足之处，恳请广大师生、读者批评指正，以便再版时加以完善。

编　者

目 录

第1编 财务管理概述

第1章 财务管理的内容和原则 … 3
学习目的 … 3
引导性案例 … 3
1.1 财务管理的概念 … 4
1.2 财务管理的内容 … 5
1.3 作为一种职业的财务管理 … 7
1.4 财务管理的原则 … 12
本章小结 … 19
练习题 … 19

第2章 财务管理的发展和目标 … 21
学习目的 … 21
引导性案例 … 21
2.1 财务管理的发展 … 22
2.2 财务管理学与其他学科的关系 … 27
2.3 财务管理的目标 … 30
2.4 财务假设 … 33
2.5 企业伦理 … 37
本章小结 … 40
练习题 … 40

第3章 财务管理的环境 … 42
学习目的 … 42
引导性案例 … 42
3.1 企业的组织形式 … 43
3.2 公司治理 … 47
3.3 宏观经济环境 … 53
3.4 法律环境 … 56
3.5 金融市场环境 … 58

本章小结 ……………………………………………………………… 64
练习题 ………………………………………………………………… 65

第 2 编　财务管理基础

第 4 章　货币时间价值 …………………………………………………… 69
学习目的 ……………………………………………………………… 69
引导性案例 …………………………………………………………… 69
4.1　货币时间价值概述 …………………………………………… 70
4.2　一次性收付款的货币时间价值计算 ………………………… 71
4.3　不等额系列收付款的货币时间价值计算 …………………… 74
4.4　等额系列收付的货币时间价值计算 ………………………… 75
4.5　货币时间价值计算的其他问题 ……………………………… 82
本章小结 ……………………………………………………………… 86
练习题 ………………………………………………………………… 87

第 5 章　风险与收益 ……………………………………………………… 89
学习目的 ……………………………………………………………… 89
引导性案例 …………………………………………………………… 89
5.1　风险概述 ……………………………………………………… 90
5.2　单项资产的收益与风险 ……………………………………… 94
5.3　资产组合的收益与风险 ……………………………………… 95
5.4　资本资产定价模型（CAPM 模型） ………………………… 99
本章小结 ……………………………………………………………… 102
练习题 ………………………………………………………………… 103

第 6 章　证券估价 ………………………………………………………… 106
学习目的 ……………………………………………………………… 106
引导性案例 …………………………………………………………… 106
6.1　证券估价的基本原理 ………………………………………… 106
6.2　债券估价 ……………………………………………………… 107
6.3　股票估价 ……………………………………………………… 109
本章小结 ……………………………………………………………… 111
练习题 ………………………………………………………………… 111

第 7 章　资本成本和现金流量 …………………………………………… 113
学习目的 ……………………………………………………………… 113
引导性案例 …………………………………………………………… 113
7.1　资本成本 ……………………………………………………… 114
7.2　现金流量 ……………………………………………………… 124

本章小结 ……………………………………………………………… 129
  练习题 ………………………………………………………………… 129
第8章　经营杠杆和财务杠杆 …………………………………………… 132
  学习目的 ……………………………………………………………… 132
  引导性案例 …………………………………………………………… 132
  8.1　经营杠杆 ……………………………………………………… 133
  8.2　财务杠杆 ……………………………………………………… 137
  8.3　总杠杆 ………………………………………………………… 142
  本章小结 ……………………………………………………………… 145
  练习题 ………………………………………………………………… 145

第3编　财务管理的方法

第9章　财务预测 ………………………………………………………… 149
  学习目的 ……………………………………………………………… 149
  引导性案例 …………………………………………………………… 149
  9.1　财务预测概述 ………………………………………………… 150
  9.2　资金需要量预测 ……………………………………………… 152
  9.3　销售预测 ……………………………………………………… 155
  9.4　成本预测 ……………………………………………………… 160
  9.5　利润预测 ……………………………………………………… 165
  本章小结 ……………………………………………………………… 169
  练习题 ………………………………………………………………… 170
第10章　财务决策 ………………………………………………………… 173
  学习目的 ……………………………………………………………… 173
  引导性案例 …………………………………………………………… 173
  10.1　财务决策概述 ………………………………………………… 174
  10.2　筹资决策 ……………………………………………………… 175
  10.3　投资决策 ……………………………………………………… 176
  10.4　营运资金管理决策 …………………………………………… 178
  10.5　股利决策 ……………………………………………………… 181
  本章小结 ……………………………………………………………… 184
  练习题 ………………………………………………………………… 185
第11章　财务预算 ………………………………………………………… 187
  学习目的 ……………………………………………………………… 187
  引导性案例 …………………………………………………………… 187
  11.1　财务预算概述 ………………………………………………… 189

  11.2 预算编制方法 …………………………………………………… 189
  11.3 财务预算的编制 ………………………………………………… 194
  本章小结 ……………………………………………………………………… 200
  练习题 ………………………………………………………………………… 201
第 12 章 财务控制 …………………………………………………………… 204
  学习目的 ……………………………………………………………………… 204
  引导性案例 …………………………………………………………………… 204
  12.1 财务控制概述 …………………………………………………… 206
  12.2 财务控制的方法 ………………………………………………… 207
  12.3 成本控制 ………………………………………………………… 223
  本章小结 ……………………………………………………………………… 239
  练习题 ………………………………………………………………………… 240
第 13 章 财务分析 …………………………………………………………… 242
  学习目的 ……………………………………………………………………… 242
  引导性案例 …………………………………………………………………… 242
  13.1 财务分析概述 …………………………………………………… 243
  13.2 财务分析的基础 ………………………………………………… 245
  13.3 财务分析的方法 ………………………………………………… 252
  13.4 财务指标分析 …………………………………………………… 256
  13.5 财务综合分析 …………………………………………………… 260
  本章小结 ……………………………………………………………………… 262
  练习题 ………………………………………………………………………… 262
附录 1 年金现值系数表 ……………………………………………………… 264
附录 2 企业财务通则 ………………………………………………………… 268
附录 3 历届诺贝尔经济学奖获得者 ……………………………………… 278
附录 4 练习题（部分）参考答案 …………………………………………… 288
参 考 文 献 ……………………………………………………………………… 297

第1编

财务管理概述

当人类社会进入商品货币经济时代，财务管理的理念逐步成为人类社会从事经济活动的主导思想。如何赚钱？如何合理利用自身条件去获取合法的经济利益？如何正确地使用已经获得的财富？这些都是当今社会人们普遍关注的问题。无论是企事业单位还是家庭和个人，都需要处理财务事项，由此产生了处理财务事项的管理工作。

财务管理又称理财，是现代市场经济条件下企业管理的重要组成部分，直接关系到企业的生存与发展。市场经济越发展，财务管理越重要。与会计相比，财务管理更多的是一种理念、一种思想。

本编中主要讨论：财务管理的概念、内容、原则和观念，财务管理的发展与目标，财务管理的环境。

第1章

财务管理的内容和原则

【学习目的】

(1) 认识财务和财务管理的概念。
(2) 明确财务管理的内容。
(3) 了解财务管理的职能和财务管理人员应具备的能力。
(4) 掌握财务管理的十大基本原则。

【引导性案例】

青岛啤酒与燕京啤酒的扩张之路

2008年1月25日，燕京啤酒（000729.SZ）发布公告称：该公司拟通过定向增发股票募集资金约18亿元。据燕京啤酒方面预测，此次增发募资所投资的项目如果顺利实施，公司啤酒生产能力和麦芽生产能力将分别提高97.5万吨和15万吨，公司将增加约25.3亿元销售收入和约2.1亿元利润。

此前，作为燕京啤酒竞争对手之一的青岛啤酒已经率先宣布发行15亿元可分离转换债券募集资金，剑指110万吨啤酒和10万吨麦芽产能的投资项目。同时，青岛啤酒还在2007年将此前坚持的整合为主战略，改变为整合与发展并重战略，在青岛、济南等地开始扩建新厂，规模之大前所未有。有行业分析师认为，可分离转换债券的投资项目将在2009年和2010年增加60万吨和40万吨的产能，公司2009年和2010年的增长可能超出市场预期。

中国啤酒产业在规模迅速扩张的同时逐渐进入了行业集中整合阶段。青岛啤酒和燕京啤酒是我国啤酒行业中的两家龙头企业，具有各自的竞争优势。长期来看，两家企业都会在我国啤酒行业整体的增长中分享可观的收益，同时伴随着行业整合的加剧，两家企业的激烈竞争将不可避免。

青岛啤酒近年来大刀阔斧地以收购为主要方式在国内掀起一场强劲的规模扩张潮，短短的数年间使企业规模发生了核裂变，年产量由1996年的37万吨猛增至2000年的186.16万吨。目前青岛啤酒所兼并的40多家企业除少数几家尚未盈利外，其余均扭亏为盈，成为其主要利润来源。

燕京啤酒也不甘落后，但其扩张方式却与青岛啤酒不尽相同，表现出极其稳健的风格，对国内部分实力强、发展前景好的优秀企业进行控股或参股，走强强联合的道路。扩张意味着庞大的资本支持。青岛啤酒不仅本身是上市公司，早在多年前就引入了国际战略投资者，世界最大的啤酒生产企业——美国安海斯一布希啤酒公司（AB公司）。燕京啤酒进入资本市场后共募集资金30多亿元，其中，10亿元资金来自北京控股在香港的融资，20多亿元主要来自国内融资。

因此，不妨带着下面几个问题去阅读本章：在青岛啤酒与燕京啤酒两家企业的发展战略中财务管理重要吗？为什么？财务管理的内容包括什么？

1.1 财务管理的概念

"财务"一词是19世纪从西方引入的概念，原词为finance，也译为"金融"。新帕尔格雷夫的《经济学词典》对finance作了如下解释："金融以其不同的中心点和方法论而成为经济学的一个分支。其基本的中心点是资本市场的运营、资本资产的供给和定价。其方法论是使用相近的替代物给金融契约和工具定价。对那些有时间连续特点和收益取决于解决不确定性的价值工具来说，这一方法很实用。金融不是研究实物经济中所发生的问题，因此，也不是研究在静态和确定性世界中所发生的问题。但是，一旦引入时间的因素，交易就形成了两个方面。当达成贷款协议时，为了保证偿还，数量和条件都记录在案。记述和法定约束借款人偿还贷款的文件或计算机账目本身也成为一种'持票'工具。在债务首次交易时刻，资本市场和金融学科便产生了。"

按照财务活动的不同层面可以把财务分成三大领域：一是宏观层面上通过政府财政和金融市场进行的现金资源的配置。现金资源的财政配置属于财政学的范畴，现金资源的市场配置通过金融市场和金融中介来完成。二是中观层面上的现金资源再配置，表现为现金资源的所有者的投资行为，属于投资学的范畴。投资学研究投资目的、投资工具、投资对象、投资策略等问题，投资机构为投资者提供投资分析、投资咨询、投资组合、代理投资等服务。三是微观层面，企业筹集、配置、运用现金资源开展营利性经营活动，为企业创造价值并对创造的价值进行合理分配，形成企业的财务管理活动。本书所讨论的是微观层面的企业财务管理。

企业财务，是指企业财务活动，即企业在生产过程中的资金运动及资金运动所形成的企业同各方面的经济关系。企业财务管理（financial management）是基于在生产过程中客观存在的财务活动和财务关系而产生的,是企业组织财务活动、处理与各方面财务关系的一项经济管理工作,人们又称之为理财。

1.2 财务管理的内容

财务管理的内容是财务管理对象的具体化。财务管理的对象是企业在生产过程中的资金活动。所以,财务管理的内容就是企业资金活动所表现出来的各个具体的方面。资金活动的具体表现通常有资金的筹措(筹资)、资金的使用(投资)、利润的分配以及日常资金的营运4个方面。通常将这些方面称为财务管理的基本内容。

1.2.1 筹资管理

所谓筹资是指企业为了满足投资和用资的需要,筹集和集中所需资金的过程。企业的经营活动必须以一定的资金为前提,从这个意义上讲,筹资管理是企业财务管理的首要环节。企业从各种渠道以各种形式筹集资金是资金运动的起点。事实上,筹资以及筹资管理贯穿企业发展的始终。无论是企业创立之时,还是在企业扩张规模之际,乃至在日常经营之中,都需要筹措资金。

任何企业都可以从两方面筹资并形成两种性质的资金来源:①企业权益资金。权益资金(equity capital)是企业通过向投资者吸收直接投资、发行股票、企业内部留存收益等方式取得,其投资者可以包括国家、企业和个人等。②企业债务资金。债务资金(debt capital)是企业通过向银行借款、发行债券、应付款项等方式取得。企业筹集资金,表现为企业资金的流入。企业偿还借款、支付利息、支付股利以及付出各种筹资费用等,则表现为企业资金的流出。

筹资管理应该做好3个方面的工作:①筹资管理必须注重资本结构的合理安排,以保证企业财务既有稳定性又有灵活性。②筹资管理还必须注重成本的控制,因为任何资金的提供者都要求获得报酬,同时还会存在差异,所以企业必须进行比较与选择。③筹资管理还应该密切注意投资和生产经营的资金需求,做到适时和适量。

1.2.2 投资管理

企业取得资金后,必须将资金投入使用,以谋求最大的经济效益。投资是将资金投放于一定的对象,以期取得未来收益的行为。投资管理是企业财务管理的又一重要环节,投资决策的成败对企业经营成败具有根本性的影响。

投资按回收期的长短可以分为短期投资和长期投资。

短期投资(short-term investment)是指回收期在一年以内的投资,主要指对货币资金、应收账款、存货、短期有价证券等的投资。长期投资(long-term investment)是指投资回收期在一年以上的投资,主要是指固定资产投资、无形资产投资、对外长期投资等。

投资按形式可以分为直接投资和间接投资。直接投资（direct investment）是指把资金投放于生产经营性资产，以期获取营业利润的投资。间接投资（indirect investment）是指把资金投放于证券等金融性资产，以期获得股利或利息收入的投资。

投资按对象可以分为对内投资和对外投资。对内投资是指把资金投放于企业范围内的投资。对外投资是指把资金投放于本企业以外的其他单位的投资。

投资按照项目的现金流量是否相关，可以分为独立性投资和相关性投资。独立性投资（independent investment）是指各投资项目现金流量互不相关、互不影响的投资。相关性投资（related investment）是指各投资项目现金流量具有相关性，一项投资会受到其他投资影响的投资。相关性投资可以分为相容性和不相容性两类。相容性投资是互补性投资（complementary investment），不相容性投资是互斥性投资（mutually exclusive investment）。

投资管理的基本内容是投资决策分析。投资管理的首要任务是进行投资方向的选择。不同的投资选择意味着不同的企业发展方向和路径，因此，投资方向选择是一个具有战略意义的问题。其次，在具体的投资决策分析中，既要谨慎地考虑现金流量，又要分析估计投资风险，确定适当的投资规模，选择合理的投资结构，以最低的风险获得最大的收益。最后，在投资项目形成之后，还应加强跟踪管理，确保投资项目实施取得预期效益。

1.2.3　利润分配管理

企业通过投资或资金运营活动取得收入。投资成果表现为取得的所有收入扣除各种成本费用后的利润，利润分配就是对投资成果的分派过程。企业的收入首先要弥补经营中的各种耗费，形成的利润必须按照规定的程序进行分配。企业利润首先要依法缴纳所得税，税后利润还要弥补以前年度的亏损，并提取公积金和公益金，剩余的利润可以分配给投资者或者留存企业。

利润分配管理主要研究企业实现的税后净利润如何进行分配，即多少用于发放给投资者，多少用于企业留存。利润分配决策的关键是如何在股东的近期利益和长远利益中进行权衡。股利发放过少使股东的近期利益得不到满足，而股利发放过多又使得企业留存过少，不利于企业的长期发展。

具体来说，利润分配管理要解决的问题包括以下几个方面。
（1）股东对股利分配的要求。
（2）企业发展对保留盈余的要求。
（3）影响股利政策的各种因素。
（4）股利政策的选择和连续性。

1.2.4　营运资金管理

企业的营运资金（working capital）是指为满足企业日常经营活动所需要的资

金，由流动资产和流动负债构成。营运资金管理的基本任务是短期资金的筹措和短期资金周转效率的提高。营运资金管理的基本目标是通过有效地进行资金的日常调度和调剂，合理地配置资金，以提高资金使用效率，增强短期资金的流动性。

营运资金管理的主要内容包括以下 3 个方面。

（1）合理安排流动资产与流动负债的比例关系，确保企业具有较强的短期偿债能力。

（2）加强流动资产管理，提高流动资产周转效率，改善企业财务状况。

（3）优化流动资产以及流动负债的内部结构，使得企业短期资金周转得以顺利进行和短期信用能力得以维持。

以上财务管理的 4 个方面，不是互相割裂的，而是互相依存、有机地联系在一起的。上述互相联系又有一定区别的 4 个方面构成了企业财务管理的基本内容。财务管理人员必须将这 4 个方面加以综合分析、考虑、统筹安排，才能取得财务管理的良好效果。

1.3 作为一种职业的财务管理

1.3.1 财务职业生涯

财务学包括 3 个相关的领域：其一，货币市场与资本市场，涉及证券市场和金融机构；其二，投资，主要关注个人投资者和机构在选择证券投资组合时所做出的投资决策；其三，财务管理，或称为"企业财务"，涉及企业内部决策。每一领域涉及的职业机会有很多且各有不同，但是财务经理要做好企业财务管理工作，必须通晓这 3 个领域。

1. 货币市场与资本市场

许多财务专业毕业生都会到一些金融机构工作，包括银行、保险公司、基金公司以及投资银行，要获得成功，需要通晓评估技巧、影响利率变化的因素、金融机构必须遵守的规定和各种金融工具，也需要了解企业管理的各方面知识，因为金融机构的管理同样包括会计、销售、人事、计算机系统与财务管理各个方面。另外，口头和书面的沟通能力也非常重要。还有，带动其他人做好工作也是至关重要的。

2. 投资

从事投资的财务专业毕业生常常会去证券公司，做销售或证券分析师；另外一些则会为银行、基金或保险公司管理证券投资组合；也有一些为财务顾问公司工作，为个人投资者或机构提供投资建议；还有一些在投资银行工作，帮助企业筹集资金，或作为财务筹划者为个人和机构提供长期财务目标和投资组合方面的帮助。在投资领域主要有 3 种职业选择，即营销、证券分析和为特定的投资者提供最优的投资组合。

3. 财务管理

财务管理在这三个领域中，范围最广，工作机会也多。财务管理对于各种企业都是很重要的，包括银行、其他金融机构，还有工业企业和商业企业。财务管理对于在非营利机构也很重要，如学校和医院。财务管理领域的工作机会涉及从生产扩张决策到财务扩张时选择何种证券的决策。财务经理也有责任决定：给予客户何种信贷条件，保存多少存货，应持有多少现金，是否要收购其他公司，以及公司盈利多少用于再投资、多少用于股利发放。

财务学专业的学生不论进入哪个领域，都需要具备以上3个领域的知识。例如，银行信贷人员必须能够判断公司运营的情况；证券分析师必须对资本市场有充分的了解；同样地，企业财务经理需要明白银行考虑的问题，知道投资者对公司和股价的评判。任何从事财务工作的人员都需要了解这3个领域的知识。

1.3.2 财务管理的组织机构

健全的财务管理组织机构是企业有效开展财务管理活动，实现财务管理目标的重要条件。由于财务决策在企业战略决策中的重要地位，企业应单独设立财务管理机构，并设一名公司副总经理负责企业全面的财务工作。

企业与企业之间的组织结构并不完全相同，不同企业因业务差异而侧重点有所不同，不同的企业机构设置的层次也有不同。图1-1展示了一种典型的公司

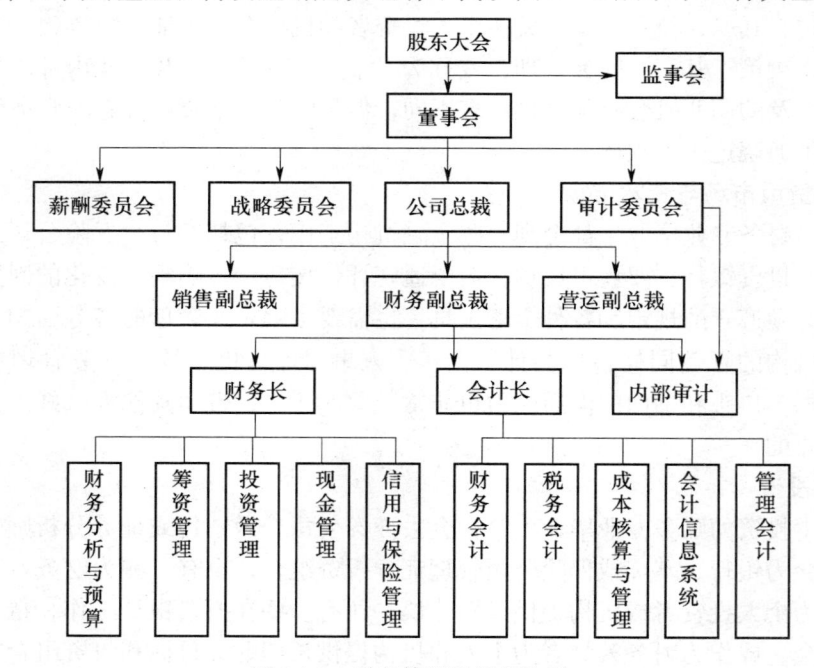

图1-1 财务管理组织机构图

制企业的财务管理组织结构。财务副总裁负责整个企业的财务工作,其下有财务主管(西方称为财务长)和会计主管(西方称为会计长)。财务主管负责资金筹集和使用以及股利分配等工作。风险管理、保险、兼并与收购活动以及制定财务制度也是财务部门的职责,财务主管负责的财务部门一般下设财务分析与预算、筹资管理、投资管理、现金管理和信用与风险管理等分部。会计主管主要负责会计和税务方面的活动,会计部门一般下设财务会计、成本核算与管理和税务会计等分部。

1.3.3 财务管理人员的职能与能力

1. 财务管理人员的职能

概括地说,财务管理人员的职能是为股东、企业和相关利益者创造更大的价值,贯穿于企业价值创造活动的全过程。从企业价值创造活动的不同层次出发,可以将财务管理人员的职能分为基本职能与高级职能;从与财务管理工作的相关度考虑,可以将财务管理人员的职能分为核心职能和相关职能。

与企业战略层次相关的财务职能称为高级职能,包括业绩管理、决策支持以及决策参与。与企业核心经营流程以及资源管理流程相关的职能称为基本职能,包括财务核算与控制、财务服务、财务信息管理以及资产管理等。

财务管理人员的基本职能和高级职能均可包括核心职能和相关职能。财务管理人员的核心职能可以概括为以下 8 种。

(1) 决策支持,为企业战略决策提供财务分析、分析性模型工具以及动态和实时的经营信息。

(2) 业绩管理,为公司的战略目标确定体系及相关的激励措施。

(3) 财务战略,为公司实现其战略目标提供最优的财务手段。

(4) 财务服务供应,财务部门作为后勤部门提供融资、资金调度、税务、收付商业收款、客户信用评估等服务。

(5) 会计核算与控制,主要是内部控制、预算管理、成本控制以及交易和事项的会计处理。

(6) 财务信息提供,为外部信息使用者提供财务信息。

(7) 相关关系维护,包括股东、债权人、客户、供应商、审计师和税务部门等关系的维护。

(8) 资产管理,履行财产的经管责任,以保证公司财产的完整性,同时又促进资产的有效运营。资产管理包括了流动资产、固守资产、长期投资、无形资产等管理。除核心职能外,财务管理人员还广泛参与其他管理活动,如企业战略推广、财务培训、产品定价、信息统计等。

财务管理人员的职能框架可以用表 1-1 来加以概括。

表 1-1　财务管理人员的职能

职能分层	核心职能	相关职能
基本职能	财务服务供应、会计核算与控制、财务信息提供、相关关系维护、资产管理	员工管理、信息统计、供应链管理、信誉维护、不良资产处置、财务知识培训等
高级职能	决策支持、业绩管理、财务战略	战略推广、远景规划、商务谈判、购并流程控制等

2. 财务管理人员的能力

财务管理人员的能力同样可以分为核心胜任能力和相关胜任能力。核心胜任能力直接影响到财务管理人员能否胜任其财务管理工作；相关胜任能力不是财务管理人员特有的能力，而是每个胜任工作的人必须具备的能力，如自我提高能力和创新能力等。

财务管理人员的核心职能决定了其相应的核心胜任能力，包括决策能力、战略规划能力、分析能力、领导能力、协作能力、控制能力和资源管理能力。核心职能与核心胜任能力的关系可以用表 1-2 加以概括。

表 1-2　财务管理人员核心职能与核心胜任能力的关系

核心职能	核心胜任能力
决策支持	决策能力、战略规划能力、协作能力和分析能力
业绩管理	战略规划能力、控制能力和协作能力
财务战略	战略规划能力和领导能力
财务服务供应	控制能力和协作能力
会计核算与控制	资源管理能力和控制能力
财务信息提供	资源管理能力
相关关系维护	协作能力
资产管理	资源管理能力

财务管理人员应具备的 7 项核心胜任能力的具体内容见表 1-3 所示。

表 1-3　财务管理人员的核心胜任能力

核心胜任能力	内容
决策能力	规划财务决策及参与其他战略决策的能力
战略规划能力	规划公司财务目标、财务战略及财务功能远景的能力

续表

核心胜任能力	内　　容
分析能力	建立和运用模型进行财务分析、提供决策支持的能力
领导能力	领导团队实施财务战略、实现高效会计核算体系和财务流程的能力
协作能力	维护相关关系的能力，以及与其他高层管理人员、业务部门形成业务伙伴关系的能力
控制能力	以内部控制制度交易流程的能力，以及运用预算管理、成本管理、风险管理等手段控制既定业绩目标的能力
资源管理能力	管理财务信息资源的能力，以及保全公司资产并使之高效运转的能力

3. 核心胜任能力的构成要素

财务管理人员核心胜任能力的构成要素包括职业知识、技能和职业价值观 3 个方面。

首先是职业知识。财务管理人员所必须拥有的，与财务管理工作联系十分密切的核心知识有：战略管理、公司治理、财务战略、财务报告、成本管理、风险管理、购并与重组、税收筹划、价值管理与全面预算、审计与内部控制、财务分析与预测、财务信息系统与 ERP、经管责任与资产管理等。此外，还包括下列相关知识：行业知识、经济学、经济法、统计法、统计学、国际商务、行为学、信息技术等。一名称职的财务管理人员需要经过院校学习和工作实践，并不断接受后续教育来获取和更新职业知识。

其次是技能。技能是支持财务管理人员感知环境，综合运用知识，形成财务管理职业能力的特长。它不能仅仅从课程中获得，而是教育与职业经验共同作用的结果。财务管理人员最重要的技能包括：沟通与协商、领导与团队建设、系统思维与问题解决。此外，还要求财务管理人员具有灵活性、创造性和鉴别力等技能。

再者是职业价值观。IFAC（国际会计师联合会）认为职业价值观是职业会计师作为一名专业人士的态度，包括与职业行为相关的行为原则。IFAC 认为职业会计师最重要的职业价值观在于其职业道德。IFAC 发布的《职业会计道德准则》认为，职业会计师应遵循的基本原则有：①诚信；②客观；③具备职业能力和尽职；④保密；⑤职业行为合规。在我国现有环境下，财务管理人员在职业道德上应遵循下列原则：①遵循法律、法规和职业规范；②维护公司正当利益；③不提供虚假的信息；④信息保密；⑤不参与舞弊或行贿、受贿；⑥不利用内幕信息谋利；⑦避免参与有利害关系的交易；⑧当能力不足时，承认职业水平或能力的限制。

图 1-2 是对上述财务管理人员职能与能力的总结。

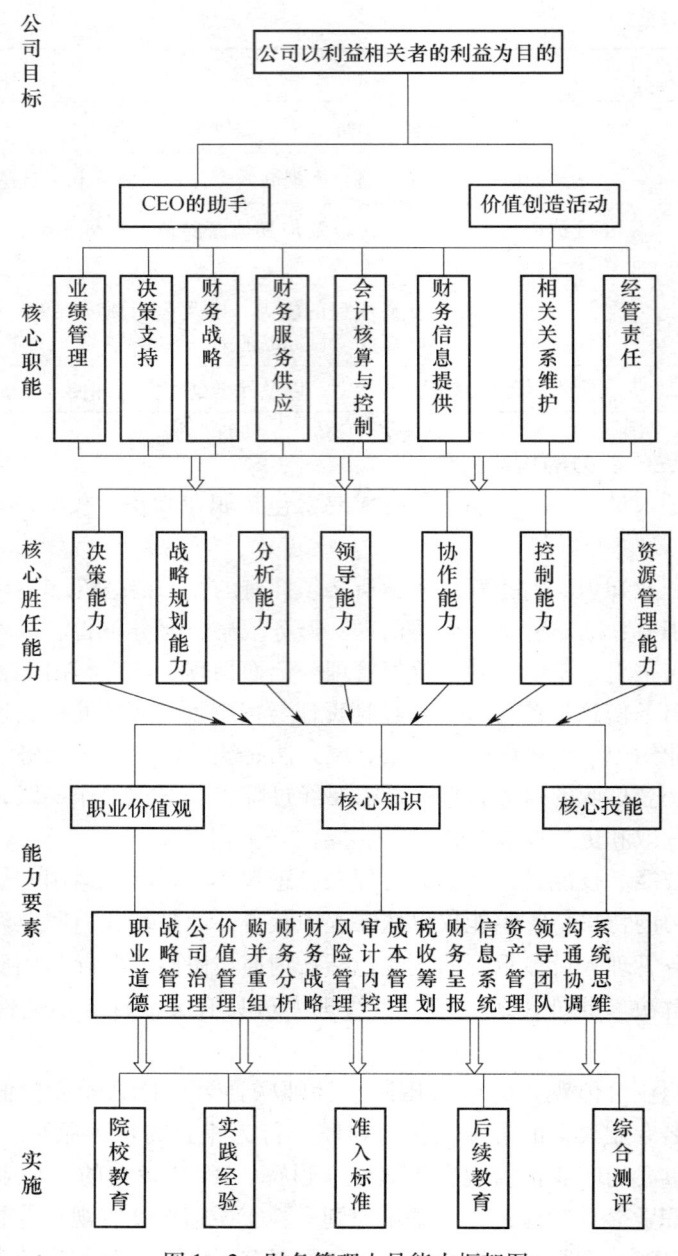

图 1-2 财务管理人员能力框架图

1.4 财务管理的原则

财务管理的原则,是组织企业财务活动及处理各种财务关系所应遵循的基本规范。财务管理所应遵循的原则,一定程度上取决于企业性质及企业所面临的环境。在市场经济条件下，企业管理的共性决定了现代企业财务管理应遵循以下 10 条一般原则。

虽然需要先学完财务管理才可以理解这些原则，但是却必须先理解这些原则才可能明白财务管理。所以尽管这些原则乍看起来很简单甚至微不足道，但却是所有后续知识的出发点。本书将会和课本上的概念和方法贯穿在一起，以强调财务管理背后的逻辑。本书将在后面的每一章中不断提及"回到原则"来重现这些重要原则，使相关知识得以贯穿起来。

原则一：风险—收益（risk-return）权衡——除非可以预期得到额外的收益，否则人们就不会去承担额外的风险。

通常来说，人们都有存钱的习惯。为什么要存钱呢？答案很简单：人们想增大将来消费的机会——例如，存钱来买房、买车，或者为了退休养老的需要。人们也可以拿这些储蓄去投资赚钱取回报，因为总有人会宁愿放弃将来消费的机会来换取今天的消费，或者是有的人要借钱开公司，或者是有的公司要融资建新厂。假设有很多不同的人想借用他人的储蓄，那储蓄者要怎样决定投资呢？

首先，投资者要求一个至少高于预期通胀率的最低收益率来弥补他们的延期消费。如果他们不能得到弥补通胀的回报，那么投资者宁愿提前购买所有需要的东西或者投资于那些会受通胀影响的资产以获得等同于通胀率的收益。因为当储蓄的购买力降低时，人们就没有动机去推迟消费了。

不同的投资选择有不同程度的风险和预期收益。投资者有时选择高风险的投资项目是因为这些项目能带来更高的预期收益。高风险，高回报，这种风险和预期收益的关系可以通过图 1-3 体现出来。

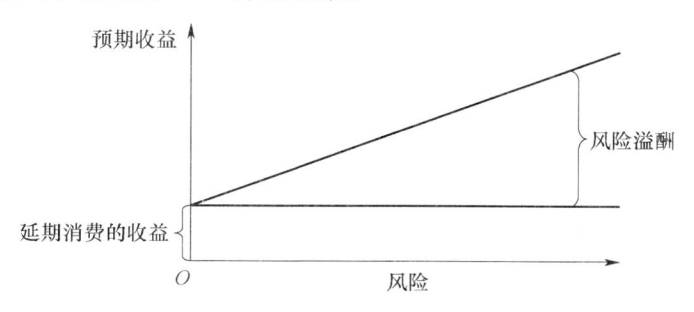

图 1-3 风险与收益的关系图

请注意，这里一直都在说预期收益而非实际收益。人们可以预期从投资获得的收益有多少，但是却不能未卜先知，提前知道将来的实际收益是多少。直到实际情况发生之前，也不可能确定投资收益有多少。这也是同期的通用公司债券利息会高于美国国库券利息的原因，正是这高出的报酬使一些投资者甘愿承受比国库券更高的风险去购买通用公司的债券。

风险—收益的关系是衡量股票、债券和投资方案的一个重要概念。本书将会用相当篇幅来讨论怎么衡量风险。有趣的是，很多1990年诺贝尔经济学奖获得者的贡献已经集中体现在图1-3中，图中描述的风险—收益关系将不断在本书中重现。

原则二：货币时间价值（time value of money）——今天收到的一元钱比将来收到的1元钱更值钱。

财务管理的基本概念是货币具有时间价值：今天收到的1元钱比一年后收到的1元钱更值钱。因为人们可用今天收到的钱去赚取利息，所以早收到钱比晚收到钱要好。

财务管理关注财富的创造和计量。要计量财富，就要使用货币时间价值的概念将项目的未来收益及其成本折算成今天的价值。如果收益大于成本，这个项目就能创造更多的财富，应被接受；如果成本高于收益，这个项目就不能创造财富，应被否决。如果没有意识到货币是存在时间价值的，就无法合理评估项目的未来收益和成本。

为了把项目的未来收益和成本折现，我们必须设定一个具体的货币成本，或者说是利率。而原则一风险—收益权衡决定了该用哪种具体的利益。根据原则一，投资者对高风险的项目会要求更高的收益率。所以，当决定未来收益和成本的现值时，应该考虑到高风险高回报这一原则。

原则三：决定一切的是现金流量，而非会计盈余。

在计量财富或者价值的时候，将以现金流量作为计量工具而不是会计盈余。企业实际收到的并可以拿去再投资的是现金流量，而不是会计盈余。会计盈余是当赚取时就应计的而并不代表钱已经到手。所以，企业的现金流量和会计盈余可能不一样。举个例子，像购买新设备或楼房等固定资产的支出会逐年发生折旧，而每年的折旧费会在利润中扣除。现金的流入和流出伴随着的是实际收到和付出的现金，就是钱的到手和离手。因此，现金流量能够正确反映收益和成本的时间性。

原则四：增加的现金流量——只有变量才有意义。

在2000年，可可麦圈（cocoa pebbles）和果味麦圈（fruity pebbles）的生产商Post公司推出了肉桂脆麦圈（cinna crunch pebbles），即"带有肉桂甜味的脆麦圈"。毫无疑问，肉桂脆麦圈会直接与Post的其他谷物类产生竞争，特别是麦圈的系列产品。所以Post引入肉桂脆麦圈后的收入与没有引入之前的收入之差就是增加的现金流量。这个差异反映了该决策带来的实际影响。

在做商业决策时，人们就是在考虑这些决策带来的结果是什么。如果赞成会怎样？否决又会怎样？原则三说要用现金流量来衡量投资新项目所带来的收益，现在对使用现金流量进行决策的过程稍加调整，即只考虑增加的现金流量。增量现金就是进行和不进行某项目所带来的现金流量的差额。

这里的重点是要从增量的角度去思考问题。指导人们确认现金流量有否增加的准则是判断接受和不接受新项目时结果分别会怎样。其实，对于增量概念的运用并不局限于现金流量而且会扩展到所有决策中。

原则五：竞争市场的诅咒——为何难以找到一个异常有利可图的项目？

在现实中，评估一个项目总是比找到有利可图的项目容易得多。如果一个行业能赚取高额利润，通常就会吸引新的进入者，而由此新增的竞争和产能就会使利润降低到正常的回报率。相反地，如果一个行业的回报率低于正常回报率，部分市场参与者就会被淘汰，因此产能和竞争减少，就会反过来使价格上涨，利润又开始回升到能赚取正常回报率的水平。

在竞争市场上，是不可能长期维持异常高额的盈利水平的。那么怎样才能找到好项目——也就是在既定风险水平中可以赚取比正常回报率更高回报的项目呢？在完全竞争市场中很难找到这些项目，但是可以在非完全竞争市场中寻找机会。有两种常见的方式可以使市场竞争降低，那就是改进产品使其脱颖而出或者拥有成本优势。

产品的差异化可以使它在竞争对手中脱颖而出，得到获取更高回报的机会。如果该产品与其他同类产品有差异，消费者的选择就不会只受价格影响，就像他们喝星巴克的咖啡不会过多地考虑价格一样。在医药行业中，专利权就设立了竞争的壁垒。

服务和质量也可以构成产品的差异性。例如，Levi's牛仔裤一直以来就以优质著称，所以它可以保持自己的市场份额。同样道理，很多人对品牌的忠诚度也是基于它们的产品质量。服务也可以令产品脱颖而出，麦当劳的服务效率、清洁卫生和食物品质的始终如一能吸引顾客回头的例子就体现了这点。

无论产品的差异化是基于广告、专利、服务或是质量，只要它们越能与其他竞争产品区分开来，就越能减少竞争，从而赚取高额利润的可能性就越大。

规模经济以及能以低于平均成本生产的能力可以有效地推迟新参与者进场的时间，所以能减少竞争，Wal-Mart就是这样的一个例子。Wal-Mart的固定成本在很大程度上是与商场规模无关的，如存货成本、广告费用和管理人员的薪水基本都是稳定的，而不受年销售额的影响。因此，只要他们能越多地创造销售量，其单位销售额的存货成本、广告费用和管理费用就会越低。

无论成本优势是如何创造的，是因为规模经济、专利技术还是对原材料的垄断控制，只要以低于行业平均的成本进行生产所带来的成本优势都能抑制市场进入者，也使企业拥有赚取高额利润的潜力。

寻找有利可图的投资项目的关键是要明白这些项目怎样在竞争市场中存在以及在哪里存在，然后就必须利用市场的缺陷（非完全竞争），通过产品的差异化或者降低成本来获得优势。

原则六：有效资本市场（efficient capital market）——市场反应是迅速的，定价是正确的。

财务经理的目标之一是要使股东财富最大化。那如何计量股东的财富呢？股东财富就是其所持有股票的价值。为了理解导致股价波动的原因以及债券和股票等证券在资本市场中是如何定价的，必须先理解有效市场的概念。

市场是否有效是与证券价格反映信息的速度有关的。一个有效市场的特征是有大量逐利且独立行事的个人。此外，与证券有关的新信息以随机的方式到达市场。在此条件下，投资者立即对新信息做出反应并买卖有价证券直到他们认为市场价格正确反映了新的信息为止。在有效市场假说之下，证券价格反应信息的速度如此之快以致投资者无法从公开信息中获利。逐利的投资者使得证券价格恰当地反应预期的收益及其风险，由此，反映了企业的真实价值。

有效市场意味着以下两点。首先，价格是正确的。股票的价格反映了关于公司价值的所有公开信息，所以，在其他条件不变的情况下，可以通过关注每一个决策对股价的影响来实现股东财富最大化的目标，也就是长期向好的决策能提高股价，坏的决策会降低股价。其次，通过会计政策变更进行的盈余操纵不会影响股价。股票分割和其他不影响现金流量的会计方法的变更是不会影响股价的。市场价格反映的是预期能带给股东的现金流量，所以之前所说的要用现金流量来计量收益的时间价值是合理的。

原则七：代理问题（agency problem）——为股东工作的管理者追求自身利益最大化。

虽然公司的目标之一是要使股东财富最大化，但是在现实中，代理问题却妨碍了这一目标的实现。代理问题是由于所有权和经营权分离而形成的。例如，一家大企业可能是由没有或仅持很少股权的职业经理人来管理，由于这种决策者和所有者分离的情形，经理的决策就可能与股东财富最大化的目标不一致，他们可能会降低工作积极性以及通过薪金和津贴来获益而不惜牺牲股东的利益。

首先，代理人是指被授予权限、以被代理人的名义实施法律行为的个体。在企业中，股东是被代理人，因为他们是企业的实际所有者。董事、首席执行官、公司的高管人员以及其他所有拥有决定权的人都是股东的代理人。但是不幸的是，这些董事、首席执行官和公司的其他高管人员并不总从股东利益最大化出发，相反，他们会从自身利益最大化出发来行事。他们不但会通过薪水和津贴得益，也可能会回避任何给他们自身带来风险的项目——即使这些项目有很大的潜在收益且仅有很小的可能性失败。为什么会这样呢？是因为万一该项目不能像预期一样盈余，这些股东的代理人就可能失去工作。

这些由代理问题产生的成本是难以计量的，但是有时候能在市场上看到这些问题所来的影响。例如，如果市场觉察到企业经理人在损害股东的利益，股价会做出回应。1989 年，在 Campbell Soup 公司主席 John Dorrance 死后的一天，Campbell 的股价上升了大概 15%。因为一些投资者觉得 Campbell Soup 的利润增幅较小的情况能在 Dorrance 离开后得到改善，也有人认为 Dorrance 正是公司发展的主要障碍。

如果公司的管理层是为其所有者即股东而工作的话，那么为什么他们不从股东利益最大化出发却不会被解雇呢？理论上，股东选出公司董事，然后由董事会选出管理层。但在现实中通常是反过来操作的，由经理提名董事会成员然后再发选票。实际上股东只是在由管理层指定的候选人名单中选择而已。最终的结果就算管理层能有效地控制董事会成员的竞选，最后当选者也会更忠于管理者而非股东。这样，董事会难以尽到代表股东监督管理者的职责。

因此，需要花很多的时间去监督管理层以及尽力把股东的利益与管理层的利益结合在一起。可以用财务报表审计和薪酬制度去监管经理人，也可以通过设立股票期权、奖金和津贴等来使管理者和股东的利益结合在一起。除非能有机制把二者利益完全结合在一起，不然代理问题将继续存在。换句话说，除非同时对股东和管理者有利，否则，管理者做决定时就会从自身利益最大化出发而不会考虑能否使股东财富最大化。

原则八：税收会影响决策。

几乎没有任何一个财务经理做决定时是不考虑税收的影响的。原则四说过在决策过程中应该只考虑增加的现金流量。更确切地说，所考虑的现金流量是以公司作为一个整体的税后现金流量。

在评估新项目时，将看到所得税发挥很大的作用。企业在分析是否要购买厂房或设备时，投资回报应该是在税后的基础上计量的，否则公司将不能真实地评估出该项目所创造的增量现金。

政府也意识到税收可以影响决策，所以会用税收来鼓励某种投资。如果政府想鼓励在研发项目上的投资，它可能会给这种投资提供税收减免。这样会使研发项目的税收降低，从而增加这些项目的税后现金流量，而增加的现金流量就可能使原来无利可图的项目变得有利可图。所以政府可以用税收来引导企业投资研发项目、投资内陆城市和能创造就业机会的项目。

原则九：不是所有风险都是一样的——某些风险可以被分散，某些却不能。

财务管理的知识大多围绕着原则一：风险—收益权衡。但是在充分利用原则一之前，必须先决定如何来衡量风险。风险是很难被计量的。原则九是关于分散投资的过程以及如何降低风险。

有一句古老的谚语："不要把所有的鸡蛋都放在一个篮子里。"分散投资可以使好的和坏的事情互相抵消，所以可以减少总的波动以致不会影响预期收益。

以某天然气公司为例。每年该公司都可能钻探几千口井，而钻每口井的成功率仅有1/10。如果所钻探的井有天然气的话就可以获得高额利润，但是如果是一口干井，就会亏损。所以，由于有90%的概率会损失投入的所有东西，我们认为这个项目是非常冒险的。但是，如果该公司每年钻探2 000口气井而且全部是10%的成功率，成功的机会互相独立，那么他们通常会有200口成功的气井。再进一步分析，比较差的年头里可能只有190口成功的气井，而比较好的年头里可能有 210 口成功的气井。极好和极坏的情况能互相抵消，那么当把所有的钻井项目放在一起来看就不会有很高的风险或不确定性了。

气井项目的风险程度可以从分析的角度判定。单独来看一口气井的钻探，风险就很高，但如果考虑的是每口井给公司带来的整体风险，风险就会变得小很多。这是因为很多单个气井的风险在公司中被分散了。所以问题的关键是：不能把每个项目孤立起来分析。

图 1-4 中所描述的两个项目的现金流量是反向的，当它们结合在一起时，组合的现金波动就完全被消除了，而收益并没有改变——每个独立项目的收益和它们组合的收益平均都是 10%。在这个例子中，极端好和极端坏的观测结果互相抵消了。

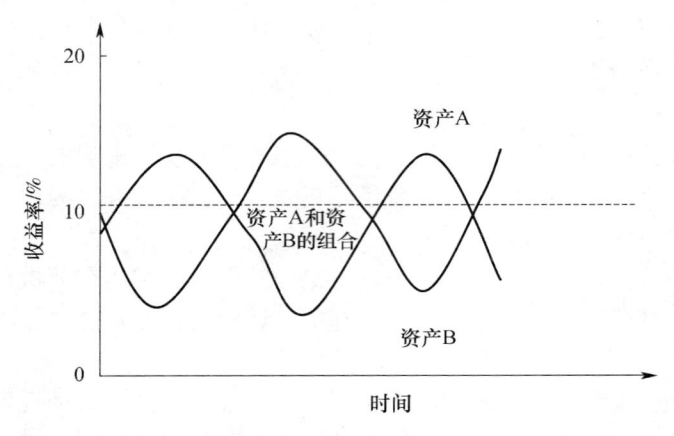

图 1-4　通过分散投资降低风险

在很多项目和资产中，有一部分风险可以通过分散投资被抵消，但是有一部分风险却不能，这将是接下来要学习的重要内容。分散的过程可以减少风险，所以衡量一个项目或资产的风险是很困难的。一个项目的风险变化决定于是把它单独来计量还是把它和企业的其他项目结合在一起看。

原则十：有道德的行为是指做正确的事，财务管理中的道德困境无处不在。

商业伦理是 20 世纪后期出现的热门话题，也依旧是 21 世纪的新闻头条，安然、世通和安达信的例子都说明了违背商业伦理是不可饶恕的事。依照伦理准则来规范商业行为不仅在道义上是正确的，也符合最大化股东财富的目标。

有道德的行为意味着"做正确的事情"，但是困难就在于如何定义"正确的事情"。每个人都有自己的一套价值观用以判断什么是正确的事情。然而，任何一个社会都采取自己的准则或法律来描述它所谓的"正确的事情"。在某种意义上，法律是反映整个社会的一系列规则。本书将会指出近年来关于财务管理实践中的一些道德困境并鼓励大家用自己的观点思考问题。

"商业伦理真的相关吗？"这是一个值得思考的好问题。首先，经营上的过失可以被原谅，但是道德上的过失则会摧毁事业甚至连将来的机会也被剥夺。不道德的行为会导致诚信的丧失，而没有了诚信，企业间就不可能互动。其次，对一家企业而言最具有破坏性的事情就是在道德标准上使大众失去信心。在财务管理中，已经看到了一些这样的例子了，正是安达信的道德过失绊倒了这家一度辉煌的会计师事务所。

此外，还有社会责任的问题。总的来说，社会责任的意思是企业除了要使股东财富最大化之外，还要对社会承担责任，企业应为更多的社会成员负责而不仅局限于股东。

上述10大原则是财务管理知识的逻辑基础，虽然每一章节学习的内容都不同，但是它们背后的逻辑都是一样的，即都以这10大原则为基础。

【本章小结】

财务管理是指利用价值形式对企业财务活动及其财务关系所进行的一项综合性管理工作。财务活动是指企业资金的筹集、投入、运用、分配的活动；财务关系则是指在进行财务活动过程中与有关各方所发生的经济利益关系。

财务管理的特点：价值管理、综合性和协调性。

财务管理的内容体现在企业资金运动的全过程，主要包括筹资决策、投资决策和利润分配决策。

企业财务组织形式有财务管理型财务组织机构、责任中心型财务组织机构、集团公司型财务组织机构、控股公司型财务组织机构和跨国公司型财务组织机构等。

财务管理原则是企业有效组织财务活动、处理好各种财务关系的基本准则，也是企业理财的基本要求，是人们在长期财务管理实践中总结出来的、体现财务规律的行为规范，是保证财务管理目标实现的重要保证。主要包括系统原则、风险与收益均衡的原则、成本效益原则、资源合理配置原则和利益关系协调原则等。

财务管理的观念有市场竞争观念、效益观念、资金时间价值观念、风险观念和预算观念等。

【练习题】

1. 名词解释

（1）财务（finance）。

（2）财务管理（financial management）。

（3）权益资金（equity capital）。

（4）营运投资（working capital）。

(5) 财务管理组织结构（organizational structure of financial management）。

2. 选择题

（1）企业财务管理（financial management）是基于在生产过程中客观存在的财务活动和财务关系而产生的，是企业组织财务活动、处理与各方面财务关系的一项(　　)工作。

　　A. 经济管理　　　B. 生产经营　　　C. 预算决策　　　D. 分析评价

（2）筹资以及筹资管理贯穿企业发展的(　　)。无论是企业创立之时，还是在企业扩张规模之际，乃至在日常经营之中，都需要筹措资金。

　　A. 开始　　　　　B. 始终　　　　　C. 最后　　　　　D. 首尾

（3）直接投资是指把资金投放于生产经营性资产，以期获取(　　)的投资。间接投资是指把资金投放于证券等金融性资产，以期获得股利或利息收入的投资。

　　A. 利润总额　　　B. 净利润　　　　C. 营业利润　　　D. 现金流量

（4）(　　)包括3个相关的领域：其一，货币市场与资本市场，涉及证券市场和金融机构；其二，投资，主要关注个人投资者和机构在选择证券投资组合时所做出的投资决策；其三，财务管理，或称为"企业财务"，涉及企业内部决策。

　　A. 会计学　　　　B. 统计学　　　　C. 经济学　　　　D. 财务学

（5）概括地说，财务管理人员的职能是为股东、企业和相关利益者创造更大的价值。财务管理人员的(　　)贯穿于企业价值创造活动的全过程。

　　A. 职能　　　　　B. 工作　　　　　C. 任务　　　　　D. 目标

3. 判断题

（1）财务管理是现代市场经济条件下企业管理的重要组成部分，直接关系到企业的生存与发展。　　　　　　　　　　　　　　　　　　　　　　　　（　　）

（2）企业财务，是指企业财务活动，即企业再生产过程中的资金运动及资金运动所形成的企业同各方面的经济关系。　　　　　　　　　　　（　　）

（3）财务主管负责资金筹集和使用以及股利分配等工作。　　　　（　　）

（4）货币市场就是资本市场。　　　　　　　　　　　　　　　　（　　）

（5）风险是现代企业在组织财务活动中，由于不确定因素的作用，使实际财务收益与预期收益发生偏差的一定性。　　　　　　　　　　　　（　　）

4. 问答题

（1）什么是企业财务关系？为什么说企业财务关系揭示了财务的本质？

（2）什么是企业财务管理？企业财务管理有什么特点？

（3）企业价值最大化的财务管理目标的确立是出于什么考虑？其优势何在？

（4）什么是财务管理原则？它主要包括些什么？

（5）什么是财务管理观念？财务管理观念包括哪些？

第2章
财务管理的发展和目标

【学习目的】

(1) 了解财务管理理论和实践的发展过程。
(2) 了解财务假设的特点和内容。
(3) 认识财务管理与其他学科之间的关系。
(4) 理解企业的伦理。
(5) 掌握财务管理的目标。

【引导性案例】

万科的股权激励计划

2006年6月14日,万科董事会发布了《万科企业股份有限公司关于首期限制性股票激励计划购买事宜公告》。该公告宣称:"根据激励计划,本公司于2006年5月31日为激励对象预提2006年度激励基金共1 417 068.51元。根据激励对象授权,公司委托深圳国际信托投资有限责任公司用该项激励基金在二级市场购买万科A股股票。"万科是中国证监会发布《上市公司股权激励管理办法》首获监管部门批准实施股权激励方案的上市公司。

根据上述公告,如果在2006年度财务报告公布之日,公司恰好满足激励计划的条件,提取的股权激励基金将不再追加和冲回。此时,单股权激励一项,公司高级管理层的年薪将比2005年度薪酬总额增加547.42%。可以说,管理层因股权激励计划受益匪浅。

实施股权激励的目的就是让经营者以持股方式成为企业股东,将经营者的个人利益与企业利益联系在一起,以鼓励经营者通过提升企业长期价值来增加自己的财富，是一种对经营者的长期激励方式。为了实现股东权益最大化的目标，企业总是在激励成本和收益之间选择，以求达到最好的平衡。既不能因为激励不到位影响管理层的稳定及其效用的发挥，也不能因为激励过度最终减少股东的收益。对于股东来说，其收益最终体现在年度分红和股价上涨上面。

在这轰轰烈烈的股权激励背后，公司股东和公司高管，谁将是最大的受益者，人们拭目以待。

因而，不妨带着下面几个问题去阅读本章。公司股东希望公司以什么为目标？公司管理人员与股东的目标是否一致？如果你是股东，管理层持有公司股票会不会让你有更大的安全感？

财务管理原则的运用包括以下 5 个方面。

（1）风险—收益权衡——除非可以预期得到额外的收益，否则人们就不会去承担额外的风险。

（2）货币时间价值——今天收到的 1 元钱比将来收到的 1 元钱更值钱。

（3）有效资本市场——市场反应是迅速的，定价是正确的。

（4）代理问题——为股东工作的管理者追求自身利益最大化。

（5）有道德的行为是指做正确的事，财务管理中的道德困境无处不在。

2.1 财务管理的发展

2.1.1 财务管理理论的发展

财务学作为经济学的一个分支，始于 20 世纪初。1900 年，巴舍利耶（Louis Bachelier）题为《投机理论》（Théorie de la spéculation）的博士论文被认定是标志着财务学从经济学中独立出来成为一门新学科的里程碑。1897 年，托马斯·格林纳（Thomas L. Greene）出版的《公司财务》一书是最早的一部财务管理学著作。此后，米德（Meed）、戴维（Dewing）、李恩（Lyon）等人又陆续出版了一些财务管理方面的著作，标志着财务管理学已经初步形成。

财务学为财务管理学提供了理论基础，财务学理论的演变代表了财务管理学思想的发展。20 世纪是财务学理论大发展的世纪，在这 100 年的时间里财务学思想经历了 4 次重大的转变。

1. 20 世纪 30 年代，财务学走向理论化

1929—1933 年经济大萧条的惨痛经历促使学者们开始转入探讨证券市场的价格变动规律和证券内在价值问题。与此同时，经济计量技术终于也被引进财务理论的研究之中。这一时期出现了几本具有较高理论价值的著作，包括格雷汉姆（B. Graham）和多德（D. L. Dodd）于 1934 年出版的《证券分析》、威廉斯（J. B Williams）于 1937 年发表的《投资价值理论》和达文（A. S. Dewing）于 1938 年再版的《企业理财政策》。4 年内连续出版的这 3 本书摆脱了早期"手册"和"指南"之类的旧式教科书的写作方法,转而关注概念、方法和原理,并且强调了数学方法在投资分析中的运用。经济大萧条后出现的这 3 本书把财务研究带往理论化发展的方向。

2. 20 世纪 50 年代,现代财务理论重要思想流派形成

第二次转变取得了理论上革命性的突破,形成了现代财务理论的重要思想流派,包括证券市场效率、资产组合理论、资本资产定价模型、资本结构理论、投资决策理论以及股利政策等。主要的有:①资产组合理论。马克维茨(H. Markowitz)1952 年的《组合选择》一文和 1959 年的《证券组合选择:有效的分散化》一书以及 1958 年托宾(J. Tobin)的《趋向风险行为中的流动偏好》一文构建了资产组合理论,同时也为夏普(W. F. Sharpe)、林特纳(J. Lintner)和莫辛(J. Mossin)等人日后推导出资产定价模型奠定了坚实的理论基础。②资本结构理论。莫迪格利安尼(F. Modigliani)和米勒(M. H. Miller)在 1958 年发表了《资本成本、公司财务和投资理论》一文,他们提出的 MM 定理标志着在现代财务理论史上占有极其重要地位的现代资本结构理论的诞生。③证券市场效率理论。证券市场效率理论作为现代财务理论主流之一也是始于 20 世纪 50 年代。先是肯德尔(M. Kendall)于 1952 年发表了《经济的时间序列分析》第一部分《价格》,随后罗伯特(H. Robert)和奥斯本(M. F. M. Osborne)在 1959 年又分别发表了《股票市场"图形"和财务分析:方法论上的建议》以及《股票市场的布朗运动》两篇论文,3 篇论文被认为是证券市场效率理论最早的实证检验工作。④投资决策(或称资本预算)理论。资本预算被放到财务学教科书里是 20 世纪 50 年代初的事。1951 年,乔·迪安(Joel Dean)发表了《资本预算》这一财务思想史上的名著,最早提出投资决策中的内部收益率法。同一年里,F·卢茨(F. Lutz)和 V·卢茨(V. Lutz)在《企业投资理论》里提出另一种后来得到普遍采用的投资决策方法——净现值法。稍后,洛里(J. Lorie)和萨维奇(L. Savage)在 1955 年发表的《资本限额的三个问题》,赫什利佛(J. Hirshleifer)1958 年发表的《最优投资决策理论》等文章中对上述方法进行了改进与完善。这些共同构成了现代企业投资决策理论学派。

3. 20 世纪 70 年代,新财务理论确立

20 世纪 70 年代后期,新财务理论开始向居于正统地位的现代财务理论主流发起挑战,出现了许多有影响力的文章。发表于 1976 年的有:詹森(Michael C. Jensen)和麦克林(W. H. Meckling)的《企业理论、管理行为、代理成本和资本结构》、罗斯(S. Ross)的《资本资产定价套利理论》。发表于 1977 年的有:罗斯的《财务结构的决定:动机信号方法》、利兰(H. E. Leland)和派尔(D. H. Pyle)的《信息不对称、财务结构和金融中介》、巴塔恰亚(S. Bhattacharya)的《不完美信息、股利政策和"手中鸟"谬论》、梅耶斯(S. C. Myers)的《企业借贷的决定》、罗尔

(R. Roll) 的《资产定价理论检验的一项批评——第一部分：理论过去及潜在的可检验性》等。这些代表了财务学思潮的第 3 次转变。新财务学思潮将关注点从外部因素转向内部因素，大量地引入经济学各方面的最新成果。他们一反传统研究局限在税收和破产等企业"外部制度"里的习惯，通过借用"信号""动机""逆向选择""信息不对称"等信息经济学概念以及"委托代理""道德风险"和"激励"等代理理论概念，转入从管理者行为和公司治理结构等"内部因素"方面来发展分析，极大地扭转了财务学的研究方向。以信息经济学为核心的新财务思想逐渐确立起了其在财务研究领域里的主流地位。

4. 20 世纪 90 年代，行为财务学出现

自 20 世纪 90 年代以来，财务学研究领域的变革发展，就是行为财务学的兴起。

谢夫林（H. Shefrin）定义行为财务为"关于心理学如何影响财务学的研究"。1985 年，美国财务学会会刊同时发表了两篇论文：一篇是谢夫林（H. Shefrin）和斯塔特曼（Meir Statman）的《赢家卖得太早，输家卖得太迟之分解：理论与证据》；另外一篇是德邦特（Werner DeBondt）和塞勒（Richard Thaler）的《股票市场过度反应了吗?》。这两篇文章代表了行为金融的出现。斯坦（Jeremy Stein）在 1996 年发表的《非理性世界里的理性资本预算》一文标志着公司行为财务的形成。

行为财务学在资本结构、股利政策、投资决策、公司收购与兼并以及首次公开发行等若干财务学的传统研究领域里提出了许多不同于正统财务理论主流的新观点和新理论，形成了一个新的研究方向。行为财务学与传统财务理论的分歧主要集中在以下两个方面。

一是理性人的假设。在现代财务学的传统理论框架下，参与决策的个人都被认为是"理性的人"。希望财务学对此提出异议："某些时候，为了找到经验证据上的谜底，必须考虑如下可能性，即经济体中的某些当事人，其行为在某些时间里不是完全理性的。"

二是有效市场假设。传统财务理论认为市场价格充分反映了所有相关的信息，也反映了公司的基本价值，所以在一个有效的市场里，投资者无法获取超常收益，管理者的投资决策最大化也相当于公司市场价值最大化。行为财务学指出，由于市场异象的存在，市场并非是有效的。由于完全套利的作用不可充分实现，市场价格无法迅速回归至公司的基本价值，因此价格无法充分反映相关的信息。

2.1.2 西方财务管理实践的发展

西方财务管理活动是随着商品生产和商品交换的发展而不断发展起来的。在财务管理发展的过程中，在不同时期表现出不同的特征，其间环境因素起着十分重要的作用。基本上，财务管理时间的发展过程可以划分为以下 3 个阶段。

1. 筹资管理阶段

19 世纪末 20 世纪初，工业革命的成功促进了企业规模的扩大、生产技术的改进和工商活动的发展，股份公司成为占主导地位的企业组织形成。股份公司的发展不仅引起资本需求量的扩大，而且也使筹资的渠道和方式发生了重大变化。企业的筹资活动得到了进一步强化，如何筹集资本扩大生产经营，成为大多数企业关注的焦点。在这种情况下，企业内部出现了一种新的管理职能，就是如何筹集资本，如何发行股票，企业有哪些资本来源，筹集到的资本如何有效使用，企业盈利如何分配等。于是，许多企业纷纷设立了一个新的管理部门——财务管理部门来承担上述职能，财务管理从企业管理中分离出来，成为一种独立的管理职能。

这一阶段财务管理的主要特点是：①以筹资为重心，以资本成本最小化为目标。②注重筹资方式的比较选择，忽视资本结构的安排。③公司合并、清算等特殊财务问题开始出现。

20 世纪初期约 30 年的时间里，财务管理的主要任务是为公司的组建和发展筹集所需的资金。当时资金市场不甚成熟，会计信息也不规范可靠，股票买卖中的"内幕交易"现象严重。所有这些都使得投资行为十分谨慎。

2. 内部财务管理阶段

由于受 1929 年经济危机的影响，20 世纪 30 年代的经济普遍不景气，许多公司倒闭，投资者损失严重。为了保护投资人利益，政府通过立法手段加强对证券市场的监管。例如，美国先后于 1933 年和 1934 年通过了《联邦证券法》和《证券交易法》，规定公司发行证券之前必须向证券交易委员会登记注册，向投资人提供公司财务状况及其他有关情况的说明，并按规定要求向证券交易委员会定期报告。政府监管的加强客观上要求企业把财务管理的重心转向内部控制。同时，对企业而言，如何尽快走出经济危机，内部控制也十分重要。在这种背景下，财务管理逐渐转向了以内部控制为重心的管理阶段。

这一阶段，财务管理的理念和内容有许多新的发展，人们认识到：①在残酷的竞争环境中，要维持企业的生存与发展，财务管理仅仅关注资金的筹集是不够的，更重要的应该是管好、用好企业所掌握的资金，加强企业内部的财务管理与控制。②企业财务活动是与供应、生产和销售并列的一种必要的管理活动，它能够调节和促进企业的供、产、销活动。③对资本的控制需要借助各种定量方法，各种计量模型逐渐运用于财务管理，财务计划、财务控制和财务分析的基本理论和方法逐渐形成并在实践中得到普遍运用。④如何根据政府的法律和法规来制定公司的财务政策，成为公司财务管理的重要方面。

3. 投资管理阶段

第二次世界大战以后，企业规模越来越大，生产经营日趋复杂，市场竞争更加剧烈。随着企业经营环境的变化，人们发现，资金运用效率和效益的提高，并不仅仅取决于日常的财务管理与控制，更大程度上依赖于投资决策的成功与否。因此，投资管理日益受到重视，投资决策在企业财务管理中逐渐取得主导地位。

这一阶段的财务管理，形式更加灵活，内容更加广泛，方法也多种多样。表现在：①资产项目（包括现金、应收账款、存货和固定资产等）引起了财务人员的重视。②强调决策程序的科学化，建立了从投资项目提出、投资项目评价、投资项目决策、投资项目实施到投资项目再评价的投资决策程序。③投资分析评价的指标从传统的投资回收期、投资报酬率等静态指标向考虑货币时间价值的贴现现金流量指标体系转变，净现值法和内含报酬率法得到了广泛采用。④建立了系统的风险投资理论和方法，为正确进行风险投资决策提供了科学依据。

2.1.3 我国企业财务管理实践的发展

财务管理的发展是以市场经济为依托的。新中国成立以来，我国长期实行计划经济，财务管理的作用和地位没有充分显示出来，财务管理的发展也比较缓慢。与西方财务理论和财务管理实践的发展相比，我们还有一段距离。我国企业的财务管理活动可以划分为以下三个阶段。

1. 财务管理与会计合二为一的阶段

这一阶段是从新中国成立初期至20世纪70年代末期，大约经历了30年左右的时间。在这段时期，我国实行高度集中的计划经济体制，国家统收统支、统负盈亏。企业在筹资、投资决策以及收益分配方面没有自主权，企业财务管理的重心在于内部财务管理与控制，突出地表现为对流动资金和资产的管理、对费用与成本的控制以及对经济核算的强化等方面。财务管理被视为会计核算的组成部分。

2. 财务管理与会计一分为二的阶段

这一阶段是从20世纪70年代末期，大约经历了10年的时间。在这段时期，中国共产党十一届三中全会确定了我国改革开放的方向。随着企业自主权的逐步扩大和投融资体制改革的深化，企业投资所需的资金不再简单地由国家财政无偿拨款，而是越来越大地由企业自己通过资金市场筹措。国家与企业之间的资金关系发生了变化，企业使用国家资金必须付出代价并承担责任。因此，从20世纪80年代中期起，企业财务管理的重心逐步转向了筹资管理、投资管理和收益分配管理。财务管理的地位有所提高，成为企业管理的重要组成部分；财务管理从会计中分离出来，上升为一门独立的学科。

3. 现代财务管理的确立

这一阶段始于20世纪90年代初。财务管理随着经济和企业改革的深化而不断得到拓展。20世纪90年代，证券市场在我国得以恢复并发展迅速。企业融资渠道和融资方式发生了根本的变化，证券市场成为越来越多的企业筹措资金的重要途径。长期筹资、长期投资以及股利分配这三大财务决策问题，成为上市公司财务管理的重心。其次，随着企业改革向纵深发展，企业的兼并、合并和重组活动层出不穷，如何优化资产结构、盘活存量资产和进行资本营运成为财务管理重点考虑的问题。最后，知识经济时代的到来以及中国加入世贸组织后的进一步开放，改变了传统财务管理的目标、内容、方式以及体制。财务管理目标中利益相关者与价值创造的理念逐步在理论和实务中得到认可。财务管理的内容不断深入和扩展，如与环境相关的财务管理问题、与无形资产投资管理相关的财务管理问题等得到了重视。新的财务管理方式，如全面和综合的风险管理、外向性和可持续的发展战略、科学合理的绩效评价等逐步被应用于企业。企业正在建立有效的公司财务治理结构，规范企业财务管理运行机制，健全预测、监督、激励和约束机制。所以，从这一时期开始，财务管理的作用越来越大，在企业中的主导地位逐步凸显。

2.2 财务管理学与其他学科的关系

自 20 世纪以来，财务管理学已经发展成为一门独立的学科，但是它与许多学科都有着密切的联系。

经济学是财务管理学的理论基础，在财务管理学独立成为一门学科前，一直是经济学的一个分支，在财务管理学科独立之后，也依然是依托经济学理论的一门应用学科。经济学分为宏观经济学和微观经济学两个层次，微观经济学揭示个别经济单位的经济活动规律，主要研究经济中的个量；而宏观经济学的任务是为了说明国民经济整体运行状态的变化规律，主要分析经济中的总量。财务管理学是以微观经济单位的企业为主体，以资本的稀缺性为前提，研究资本在企业中的优化配置和有效利用问题，以便实现资本收益的最大化。财务管理学建立在一些重要的经济学理论基础上，例如，财务管理学引入了经济学中的资本、价值、边际、均衡等，作为其基本范畴，还引入了经济学中的理性人假设、市场有效性假设，作为其理论基础。财务管理学研究采用了经济学研究中的实证方法，实证研究在财务研究中占有越来越重要的地位。

财务管理学是管理学的一个重要组成部分。管理学是研究管理活动基本规律的一门科学。企业管理学是管理学中的一个分支，是针对企业主体，以企业组织和职能分工为对象。企业在实行分工、分权管理的过程中，形成了一系列专业管理，包括生产运作管理、物流与供应链管理、采购管理、营销管理、财务管理、人力资源管理等，在这些专业管理中，有的侧重于使用价值管理，有的侧重于劳动要素管理，有的侧重于信息管理。财务管理主要应用价值形式，对企业资本活动实施管理，并通过价值形式这个纽带，把企业各项管理工作进行有机协调，并从财务角度，保证企业管理目标的实现。

随着计算机技术的迅猛发展，计量技术以及各种模拟技术在财务管理学中的广泛应用，财务决策数量化已经成为财务管理学的发展趋势。数学和计算机技术为财务管理学提供了工具和技术。

这里重点介绍财务管理学与金融学和会计学的关系。

2.2.1 财务管理学与金融学的关系

西方金融学研究涵盖5大主要领域：资产定价、公司财务、金融市场、金融中介及金融监督。资产定价重点研究金融市场中的资产，包括金融衍生品价格的形成过程和机制，它是投资、风险管理等学科的理论基础。公司财务也称公司金融或公司理财，它研究资金筹集、资本预算、资本结构、税收、股利政策、公司并购和公司治理等问题。由此可见，公司财务研究的范围与财务管理学相同。金融市场、金融中介及金融监督的研究内容包括市场利率和利率机制，商业银行、投资银行、保险公司等金融中介问题，以及金融机构和金融市场的监督。

我国的学者习惯将金融学分为宏观金融学和微观金融学两大领域。上述西方金融学所涵盖的研究领域被称为微观金融学。目前，金融研究主要集中在宏观金融问题。宏观金融学包括货币银行学和国际金融学两大部分。

财务管理学着重于企业的资金管理，但无论企业是在筹集资金还是使用资金的过程中，都离不开金融市场以及金融市场中的资产。首先，金融市场是企业融资的重要场所，也是企业进行投资的主要领域。其次，金融市场还是评价企业财务业绩的依据，企业融资工具发行顺畅与否、股票价格的走势、债券价格的高低都是企业财务能力的信号和反应。最后，金融市场的各种信息，又为企业进行财务决策提供了依据。因此，财务管理人员必须掌握金融学的知识，熟悉金融市场的运作规律和金融资产的定价机制，这样才能有效地利用金融市场和金融资产进行财务管理，实现财务管理的目标。

金融市场的发展创造出许多新的金融工具，使得企业投资、筹资和营运资本管理、风险管理方式趋于多元化和复杂化，从而促进了现代财务管理理论的形成和发展。这是金融市场与财务管理学的共生和互动，同时，此种互动也为财务管理学科的建设提供了基础。从金融学的角度看待财务管理就不会将企业财务管理仅仅看做是企业内部的财务预算和财务分析，而会将企业财务管理与整个社会的金融运行联系起来，将个别企业的财务管理看做是整个社会金融的一个要素和作用点。随着金融成为现代经济的核心，金融市场对企业价值创造的影响越来越大，企业对金融市场的流动性创造、风险规避、资金通融和控制市场等功能的依赖日益增加。所以，只有将企业财务管理纳入整个金融市场和金融体系，才能实现真正意义上的企业价值最大化。

2.2.2 财务管理学与会计学的关系

财务管理学与会计学是两门相互独立但又密不可分的管理学科，他们之间既有区别又有联系。

财务管理学与会计学的区别包括以下几点。

1. 两者的目的不同

会计学的目的是通过对企业经济活动进行反映和监督，提供真实可靠的财务信息，满足信息使用者的决策需要。财务管理的目的则是通过决策、计划和控制等行为，提高经济效益，实现企业价值管理的目标。

2. 两者的内容不同

会计学是以会计要素的确认、计量和报告作为主要内容，把会计作为信息系统，侧重于事后对经济活动的反映和监督。财务管理是以资金运动为管理对象，侧重于事前的预测、计划和事中的财务控制和监督。

3. 两者所使用的方法不同

会计的方法较为严谨和固定，以会计准则和会计制度作为行为依据。财务管理的方法则较灵活多样，而且受的约束也较少。财务计划、财务控制和财务分析是其主要方法。

财务管理学与会计学的联系在于：①两者管理的对象都是资金和资金运动，主要是对价值形态进行管理。②会计信息是财务管理的基础，财务管理的预测、计划、决策和控制都有赖于会计核算所提供的资料和数据；同时，财务管理的结果也需要通过会计信息加以反映。③财务管理制度是会计核算的基本依据，会计信息的收集和处理必须符合财务管理的需要。

2.2.3 财务管理学与信息学的关系

信息技术（尤其是因特网技术）的飞速发展和广泛应用，促使了电子商务与网络企业的蓬勃发展，彻底改变了企业的生存环境和经营管理模式。财务管理作为企业管理的核心，必须随着企业的生存环境和管理模式的变化而发生新的变革。网络财务是随着网络企业和电子商务的产生而发展起来的，它是基于网络计算机技术，以整合实现数字化并最终实现管理信息化的财务系统。

网络财务的提出和推行，有力地拓展了财务功能，提高了企业管理水平和竞争力，具有重大的意义。

（1）网络财务改变了财务管理和会计核算工作的空间和模式。

（2）网络财务可在更大范围内收集信息。

（3）网络财务提高了管理与决策的时效性。

（4）网络财务促进了财务与业务的协同。

（5）网络财务能更有效地实现企业内部资源与外部资源的整合。

（6）网络财务有利于企业实施集中监控和统一管理。

网络财务管理是指在一定的网络环境下，以内部网和因特网为手段，将信息技术与财务管理技术相结合，实现对企业筹资、投资等财务活动的网络化管理的一种财务管理方式。作为一种新型的全面基于网络技术的财务管理模式，它具有以下特点。

（1）从空间上看，企业的一切业务均可以通过网络进行远程处理，便于整合企业的财务资源，全面提高企业的竞争力。

（2）从时间上看，企业的一切业务均可以通过网络进行实时报告，便于企业管理层进行网络化管理，从而提高企业的工作效率。

（3）在网络财务条件下，电子货币将得到普及，这不仅极大地提高了结算效率，更重要的是加快了企业资金周转速度，降低了企业资金成本。在这种条件下，企业财务信息能够以更快的速度、更灵活的方式及更广泛的共享性满足各个利益相关者不同的信息需求，进而帮助企业管理层更加有效地管理企业。

网络财务管理的特征是：①实现资源共享。②实现远程处理。③实现财务管理方式和手段创新。④实现财务管理的集中化。⑤实现财务信息与业务信息协同。

网络财务管理的目标是：①兼顾相关利益主体的利益。②履行企业的社会责任。③保持企业的可持续增长。

实现网络财务，是财务管理的创新和发展。

2.3 财务管理的目标

财务管理就是对企业的资金进行规划运筹和控制，以最终实现企业目标为目的的一项管理活动。财务管理的基本目标取决于企业的总目标，所以企业目标往往就被表达为财务管理的目标。西方企业目标理论经历了从利润最大化、每股盈余最大化、股东财富最大化到企业价值最大化的演变过程，最新的发展又提出了可持续发展和相关利益者价值最大化的观点。

2.3.1 利润最大化

利润最大化（profit maximization）的观点认为，获取最大利润是企业的基本目标，也是企业不断发展的基础和前提。利润额是企业在一定期间全部收入和全部成本费用的差额，体现了企业的经济效益、股东投资回报以及企业对国家和员工利益的贡献，也是企业扩大经营规模的源泉。

古典经济学将利润最大化看做是一个理论上的企业目标，经济学家以此来分析和评价企业行为和业绩。利润最大化的目标是在19世纪发展起来的，当时企业是以私人筹资和独资经营为特征。单个业主的唯一目的就是增加私人财富，所以可以简单地通过利润最大化得到满足。进入20世纪，出现了以所有权与经营权分离为特征的现代企业。现代企业由股东进行投资，职业经理取代业主经理管理现代企业。在企业组织形式发生变化之后，利润最大化目标已经不再适合。

利润最大化目标忽视了现实世界中的很多复杂性，尤其是财务管理决策中两个最主要的因素：时间性和不确定性。利润最大化目标存在以下不足。

1. 利润最大化没有考虑取得利润的时间

企业经营的效果不仅仅取决于所获得的利润，还取决于获得利润的时间。越早获得利润，就能越早进行再投资，获得新的利润。今年获得的 100 万利润比明年获得的 100 万利润更有价值。利润最大化目标忽略了货币的时间价值。

2. 利润最大化没有考虑取得利润的风险

两个企业的预期收益相同，但预期收益的不确定性较大的企业将承受更大的风险。同样是 100 万元的利润，一个企业已经全部收到了现金，而另一个企业全部是应收账款，显然后一个企业面临着坏账的风险。利润最大化目标不考虑企业承担的风险，会使得企业在财务决策中选择高风险的项目，一旦发生不利的情况，企业将陷入困境，甚至导致破产。

3. 利润最大化没有考虑取得利润所投入的资本

利润只是一个绝对值指标，不能反映经营活动的效率。同样获得 100 万元利润，投入 1 000 万元的企业显然比投入 2 000 万元的企业获得了更高的价值。利润最大化目标会使得企业在财务决策中选择投入高和报酬率低的项目，导致决策行为的短期化倾向，只顾实现目前的利润而忽略了企业长远的发展。

2.3.2 每股盈余最大化

每股盈余也称每股收益，是税后净利润与普通股股数的比率。所有者或股东是企业的出资者，他们投资的目的是为了取得投资收益，表现为税后净利润（即可供分配的利润）与出资额或股份数的比率。

每股盈余最大化（maximization of earnings per share）将企业实现的利润与企业所有者投入的资本额或股份数进行对比，是一个相对指标，可以反应企业的盈利能力，并且能够在不同资本规模的企业之间进行比较。其优点是克服了利润最大化目标不考虑资本投入的缺点，但是每股盈余仍然无法避免利润最大化的两个缺陷，即忽略了时间性和不确定性。

2.3.3 股东财富最大化

股东财富最大化（maximization of shareholder wealth）也称股东价值最大化（maximization of shareholder value），或企业所有者权益价值最大化。股东财富最大化目标以未来一定时期归属于股东收益的现金流量，按考虑了风险报酬率的资本成本折算为现值，由此而得到的股东投资报酬现值，是股东财富的具体体现。股东财富最大化与利润有密切的关系，在考虑了货币时间价值、风险和资本成本后可以由利润导出股东财富最大化公式。

在股份有限公司中，股东财富可以用股票市场价值总额来代表。股东的财富由其所拥有的股票数量和股票市场价格两方面来决定，当股票价格达到最高时，股东财富也达到最大。

与利润最大化目标相比，股东财富最大化目标的进步之处在于以下4方面。

（1）股东财富最大化考虑了取得报酬的时间性，区分了不同时期的报酬，并运用货币时间价值的原理计算股东价值。

（2）股东财富最大化考虑了风险与报酬之间的联系，有效地避免了企业不顾风险片面追求利润的错误做法。在进行财务管理决策时，正确权衡报酬与风险，实现两者之间的最佳均衡，使得股东财富达到最大。

（3）股东财富最大化考虑了资本成本，将利润与投入的资金相联系。

（4）股东财富最大化能克服企业在追求利润上的短期行为。因为在股东财富最大化目标下，不仅目前的利润会影响股东财富，未来盈利能力对股东财富的影响作用更大。

但是，以股东财富最大化为目标，亦存在以下不足。

（1）股东财富最大化目标仅仅考虑了股东的利益，没有考虑债权人的利益。在股东财富最大化目标下，管理人员会使用财务杠杆来增加股东财富，从而可能过度举债，增加企业财务风险，甚至导致破产。

（2）在使用股票价格衡量股东财富时，可能使得管理人员更多地关注股市而不是企业自身的经营。股价受到很多因素的影响，其中一些是企业难以控制的因素，如经济环境等。

2.3.4　企业价值最大化

企业价值最大化（maximization of firm value）是指股东价值和债权人价值之和最大化，也就是企业资产的总价值最大化。与股东财富最大化相比，企业价值最大化目标兼顾了股东和债权人的利益。企业价值最大化目标与利润有密切的关系，企业价值最大化目标同时综合了利润、货币时间价值、风险、债务比例、利率、税率以及时间跨度等多种因素来衡量企业的价值，反映了企业整体和长期的发展。

企业价值最大化并不等同与股东财富最大化，但是在一定的条件下，使得债权人和股东之间没有利益冲突，企业价值最大化目标模式的性质和特征与股东财富最大化基本上是相同的。所以在讨论企业目标时，往往将企业价值最大化与股东财富最大化等同起来。

企业价值最大化是财务经济学理论最经常采用的，也是被实务界广泛接受的目标。

2.3.5　相关利益者价值最大化

20世纪80年代兴起的相关利益者理论对股东价值最大化的传统观点提出了

挑战。相关利益者理论从"企业是一组契约的联结点"的角度出发，认为企业是所有相关利益者之间的一系列多边契约。这些相关利益者主要包括股东、债权人、员工、客户、供应商、政府及社区等。

相关利益者理论认为，企业应该以所有相关利益者的利益最大化为目标。按照相关利益者理论，企业的管理者是对企业的全部相关利益者而不只是个别成员有责任，管理者是一个组织而不只是股东的代言人。

相关利益者价值最大化目标与股东价值最大化目标之间最大的分歧有两点：一是相关利益者价值最大化弱化了股东在企业中的地位，否定了企业是由股东所有的传统理念；二是相关利益者价值最大化用多重价值最大化取代了单一价值最大化目标。

对于相关利益者价值最大化目标的批评主要在3个方面。

（1）多重价值最大化目标无法给企业管理者提供一个明确的目标函数，因此可能导致管理上的混乱和无效率。

（2）即使认可相关利益者的利益，也难以在多重相关利益者的利益之间，有时甚至是相互冲突的利益之间进行选择。

（3）相关利益者价值最大化目标不能对管理者进行根本性的评价，反倒会让管理者无法尽到他们对企业所应承担的责任。

2.4 财务假设

2.4.1 财务假设的特点

1. 相对稳定性

财务假设是对财务活动做出的规范与约束，是财务学赖以存在的基础和前提。显然，作为财务学的基础与前提，财务假设不可能经常发生变化，否则，财务学这门学科的根基就会处于摇摆中，财务假设也就失去了存在的意义。因此，财务假设应当在一定时期保持稳定。

但是，这种稳定并不是一成不变，因为财务假设是根据环境的产生而产生的，一旦环境发生变化，基本假设也会发生变化。这种变化可能有两种形式：①用新的假设取代旧的假设。②原有的假设名称虽然没有变，但其内涵发生了变化。也就是说，财务假设可能会因时间或空间的变化而与实际情况有所不符，有一部分假设被否定，新的假设也会出现，但这不是简单的否定，而是对财务假设的一种修正和补充。所以，财务假设不是一成不变的，在发展中它面临未来环境与知识的挑战。如果否认财务假设的这种变动性，就会因为财务假设的存在而束缚了这门学科的发展。

2. 系统性

财务假设的系统性是指财务管理各种假设之间的关系不是互相矛盾，而是互相配合，构成一个完整的假设体系。财务假设之间不存在包含或因果关系，不能互相冲突与矛盾，财务假设应当是互相联系的整体，即财务假设应当互相补充、互相协调，共同构筑财务理论的基石。

3. 实践性

财务假设不是从人们的主观想象出发任意发挥创造出来的，而是有一定事实依据的科学推论。通过对假设的不断补充和更新，并在此基础上做进一步的研究，就可以产生科学的理论体系。因此，财务假设构成财务理论体系的基础。

4. 概括性

财务的基本假设是根据财务实践和财务环境抽象出来的，因此，财务假设不是事实与经验的简单堆砌与罗列，而是对各种现象的高度概括与抽象。也就是说，财务假设不涉及具体问题，是抽象的、概括的。

2.4.2 财务假设

1. 财务主体假设

（1）财务主体特征。财务主体是财务活动的载体，这一基本假设的确立规定了财务活动空间范围。一般而言，财务主体应具备以下特征：①财务主体必须具备行为能力，包括从事财务活动的能力和承担财务结果的能力。②财务主体必须具有相应的财权。财务主体与财权密不可分，如果没有权力，财务主体只是一种虚设的主体，而不是一种事实上的主体。③财务主体必须承担一定责任。作为财务主体必须遵循财务活动的内在规律，履行作为一个主体应尽的义务，承担相应的责任。④财务主体必须有明确的目标，即企业价值或相关者利益最大。⑤财务主体必须是真实的利益主体。财务主体通过自身的财务活动为自己谋取一定的利益。没有利益的主体不可能承担一定的责任，也不可能真正成为一个现实的主体。

（2）财务主体与会计主体、财政主体、法律主体的区别。

财务主体与会计主体。会计主体是会计的基本假设之一，主要解决为谁记账的问题。会计主体是指会计确认、计量和报告的空间范围。也就是说，在市场经济中，会计这一价值运动信息系统必然是站在特定经济实体的立场上来开展会计工作，为特定经济实体及其利害关系人服务。

一切财务主体都是会计主体，即进行资本经营活动，以资本增值为目的的单位和个人既是财务主体又是会计主体。但会计主体不一定都是财务主体。一切从事经济活动、提供资金运动信息的单位和个人都是会计主体，即使无资金周转循序的部门也是会计主体。会计既为财务管理也为其他管理包括政府的行政管理提供经济信息。就此而言，会计主体的范围比财务主体的范围更广，它有非营利单位会计和营利单位会计之分。前者不应是财务主体,因为它不以增值为目的,不以实现企业价值最大化为目的;后者属于财务主体。二者的根本区别在于是否存在资本的运动及增值活动,如有则既是会计主体又是财务主体,否则只是会计主体。

财务主体与财政主体。在市场经济条件下,企业是商品生产者也是经营者,企业财权相对独立,企业作为财务主体的地位也相对确立了。

国家作为行政管理者,它的经济功能在于收取税金、安排支出,这无疑是财政职能。而作为资产所有者只能是收取国有资本收益,并对资本收益进行再投资,形成更多的国有资产,这实际上是财务职能。所以,在宏观层次上,财政主体和财务主体泾渭分明,无需赘述。

在微观层次上,我国一直存在行政事业单位的说法,这是一种误解。行政单位作为一个会计主体能够成立,但作为财务主体则不能成立。在会计教科书中,论述行政单位的资金运动时,总是有别于企业的资本循环,而是以一收一支来概括。这种一收一支的运动过程实际上是财政资金的运动模式。因此,行政单位应为财政主体,因为行政单位是国家实行行政管理的职能部门,它不以资本增值为目的,不具有财务主体的属性。

事业单位是财政主体还是财务主体要视事业单位的性质而定。如果是全额预算事业单位,它与行政单位一样,是财政主体而不是财务主体;如果是实行企业化管理的事业单位,则为财务主体,因为这些事业单位有自己的产品,并存在资金的投入产出活动,它与企业相似。

财务主体与法律主体。财务主体不一定是法律主体,对于经济组织而言,法律主体是指能够独立享有民事权利和承担民事责任的法人,而财务主体则是能够独立从事财务活动的单位和个人。财务主体的独立性并不能使其在法律上享有民事权利和承担民事责任的独立性。例如有些国家的法律仅承认股份制企业为法律主体,而否认独资、合伙企业的法律主体地位。在独资、合伙企业中,业主以自然人的身份行使民事权利和承担民事责任,但其能自主从事有目的的财务活动。法律主体和财务主体的区分,最重要的是对二者独立性的理解,前者是法律地位的独立,后者是经济活动的权力独立。

2. 持续经营假设

持续经营假设规定了财务管理的时间范围。它包括 4 层含义:①财务主体将按照目前的经济组织形式存在下去,在可预见的将来不会破产清算。②财务主体存续期内其经济活动持续不断地进行。③财务主体的财务活动伴随着经营持续不断地发生。④财务管理将主体持续不断的财务活动按管理要求划分为若干连续的财务期间(如年、月、日),对其实行分期管理。

持续经营假设从时间上限定了财务管理的具体范围,使财务主体、财务客体、财务目标、财务信息、财务方法具有时间上的归属。这一假设限定了财务理论研究和实践的内容及其常规的财务管理。市场经济是充满风险和机遇的竞争经济，优胜劣汰是一条基本的市场规则，因此，部分财务主体破产清算是不可避免的。但这毕竟是少数，财务主体一般会经历一段经营期间。正常经营与破产清算的财务活动及财务管理的内容是不同的，这一假设是以正常经营为其前提。财务主体进行财务预测、制定财务决策和预算、进行财务控制必须以正常的持续经营为基本前提。

例如，财务主体在利用举债等方式筹集资本时，是假设主体到期还本付息；投资者之所以向企业投入资本也是假定主体能在未来产生资本收益，增加所有者的财富；在利用商业信用方式购买商品时，是假定主体能及时支付货款；在做出各种投资决策时，也是假设将来能获得投资报酬。

显然，持续经营虽然是一种假设，但在正常情况下，却是财务管理人员唯一可选择的办法。

事实上，一个企业，不论其规模大小，它总是一个"有限生命"的经济组织。由于客观和主观的原因，一个企业往往不能永远经营下去。因此，持续经营假设并不是永远不变的。在持续经营假设这一前提下，一旦出现迹象表明企业经营欠佳，出现财务状况恶化，不能偿还到期债务，持续经营假设就失去了支持其存在的事实。进而以这项假设为基础的财务管理原则和方法也就失去了应有的效用。

持续经营假设并不意味着财务主体可以无限度生存下去，它是在一定时期的持续经营活动。按财务分期，可以把企业持续不断的经营活动人为地划分为一定期间，以便分阶段考核企业的财务状况和经营成果。

3. 有效市场假设

有效市场假设是指财务管理所依据的资本市场是健全和有效的。只有在有效市场上，财务管理才能正常进行，财务理论体系才能建立。有效市场可划分为以下3类。

（1）弱式有效市场。当前的证券价格完全地反映了已蕴涵在证券历史价格中的全部信息。其含义是，任何投资者仅仅根据历史的信息进行交易，均不会获得额外盈利。

（2）次强式有效市场。证券价格完全反映所有公开的可用信息。这样，根据一切公开的信息，如企业的年度报告、投资咨询报告、董事会公告等进行交易都不能获得额外的盈利。

（3）强式有效市场。证券价格完全反映一切公开的和非公开的信息，投资者即使掌握内部信息也无法获得额外盈利。实证研究表明，美国等发达国家的证券市场已达到次强式有效，中国股票市场已达到弱式有效。事实上，即使是发达国家的股票市场，也不是在所有的时间和所有的情况下都是有效的，个别情况会出现例外，所以称之为假设。

4. 委托代理假设

委托代理是指在两权分离条件下，委托人通过契约等方式授权给被委托人（代理人）代其行使某些权利的行为。所有权与管理权的分离是现代公司制企业的一个基本特点，股东是企业的真正所有者，经营管理能力作为一种高级人力资本，取代了物质资本而成为更重要的生产要素。资本所有者把企业财产的实际占用、使用和处置权委托给"代理人"即经理阶层行使，其本意是为了促成优秀管理者的人力资本和股东实物资本的最佳结合，以求得企业在市场竞争中生存发展并实现企业价值最大化。但所有者的产权目标既然要人格化地委托在"代理人"身上，就先天地为委托人和代理人之间产生"问题"准备了条件。

（1）二者目标利益不一致。委托人委托经营企业的唯一希望就是资本增值和资本收益最大化，最终表现为对利润最大化的目标追求；代理人毕竟不是资产所有者，其职务的目标利益是多元的，除了追求更高的货币收益外，还有名誉、权力、地位、舒适的办公条件、气派的业务旅行，至少形式上的经营规模和市场份额等。经济收入的追求虽与企业利润有关，但企业利润的追求（非其个人所有），在很多情况下对于其个人多元化的目标追求可能并无裨益甚至会发生冲突，代理人为了自己的目标利益而侵害委托人的利益就成为必然。

（2）二者信息控制不对称性。代理人直接控制并经营企业，具备生产技能与业务经营优势，其掌握的信息和个人经营行为是大量的、每日每时的，从而形成很多隐蔽的"私人信息"和"私人行为"。委托人由于已经授权，不便也不可能过细干预，因而对企业经营者的努力程度和经营禀赋、条件的了解是有限的，往往是表面的、"账面"上的，加上专业知识的相对贫乏，因而无法准确判断经营者是否有能力并尽力追求股东的利益，无法对代理人实施完全的监督。所有权与控制权的分离事实上常常导致所有权约束的弱化。

（3）二者责任风险的不对等。所有者把财产经营使用权委托给代理人后，表面上"轻松"了，一旦企业发生意外，责任风险毕竟还是得由所有者承担；代理人获得企业控制权后名义上权利和义务是对等的，一旦企业真出了问题，代理人损失的最多只是收入、名声和职位，这与所有者可能"血本无归""倾家荡产"的心态和实际责任风险无法简单类比。由于委托代理制存在上述3个内在矛盾，代理人不可能很好贯彻委托人意图，甚至为追求个人目标利益而牺牲资本所有者利益。因此所谓"代理问题"就自然而然地发生。

2.5　企业伦理

企业在生产经营活动中，必然要与外部环境和内部环境发生各种利益关系，这些关系中包含了各种伦理关系。企业要进行正常的生产经营活动，实现企业目标，就必须处理好各种利益关系，把握其中的伦理关系，树立自己的伦理理念，并在生产经营活动中实践一定的伦理准则和道德规范。

2.5.1 企业伦理的含义

企业伦理（husiness ethics）是指以企业为行为主体，以企业经营管理的伦理理念为核心，企业在处理各种内外部关系中的伦理准则、道德规范及道德实践的总和。企业伦理应包括渗透于企业全部生活中的所有道德现象，体现在企业全部生活中所蕴涵和活跃着的道德意识、道德准则与道德活动的总和。

1. 企业道德意识

企业道德意识包含道德心理、道德观念和道德评价这3个不同的层次。第一，道德心理层次包括道德情感和道德意志。道德情感是指员工在企业生活中关于自己的思想意图和言行举止是否符合道德准则的情绪体验。道德意志是指员工在企业生活中自觉地使自己的思想意图和言行举止符合道德准则要求的坚忍不拔的力量。第二，道德观念层次包括道德信念和道德理想。道德信念是指员工对企业目标、企业管理及个人行为的和道德性的深刻理解和信任。道德理想是指员工对企业应达到的最高道德境界和自己应追求的道德人格的形象设计，这是道德观念的最高层次。第三，道德评价是员工依据道德准则对企业行为和个人行为进行的善恶评价。

2. 企业道德准则

企业道德准则由企业需要处理的4种关系的准则组成，包括企业与自然环境关系的准则、企业与社会关系的准则、企业与其他企业关系的准则以及企业与个人关系的准则。

3. 企业道德活动

企业道德活动是指企业生活中具有善恶价值的人的活动。它既包括员工个人的道德行为，也包括员工全体的道德行为。

2.5.2 企业的伦理责任

企业的伦理责任可以分为外部伦理责任和内部伦理责任，外部伦理责任包括了企业对环境的伦理责任以及企业的社会责任，内部伦理责任包括了工作伦理和分配伦理。

1. 企业对环境的伦理责任

企业在从事经济活动的过程中，必然要与周围的环境发生联系。一方面企业会影响并改变环境，另一方面企业也受到环境的影响与制约。一个企业只有与环境构成良性的相互作用系统，实现与环境的协调发展，才能取得良好的经济效益和社会效益，实现可持续发展。

企业对环境所承担的责任包括以下3个方面。

（1）有效利用资源、提高资源的有效利用是解决环境问题的一个重要途径。

为了提高资源的有效利用率，企业要节约原材料及能源，改进工艺以减少生产过程中的消耗，更新资源耗费量大的旧设备。

（2）控制污染。企业要改进技术来控制生产过程中的污染，同时大力发展绿色技术和低碳经济，对生产过程所产生的废物及污染物进行净化处理，减少对环境的损害。

（3）保护环境。企业不仅要在生产过程中做好环境保护工作，还要设计和生产环保产品，使用环保的包装材料等。此外，企业还要积极参与社会性的环保公益活动，促进和带动整个社会的环境保护运动。

2. 企业的社会责任

企业是社会的一个组成部分，企业和社会之间是一种相互影响和相互作用的关系。社会的经济环境、技术环境、政府环境以及文化环境等会对企业产生重要的影响。但是企业对社会不只是被动地反应，企业也强有力地影响着社会。企业不只是一种经济组织，同时也是一个富有社会责任的社会组织。

企业的社会责任（social responsibility）包括了经济责任、法律责任、道德责任和伦理责任4个层面。企业社会责任的具体对象包括了企业的所有相关利益者。

根据企业应承担的社会责任的对象，可以将企业的社会责任主要概括为4个方面。

（1）企业对投资者的责任。企业存在的基本目的是为了投资者提供回报和创造财富。因此，追求盈利和增加价值是企业首要的和基本的经营目标，但不是唯一的目标。企业在追求经济利益的同时，必须兼顾社会利益，才能增进整个社会的总福利。

（2）企业对客户的责任。企业在提供产品和服务方面对客户应承担的社会责任有：确保客户的选择权利受到保护、确保客户的安全权利受到保护、确保客户的知情权利受到保护和确保客户的投诉权利受到保护。

（3）企业对员工的责任。企业对员工的社会责任有：确保工作环境安全、确保员工就业机会平等、防止工作场合的各种歧视、确保员工的福利保障以及提供充分的职业培训与职业发展机会。

（4）企业对社区的责任。企业对社区承担的社会责任有：关心社区的公共问题、保护社区的环境、支持社区的慈善事业以及鼓励员工参与社区的公益活动等。通过承担社会责任，使得企业与社区之间建立和谐共处的关系。

3. 企业的内部伦理责任

企业内部伦理责任中的工作伦理主要体现为指导道德。它要求员工有：①敬业意识，即对职业社会定位的认同。②乐业意识，即确立职业目标理想。③职业规范意识，即对职业规则的信奉。④勤业、精业意识，即对企业价值的追求。

企业内部伦理责任中的分配伦理要求企业管理过程中对员工的分配必须坚持

公正、公平和效率的原则。

【本章小结】

财务学理论的演变代表了财务管理学思想的发展。在100多年的时间里财务学思想经历了4次重大的转变：20世纪30年代，财务学走向理论化；20世纪50年代，现代财务理论重要思想流派形成；20世纪70年代，新财务理论确立；20世纪90年代，行为财务学出现。西方财务管理的发展过程有3个阶段：筹资管理阶段、内部财务管理阶段和投资管理阶段。我国企业财务管理的发展也有3个阶段：财务管理与会计合二为一的阶段、财务管理与会计一分为二的阶段、现代财务管理的确立阶段。

财务管理不但与经济学、管理学、计算机技术有着重要的联系，而且与金融学、会计学和信息学紧密相关。网络财务是财务管理现代化的进程。

财务管理的目标，从利润最大化、每股盈余最大化、股东财富最大化到企业价值最大化，现在最新的目标是可持续发展和相关利益者价值最大化。

财务假设是对财务活动作出的规范与约束，是财务学赖以存在的基础和前提。它具有相对稳定性、系统性、实践性和概括性的特点。它包括：财务主体假设、持续经营假设、有效市场假设和委托代理假设。

财务伦理是指企业在处理内外关系中的伦理准则、道德规范及道德实践。外部伦理责任包括企业对环境的责任和社会责任；内部伦理责任包括工作伦理和分配伦理。

【练习题】

1. 名词解释

（1）利润最大化（profit maximization）。
（2）企业价值最大化（maximization of firm value）。
（3）相关利益者价值最大化（maximization of stakeholder value）。
（4）企业伦理（business ethics）。
（5）社会责任（social responsibility）。

2. 选择题

（1）财务学为财务管理学提供了理论基础，财务学理论的演变代表了（　　）思想的发展。

A. 会计学　　　　B. 财务管理学　　　　C. 经济学　　　　D. 管理学

（2）新的财务管理方式，如全面和综合的风险管理、外向性和（　　）的发展战略、科学合理的绩效评价等逐步应用于企业。

A. 可持续　　　　B. 低碳　　　　C. 环保　　　　D. 先进

(3) 财务管理学建立在一些重要的（　　）理论基础上，如财务管理学引入了经济学中的资本、价值、边际、均衡等，作为其基本范畴，还引入了经济学中的理性人假设、市场有效性假设，作为其理论基础。

A. 经济学　　　　B. 会计学　　　　C. 统计学　　　　D. 金融学

(4) 财务假设是对财务活动作出的（　　）与约束，是财务学赖以存在的基础和前提。

A. 法律　　　　B. 规范　　　　C. 纪律　　　　D. 守则

(5) 内部伦理责任包括（　　）伦理和分配伦理。

A. 社会　　　　B. 工作　　　　C. 生活　　　　D. 环境

3. 判断题

(1) 财务学作为经济学的一个分支，始于20世纪初。（　　）

(2) 自20世纪90年代以来，财务学研究领域的变革发展，就是行为财务学的兴起。（　　）

(3) 财务管理学着重于企业的资金管理，但无论企业是在筹集资金还是使用资金的过程中，都可以离开金融市场以及金融市场中的资产。（　　）

(4) 财务管理学与会计学是两门相互独立但又密不可分的管理学科，他们之间既有区别却没有多大的联系。（　　）

(5) 企业对社会不只是被动地反应，企业也强有力地影响着社会。（　　）

4. 问答题

(1) 财务管理理论发展，在西方经历了哪几个阶段？

(2) 在我国企业财务管理实践的发展，可以划分为哪些阶段？

(3) 财务管理学与哪些学科有联系？谈谈财务管理学与金融学、会计学的关系。

(4) 财务管理的目标是什么？人们在讨论财务管理目标时，有哪些观点？

(5) 什么叫财务假设？财务假设的内容主要包括哪些？

(6) 什么是企业伦理？谈谈企业对社会的责任。

第3章

财务管理的环境

【学习目的】

(1) 了解企业的各种组织形式、特征及其优缺点。
(2) 了解公司治理的概念、构成和主要模式。
(3) 理解主要的金融市场、金融机构和金融工具。
(4) 掌握利率的概念、决定因素和期限结构。

【引导性案例】

纳斯达克在北京敲响开市钟

北京时间 2007 年 4 月 3 日晚上 9 时 30 分,纳斯达克总裁兼首席执行官鲍勃·格雷尔德、美国驻华大使兰德和新浪、百度、携程等 10 多家在纳斯达克挂牌上市的中国企业一道,在北京敲响了纳斯达克的开市钟。纽约纳斯达克 7 层楼高的大屏幕直播这一场面;同时,纳斯达克的演播室也把这一成盛况向全世界进行转播。

开市钟是纳斯达克虚拟市场模式的一个重要仪式,一般被用来纪念纳斯达克上市公司的重要里程碑事件和其他一些庆祝性活动,此次专门为一个国家举行远程敲钟仪式尚属首例。

次日,纳斯达克宣布将从 2007 年第 2 季度起推出纳斯达克中国指数。该指数由在纳斯达克、纽约证交所和美国证交所的 30 家中国企业组成,总市值达 6 000 亿美元以上。随着该指数的推出,纳斯达克将为这些企业带来更大的知名度,以及提供进入美国市场吸引全球投资者的一条更广宽的渠道。

纳斯达克国际总裁克劳斯威尔毫不掩饰地说:"中国指数的推出将进一步强化那些在纳斯达克上市的中国企业的信心,现在的中国已经是我们除美国外最重要的市场。"

同时，从政府相关管理机构已经透出的消息称，中国将在 2008 年结束之前建立针对新兴公司、上市要求较低的新证券交易所，且将与纳斯达克相类似。

因而，不妨带着下面几个问题去阅读本文章。财务管理人员应该关注哪些环境因素？财务管理的环境如何影响企业的财务决策？如果你是一家企业的财务经理，你在选择企业的融资方式时是否考虑资本市场的发展？

财务管理原则的运用

原则：有效资本市场——市场反应是迅速的，定价是正确的。
代理问题——为股东工作的管理者追求自身利益最大化。

财务管理的环境是指对企业财务活动产生影响的企业内外条件，是非财务时间制约企业实现财务管理目标的客观条件，是财务管理系统之外的但与财务管理环境有着直接或间接联系的各种因素的综合。在一定的时间和空间范围内，财务管理环境是企业财务决策难以改变的约束条件，企业财务决策更多是适应其要求和变化。从长期看，企业可以营造有利自己发展的财务管理环境。研究企业财务管理环境，有助于增强企业财务管理对环境的适应能力，顺利实现财务管理的目标，提高财务管理的效率。

企业财务管理的环境可以分为内部环境和外部环境。企业内部财务管理环境是指企业内部影响财务管理活动的各种因素，一般属于微观财务管理环境。企业外部财务管理环境是指企业外部影响财务管理的各种因素，有的属于宏观财务管理环境，如国家政治、经济形势等；有的属于微观财务管理环境，如企业的产品市场、资源供应情况等。

下面主要介绍企业内部财务管理环境中的企业组织形式和公司治理结构，以及外部财务管理环境中的金融环境和利率。

3.1 企业的组织形式

企业财务管理必须立足企业的组织形式。企业组织形式可以按照不同的类型进行分类。

3.1.1 独资企业

独资企业（sole proprietorship）是指只有一个所有者的企业组织形式。这个所有者直接拥有企业全部资产并对企业债务承担无限责任。

独资企业是最古老也是最简单的企业组织形式。独资企业本身不缴纳所得税，当独资企业有利润时，应把这部分利润加入到所有者的个人所得税收入中，由所有者缴纳个人所得税；当独资企业亏损时，把亏损从应税收入中扣除。独资企业的规模一般都很小，其组织结构也十分简单，独资企业这种组织形式在服务业很常见。

独资企业的优点有：①法律对这类企业的管理比较松，设立企业的条件不高，设立程序简单、方便。②所有权能够自由转让。③所有者与经营者合为一体，经营方式灵活，财务决策迅速。

独资企业由单个自然人独资出资、独资经营、独资享受权益、独资承担经营责任。独资企业的缺点有：①企业规模小，企业的生存与发展在很大程度上依赖于所有者个人，偿债能力有限，对债权人缺乏吸引力，筹集资金比较困难。②企业存续期短。一旦所有者死亡、丧失民事行为能力或不愿意继续经营，企业的生产经营活动就只能终止。③由于受到所有者能力、人员素质以及资金规模的影响，独资企业抵御财务风险和经营风险的能力较低。

3.1.2 合伙企业

合伙企业（partnership）是指有两个或两个以上的个人充当所有者的企业组织形式，分为无限责任的合伙企业（也称普通合伙企业）和有限责任的合伙企业。

无限责任合伙企业（general partnership）是指所有合伙人共同承担收益和损失，而且所有的合伙人都对企业的全部债务承担无限责任，包括对其他无限合伙人集体采取的行动负无限责任的合伙企业。由于每个合伙人都要对合伙企业的债务负连带责任，因此合伙企业的合伙人要经过仔细地挑选。在大多数正式的约定或合伙契约中都载明了下面的内容：各个合伙人的权利、合伙企业利润的分配方法、每个合伙人的投资额、吸收新合伙人的程序、在某个合伙人死亡或退出时合伙企业重组的程序等。

有限责任合伙企业（limited partnership）是指有一个或一个以上的有限责任合伙人对债务只承担有限责任，而其他无限责任合伙人对企业债务仍承担无限责任的合伙企业。有限责任合伙人也要出资，但仅以出资为限承担责任，即其损失不会超过投入企业的资金。但是，在有限责任合伙企业中，必须至少有一名无限责任合伙人承担无限责任。有限责任合伙人不参与企业的经营，企业由全部或部分无限责任合伙人经营。严格意义上说，有限责任合伙人是投资者，其盈亏分配比例由合伙契约规定。

合伙企业本身不缴纳所得税，其收益直接分给合伙人，由合伙人缴纳个人所得税。合伙企业常见有律师事务所、会计师事务所、建筑设计事务所以及医生诊所等。

与独资企业相比，合伙企业的特点有：①由于合伙人既是合伙企业的所有者，又是合伙企业的经营者，这样就可以发挥每个合伙人的专长，提高合伙企业的决策水平和管理水平。②由于可以由众多的人共同筹集资金，提高了筹资的能力，扩大了企业规模。同时，也由于合伙人共同负责偿还债务，降低了债权人的风险，有利于合伙企业取得贷款。③由于无限责任合伙人对合伙企业的债务承担无限连带责任，有助于增强合伙人的责任心，提高合伙企业的信誉。

合伙企业也有自己的缺点：①合伙企业的生命期是有限的。按照法律规定，如果合伙企业中任何一个合伙人发生变化（如原合伙人丧失民事行为能力、死亡或退出，或者新合伙人加入等），那么原合伙企业就解散了，要建立新的合伙企业。②由于无限责任合伙人对合伙企业的债务负连带责任，因此，无限责任合伙人承担的风险极大。③由于合伙企业的重大决策必须要经过全体合伙人一致同意，因此，合伙企业的管理机制难以适应快速多变的环境。

3.1.3 公司制企业

公司制企业（company）是指以营利为目的，依法登记成立的社团法人。公司是一个法人，与其所有者相分离，拥有自然人的很多权利和义务。公司制企业可以分为无限责任公司、有限责任公司、两合公司和股份有限公司等。本书重点讲述股份有限公司和有限责任公司。

1. 股份有限公司

股份有限公司（corporation）是指全部注册资本由等额股份组成，并通过发行股票来筹集资本的企业法人。股份有限公司一般又简称为股份公司。

股份公司具有下列特征：①股份公司是最典型的合资公司。在股份公司中股东的人身性质没有任何意义，股东仅仅是股票的持有者，其所有权利都体现在股票上并随股票的转移而转移，任何持有股票的人都是股东，股份公司必须预先确定资本总额，然后再着手募集资本，任何愿意出资的人都可以成为股东，没有资格限制。②股份公司将其资本总额分为等额股份，资本平均分为股份，每股金额相等，这是股份公司一个突出的特点。③股份公司设立程序复杂，法律要求严格。我国《中华人民共和国公司法》（以下简称《公司法》）规定，股份有限公司的设立必须经国务院授权的部门或者省级人民政府批准，不得自行设立。股份公司的重要文件，如公司章程、股东名册、股东大会会议记录、财务会计报告等必须公开，以供股东和债权人查询。股份公司每年还必须公布公司的财务报表。

与独资企业和合伙制企业相比，股份有限公司有4个主要的优点：①有限责任。股东对股份有限公司的责任仅限于其投资额。如果公司破产或者由于其他的原因经营失败，股东损失的最大值就是其投资额。股份有限公司可以以自己的名义筹集资金，无须所有者对这些债务承担无限责任。②永久性。股份有限公司独立于所有者而依法存在，股份有限公司的存在不依赖于所有者，它的寿命不受所有者生命的限制，即使某些所有者死亡或出售股票，股份有限公司也能继续存在。③所有权的可转让性。股份有限公司的股份可以通过股票买卖转让，比转让独资企业或合伙企业的所有权更为容易。④易于获得外部资金来源。因其永续存在以及具有较强的举债和增加股份的能力，股份有限公司具有筹集大额资金的能力。

股份影响公司的缺点有：①股票流动性强，使得股东特别是小股东缺乏责任感，当企业经营业绩欠佳时，股东往往就会转让、出售股票。②企业的利润要双重纳税。一方面公司要就其收入缴纳企业所得税，另一方面股东在收到现金股利时还要纳税。③企业设立的程序烦琐，周期较长。

2. 有限责任公司

有限责任公司（limited liability company）是指由一个或一个以上股东共同出资，每个股东以其所认缴的出资额对公司承担有限责任，公司以其全部资产对债务承担责任的企业法人。有限责任公司一般也被称为有限公司。

有限责任公司具有下列特征：①有限责任公司的设立程序比股份有限公司简单。在我国，设立有限责任公司，除了法律、法规另有规定外，不需要任何政府部门的批准，可以直接向公司登记机关申请登记。有限责任公司也不必发布公告或公开其账目，尤其是公司的资产负债表一般无须公开。②有限责任公司不公开发行股票。有限责任公司的股东虽然也有各自的份额以及股份的权利证书，但这里的股份只是一种记名证券，不像股票那样属于有价证券。而且，各股东的股份由股东协商确定，并不要求等额，可以有多有少。③有限责任公司的股东人数是有限额的。大多数国家的公司法都对有限责任公司的股东人数有上限的规定，即最多不得超过多少人。我国《公司法》规定，有限责任公司的股东人数须在50人以下。④有限责任公司的股份不能自由买卖。由于有限责任公司股东持有的股权证书不是股票，所以这种股权证书只能在股东之间相互转让。在向股东以外的人转让股份时，必须经过全体股东半数以上同意，并且，经同意转让的股份，其他股东在同等条件下可以优先购买。⑤有限责任公司的内部管理机构设置灵活。股东人数较少和规模较小的有限责任公司，可以不设立董事会，只设一名执行董事，执行董事可以兼任公司经理；而且，这类公司也可以不设立监事会，只设一至两名监事执行监督的职能。

企业组织形式的差异导致财务管理组织形式的差异。在独资企业和合伙企业的组织形式下，企业的所有权与经营权合二为一；或者说企业的所有者同时也是企业的经营者，他们享有财务管理的所有权，并与其所享有的财务管理的权利相适应，这两种企业的所有者必须承担一切财务风险和责任。在公司制的企业组织形式下，所有权和经营权就发生了分离。公司财务管理权也相应地分属所有者和经营者两个方面。通常情况下，公司的所有者不直接对公司的生产经营活动进行决策或参与决策。但是，为了确保所有者的权益，他们必须参与有关影响所有者权益及其变动的重大财务决策。经营者则是对公司的日常经营活动做出决策，包括公司一般的财务决策。因此，在公司这种企业组织形式中，所有者拥有所有权，但不拥有经营权。公司的所有者也不像独资企业和合伙企业的所有者那样承担无限责任，他们只是以自己的出资额为限承担有限责任。

不同类型企业组织形式的特征见表 3-1。

表 3-1 不同类型企业组织形式的特征

特征	独资企业	合伙企业	股份有限公司
经营实体	是	是	是
法律实体	否	否	是
有限责任	否	否	是
无限寿命	否	否	是
企业所得税	否	否	是
允许一个所有者	是	否	是

注：有限责任合伙企业中的有限责任合伙人承担有限责任。

3.2 公司治理

公司治理在我国是一个比较新的概念。公司治理不仅在我国有很强的现实性，同时也是全球一个共同关注的问题。我国以股份制公司为平台的公司治理改革在 20 世纪 90 年代展开。随着公司治理逐渐成为一场全球化的运动，我国在世纪之交也开始格外强调公司治理的意义。2002 年 1 月，中国证监会和国家经贸委联合发布了《上市公司治理准则》。这是我国第一份有强制约束力的关于上市公司治理的全面性的行政规章。随着我国证券市场的发展与壮大，上市公司治理也经历了一个逐步走向规范的发展过程。

3.2.1 公司治理的概念

关于公司治理的概念，很多学者从不同的角度进行了界定，至今还没有一个统一的定义。其中，OECD（经济发展与合作组织）对公司治理的定义较为准确和全面，得到较高的认同。OECD 认为：公司治理（corporate governance）是一种对公司进行管理和控制的体系，它明确规定了公司各参与者的责任和权力分布，诸如董事会、经理层、股东和其他相关利益者，并且清楚地说明了决策公司事务时应遵循的规则和程序；同时，它还提供了一种结构，使之用以设置公司目标，也提供了达到这些目标和监控运营的手段。

公司治理的概念可以从狭义和广义两个角度理解。

狭义的公司治理，是指所有者主要是股东对经营者的一种监督与制衡机制，即通过一种制度安排来合理地配置所有者与经营者之间的权力与责任关系。其目标是保证股东利益的最大化，防止经营者对所有者的背离。其主要特点是通过股东大会、董事会、监督会及管理层所构成的以公司治理结构为基础的内部治理。

广义的公司治理则不局限于股东对管理者的制衡，而是涉及了广泛的相关利益者，包括股东、债权人、供应商、客户、员工、政府和社区等与公司有利益关系的集团。公司治理是通过一套包括正式或非正式、内部的或外部的制度或机制来协调公司与所有相关利益者之间的利益关系，以保证公司决策的科学化，从而最终维护公司各方面的利益。因为在广义上，公司已不仅仅是股东的公司，而是一个利益共同体，公司的治理机制也不仅局限于以治理结构为基础的内部治理，而是相关利益者通过一系列的内部、外部机制来实施共同治理。治理的目标不仅是股东利益的最大化，而是要保证公司决策的科学性，从而保证公司各方面的相关利益者的利益最大化。

3.2.2 公司治理构成

完整的公司治理体系由内部治理和外部治理两个部分构成，并由产权和市场两条主线连在一起。

1. 内部治理

内部治理即通常所说的治理结构，是股东及其他参与者利用公司内部的机构和程序参与公司治理的一系列法律和制度安排。它由股东大会、董事会、经理层三大机构之间的权力、责任及制衡关系组成。内部治理主要以产权为主线展开，它将股东看成是公司的所有者或委托人。股东通过股东大会决定公司的战略管理、选举和更换董事，董事会负责聘任或解聘经理人员。日常管理则交给经理层负责，并由董事会对其进行监督、考核和激励。在权责关系上，董事会对股东负责，经理层对董事会负责。我国还设立了监事会，该机构的成员也由股东大会选举，主要对董事及高层管理人员的行为进行监督。

股东大会是公司最高的权力机构，对公司的重大问题做出决策。由于股东人数众多，所持有的股份多少及参与治理的能力也有差异，要将众多股东的意志集中起来，就必须设计必要的表决和投票程序。某一股东要使其意图或提案在股东大会上通过，就必须持有足够的股份，成为大股东，或进行代理权竞争，征集足够的投票权。除了股东大会的表决权外，股东还拥有诉讼权，对董事或经理违反其利益的行为提起诉讼，要求法律赔偿。

董事会由股东所选举的董事构成。由于股东大会每年只定期召开一次（临时股东大会除外），在此期间公司的运营便委托给董事会负责。董事会的基本职能是执行股东大会的决议，制定公司的战略并监督其执行，其中一个十分重要的任务就是选好经理人员，将日常经营交给经理层负责，并对其进行有效监督。

内部治理除处理制衡功能外，还有一个重要的功能就是进行激励，包括对经理层的激励以及对董事的激励。内部治理要设计有效的激励机制，使经理和董事能为企业的价值最大化目标努力工作。对非执行董事提供的激励主要是荣誉和社会地位，参加董事会所需的必要费用以及一定的报酬。对执行董事以及经理层提供的激励包括组织内部的晋升和报酬，其中报酬可以采用年薪、奖励以及股票期权等形式。董事的报酬要由股东大会决定，经理层的报酬由董事会决定并向股东大会报告。

财务管理体制是企事业单位财务管理内部环境的主要因素。由于管理体制的核心在于财权（议决权、支配权、控制权）的"集中"与"下放"，由此形成了集权式的财务管理体制和分权式的财务管理体制。

集权式的财务管理体制是财务议决权、支配权、控制权高度集中的财务管理体制。企业的各项财务权限都集中于企业最高管理当局，企业的中层、下层管理者没有任何财务决策权和支配权，只被授予具体事项的执行权限。因而有利于企业整合资源、调配财力，提高企业整体效益。

分权式的财务管理体制是将财务控制权分散到不同的下属单位和经营部门的管理体制。由于财务控制权的分散程度不同，分权式的财务管理体制也存在着差异。有的分权式的财务管理体制授予管理者产品定价权和成本费用管理权；有的分权式的财务管理体制授予管理者投资、融资决策权和资产处置权；有的分权式的财务管理体制授予管理者利润分配权。分权式的财务管理体制有利于调动各方面的积极性，从而挖掘出企业的盈利潜能，但不利于企业统一处理对外关系，也不利于企业的战略规划。

企业内部财务管理制度是企业财务工作的"内部法规"，它是在《企业财务通则》的基础上，针对企业自身特点和管理要求所制定的财务管理工作的遵循依据。无论企业规模大小，都必须建立严格的内部财务制度，以作为企业开展各项涉及财务的工作的规范依据。其内容主要以下几个方面。

（1）明确管理主体的权责分工（董事会、监事会、经理、财务负责人、财务部门各岗位人员、其他职能部门及人员）。

（2）明确企业的各项财务关系。

（3）明确企业内部财务管理基础工作的各项要求。

（4）明确资金筹集的管理制度。

（5）明确各类资产管理制度。

（6）明确对外投资管理制度。

（7）明确成本、费用的管理制度。

（8）明确销售收入的管理制度。

（9）明确企业利润及其分配管理制度。

（10）明确财务报告与财务评价制度。

2. 外部治理

财务管理的外部环境有法律环境，包括企业组织法律规范、税务法律规范、财务法律规范和其他法律规范（如证券法、结算法规、合同法和环境保护法等），还有金融市场环境和社会经济环境。

外部对公司的治理主要来自市场，除此之外也包括政府和社区。其中，市场对公司的治理包括产品市场、资本市场、经理市场和劳动力市场。每一个市场都是企业不同的利益相关者形式对企业治理权力的场所。

（1）资本市场。企业在生产经营中，常常需要从外部融资，其中一个重要途径就是进入借贷市场。在借贷市场上，债权人主要通过是否向企业贷款，规定贷款的条件、使用方向及偿还方式，以及企业不能还款时处置抵押资产和资不抵债时对其进行破产处理等方式，对企业及其经营者施加约束。借贷市场迫使企业必须建立良好的信用，按借贷契约规定还款，并努力经营，使企业的财务状况保持良好。企业进行外部融资的另一个重要途径是股票市场，它在公司治理中的作用尤为重要。当企业经营不善时，其股价就会下跌。股价下降到一定程度并导致企业价值被低估时，资本市场上的收购者就会收购企业的股票。当收购者掌握了对企业的控制权后，就会改组董事会，更换经理层，实施新的战略，改善经营，使得股价上升，收购者从中获利。这样，股票价格的变动以及由此可能引发的接管，迫使经营者必须付出必要的努力。这一机制被认为是对于股权分散公司的一个十分重要的控制机制。

（2）产品市场。产品市场对公司的治理主要是通过生产同类产品企业之间的竞争和消费者的选择进行，同时也包括新进入者、替代产品及供应商所施加的压力。如果企业产品在市场上不适销对路，价高质次或服务量差，就会丧失市场份额，甚至面临倒闭或破产。如果企业产品在市场上大受欢迎，就会增大其产品的市场占有率，获取更多的利润。从而使得投资者、经营者和员工都从中得到好处。因此，产品市场是对企业整体的治理，对企业的所有参与者特别是所有者和经营者提供了约束和激励。只要产品市场的竞争足够充分，企业为了不被激烈的竞争所淘汰，就必须付出必要的努力，以取得让投资者满意的回报。

（3）经理市场。在发达国家，拥有经营管理能力的经理人员已经职业化，并形成经理市场。经理市场主要通过业绩考核及潜在对手对经理职位争夺的威胁，对在职经理提供了很强的约束。如果说产品市场主要是通过对企业整体的治理来对经营者进行约束，经理市场则直接针对在职经营者形成约束。

（4）劳动力市场。在完全竞争的劳动力市场上，企业和员工都根据自己的意愿进行选择，签订劳动契约。员工通过选择辞职、利用工会组织进行集体谈判，甚至罢工等方式，保护自己在企业中的基本权利。企业也可根据市场需要的变化以及员工的能力、努力程度等因素，延长雇佣或解雇员工，从而迫使员工努力工作，满足企业的要求。这样，竞争性的劳动力市场对雇佣双方都提供了足够的激励和约束，提高了雇佣关系的效率。

公司治理由一整套的工具和机制所构成，如图3-1所示。在产权基础上所形成的股东大会、董事会、经理层3者之间的权责利关系，构成了公司治理的基本框架，即内部治理机制，也是公司内部组织结构的顶尖部分。由资本市场、产品市场、经理市场和劳动力市场组成的市场体系，是公司及其内部治理结构存在的外部环境，这些市场影响着公司的行为，也影响内部治理机制的运转。有效的治理需要多种机制或工具同时发挥作用。一方面，治理机制之间存在着明显的互补性，有人将内部治理机制比作"胡萝卜"，将外部治理机制比作"大棒"。另一方面，治理机制之间存在着某种替代关系，内部治理机制运作正常，就会减少对外部治理的依赖；外部市场竞争充分，对企业施加了足够的激励和约束，内部治理的重要性就会下降。

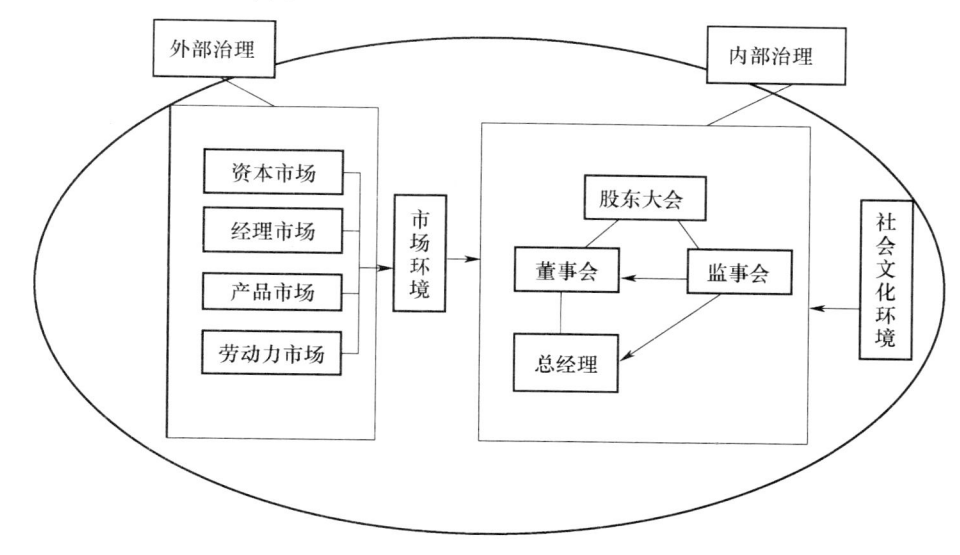

图3-1 公司治理体系

3.2.3 公司治理的模式

尽管各个国家公司治理要解决的基本问题是共同的，但是不同的国家有不同的社会传统、法律体系、政治体制及经济制度，因而演化出多样化的产权结构和要素市场，进而形成了各不相同的公司治理模式。目前，国际上有3种代表性的公司治理模式，即美英治理模式、日德治理模式和家族治理模式。

1. 美英治理模式

美英治理模式股权结构的基本特征是股权的高度分散化和高度流动性。

美英公司的内部治理结构由股东大会和董事会组成。股东大会作为公司的最高权力机构，公司中常设机构是董事会，公司不设监事会，这就是所谓的"一元制"公司治理结构。为了保证董事会较好地履行职责，美英公司的董事会设有提名委员会、报酬委员会、审计委员会和执行委员会等专业委员会。美英董事会由内部董事（也称执行董事）和外部董事（也称非执行董事）构成，其中外部董事占多数。

高度发达和完善的市场体系，尤其是发达的资本市场对美英公司治理模式的形成和有效性产生重大影响。股东可以通过资本市场、经理市场和产品市场上的竞争实现对经理人员的激励和约束。

总之，分散的股权结构和发达的资本市场，使得市场特别是资本市场在美英治理模式中发挥着十分重要的作用，而内部治理机构的作用相对较弱，美英治理模式，因此也被称为市场导向模式。同时，由于特别强调股东对公司的治理，该模式也被称为股东主导模式。

2. 日德治理模式

日德公司的股权结构中银行的持股比重明显高于美英公司，而个人持股的比重则低于美英公司。由于非金融企业之间的持股比重较高，加之股权高度集中，造成日德公司股东的稳定性高于美英公司，公司股票的流动率低。

日德治理模式的内部治理机构设置明显不同于美英治理模式。德国公司的最高权力机构是监事会，实际上发挥着类似美英国家董事会的职能，其中一个十分重要的职能就是任命、监督和激励管理委员会的成员。在公司监事会的构成上，员工代表和股东代表各占一半。管理委员会是执行监事会的决议、负责公司日常运作的执行机构，相当于美英公司的经理层。日本公司的监督机构也是双层结构，即在董事会外设法定审计人会。

日德的银行在公司治理中发挥着十分重要的作用。与美英治理模式相比，日德治理模式更注重相关利益者对公司治理的参与，员工的权利和利益受到高度重视。

总之，相对于美英治理模式强调股东主权以及市场治理，日德治理模式更注重包括股东在内的各相关利益者对公司治理的参与。由于资本市场发育程度相对不高，以及股权高度集中，日德治理模式强调内部治理特别是银行及其他大股东对公司的治理。

3. 家族治理模式

在大部分东亚和拉美国家（地区），公司股权集中在家族手中，而控制性家族一般普遍地参与公司的经营管理和投资决策。因此，公司治理的核心从管理层和股东之间的利益冲突转变为控股大股东、经理层和广大中小股东之间的利益冲突，即"强家族大股东/经理层，弱中小股东"。

家族治理模式的特征有：①家族成员控股并掌握主要经营管理权。②家族企业在内部管理中采用家长制的领导方式。③家族企业的经营者受到来自家族利益和企业的双重激励和约束。④家族企业对员工管理体现出家庭化的倾向。⑤家族企业对外部投资者的依赖性较弱。⑥家族企业在发展过程中，与政府之间存在着密切的关系。

20世纪90年代以来，随着公司经营跨国化、资本市场全球化以及证券市场在金融体系中的地位日益突出，公司治理模式的发展呈现出强烈的趋同趋势。无论采用何种公司治理模式，都应从根本上适应公司的特征和需要以及特定的经济发展阶段，并随着企业自身的成长和外部环境的变化，不断加以完善。

3.3 宏观经济环境

理财活动总是在一定的宏观经济环境下进行的，微观的公司理财活动是宏观经济活动的组成部分，宏观经济环境对公司理财活动的过程和结果产生重要的影响。对公司产生重要影响的宏观经济环境因素主要有经济体制、经济政策、经济周期、币值稳定性和市场环境等。

3.3.1 经济体制

经济体制又称经济管理体制，是指国家组织、管理和调节国民经济的体系、制度、方式、方法的总称。它是一个国家最基本的经济制度，包括宏观和微观两个部分。

宏观经济体制是指一个国家的基本经济制度，如计划经济体制、市场经济体制、计划经济与市场经济相结合的体制。微观经济体制是指企业体制，主要是企业与所有者之间的关系，特别是产权关系。

我国的宏观经济体制经历了由计划经济体制到计划经济与市场经济相结合的体制，再到市场经济体制的过程。相应的，我国企业的微观财务活动也经历了如下的过程。

在计划经济体制下，企业作为行政机关的附属物，政企不分，所有权与经营权合二为一，企业无自身的经济利益，其资本由国家统一筹集，投资由国家按计划进行，并实行盈利全额上交国家、亏损由国家全额弥补的统负盈亏政策，企业根本无独立的财权，企业理财的根本目的就是确保完成国家计划。

在计划经济与市场经济相结合的体制下，政企有限度地分离，国家给予了企业一定财权，准许企业在一定程度上拥有筹资权、投资权和利润分配权，并实行独立核算，有限地自负盈亏，这样企业逐渐有了自身的经济利益。这时企业理财的目的也发生了变化，开始重视利润。但在这种经济体制下，企业对利润的重视总是与职工福利相联系的。因此，在实际执行过程中企业理财目的往往变成了职工福利最大化。

在市场经济体制下，对国有企业而言，企业与其所有者的产权关系逐渐明确，政企分开，所有权与经营权分离，企业成为独立的商品经营者，有了独立的财权，可以在政策允许的范围内，自主地进行筹资、投资和利润分配等财务决策。对其他投资者投资兴办的企业而言，在兴办企业之时，企业就是一个独立的商品经营者，有完全独立财权，可以根据其生产经营的需要，自主地进行筹资、投资和利润分配等财务决策。因此，在市场经济体制下，企业理财的根本目的在于确保企业价值最大化或企业所有者财富最大化。

虽然经济体制是属于相对稳定的理财环境，但是它不可避免地会随着时间的推移而发生变化，特别是经常会产生一些细微的变化。就是这些细微的变化也会对企业理财带来极大的影响。因此，企业财务人员必须关注经济体制在宏观方面和微观方面的变化，并根据这种变化来调整理财策略，以适应变化了的环境，以确保企业基本理财目标的实现。

3.3.2 经济政策

经济政策是国家对国民经济进行调控的重要手段。一国的宏观经济政策包括产业政策、金融政策、财政收支政策和税收政策等。宏观经济政策按是否具有强制性来分，可分为强制性经济政策和非强制性经济政策。强制性经济政策是指国家政策明文规定的禁止企业从事某些经济活动，如限制向某些行业投资的产业政策，不准某些公司以某种形式筹资等。非强制性经济政策是指国家通过经济利益手段来影响企业理财行为的经济政策，如金融政策中的货币发行量、信贷规模，财政政策中的转移支付、配套投资，税收政策中的税收优惠和税收减免等。这些鼓励或限制性的经济政策不可避免地会影响到地业的资金成本、投资收益等工作基本财务指标，因此，会对企业的筹资、投资、利润分配等理财行为产生重大的影响。

财务人员必须对国家的经济政策有深刻的认识，才能分析国家政策变化对企业财务活动的不同影响，并有针对性地采取对策以获取更大的财务利益。比如，当国家经济政策鼓励发展某一产业时，往往会配套出台一些优惠的财政政策、金融政策、税收政策，这些优惠政策会使该产业投资的效益性发生变化，但各种优惠又多是时间限制的，如果企业充分认识这些优惠政策，那么就有可能较好地利用各种优惠政策，取得最大的政策利益。

3.3.3 经济周期

在市场经济条件下，虽然经济运行过程和结果是非人力所能完全控制的，但是它本身又有其内在规律可循。从现实来看，经济运行过程和结果总不可避免地存在强弱波动，呈现出由繁荣、衰退、萧条、复苏再到繁荣的周期性运行特征。周而复始的经济周期对公司理财有着巨大的影响，公司理财必须关注经济周期，并根据不同的经济周期采用不同的理财策略。

在繁荣期，市场需求旺盛，为了应付销售规模的大幅上升，公司必须加大投资规模,而为了满足公司投资的需要,则要求公司能及时并足额地筹措各种资金。但是由于市场资金需要量增加,资金供求关系发生了不利于求的变化,导致公司筹资成本上升,筹资难度增加。因此,在繁荣期,公司理财的重点应是研究如何保证以低资金成本筹集到能满足投资需要的各种资金。

在衰退和萧条期,市场需求减少,存货增多,公司投资萎缩,相应地对筹资的需要也减少,公司不可避免地出现经营困难。如负债到期,但因公司销售不畅,存货大量积压,资金周转困难,不能按期还本付息,使公司面临破产的危机。因此,在衰退萧条期,为了保证公司渡过难关,公司理财的重中之重要保持财务结构的稳定性,确保公司能按期偿还到期债务,避免公司破产。

在复苏期,市场需求开始转旺,公司要能在竞争中赢得主动就必须增加各种投资,为了保证投资和经营计划的顺利进行,公司必须筹集足够的资金。因此,在复苏期,公司理财的重点又开始转到了筹资上来。

只有公司财务人员对经济运行周期性以及不同经济运行周期的特征有了深入全面的认识之后,才能根据本公司的实际情况采取相应的对策和措施,及时调整公司财务工作的重点,使公司理财工作适应经济环境的变化。

3.3.4 币值稳定性

在现代经济生活中,币值变化,或通货膨胀,或通货紧缩,是一种常见的经济现象,币值变化已成为影响公司财务的一个重要因素。币值变化对公司的实物性资产和货币性资产有不同影响。一般来说,在通货膨胀条件下,公司拥有的实物性资产会有所增值,产生盈利;而拥有的货币性资产会发生贬值,造成亏损。相反,拥有的实物性负债会造成亏损,而拥有的货币性负债则会带来盈利。而在通货紧缩条件下,情况正好与上述结果相反。

为减少币值变化对公司的不利影响,财务人员必须采取适当措施对币值变化的不利影响加以防范。具体地说,就是根据币值变化的方向和程度,采取各种保值增值的措施,以减少损失或增加盈利。比如,在通货膨胀条件下,应多持有实物性资产和货币性负债,少持有货币性资产和实物性负债;而在通货紧缩条件下则少持有实物性资产和货币性负债,多持有货币性资产和实物性负债。要做到这一点,除了要求财务人员能掌握币值变化对各种财务活动的影响之外,还要求财务人员能对币值变化的各种趋势进行预测。币值变化使公司理财变得更为复杂,对财务人员提出了更高的要求。

3.3.5 市场环境

公司总是在一定的市场环境下生存和发展的,认识公司所处市场的状况对公司理财来说是至关重要的,企业所处的市场环境可简单地分为完全垄断市场、完全竞争市场、不完全竞争市场、寡头垄断市场 4 种。不同的市场环境对公司有极为不同的影响。

处于完全垄断市场的企业，销售受企业控制，价格变化小，经营风险低，企业资本结构中负债的比例可以适当提高，以获取财务杠杆利益。例如，在某一地区只有唯一的一家电力公司向该地区有电力消费能力，那么该电力公司就取得了完全垄断地位。公司电力供应量只取决于该地区的电力消费能力，而与市场竞争无关。在这种情况下，公司可采用成本加成定价法来确定其电力销售价格，以保证公司取得适当的利润。由于该电力公司的现金流入量和利润均有了保证，还本付息的压力较小；因此，该电力公司采用高比例的负债筹资方式筹集生产经营所需的各种资金。

处于完全竞争市场的企业，销售价格完全由市场决定，企业利润也随着价格的波动而波动，企业的现金流入量和利润均具有极大的不确定性，经营风险大，还本付息能力的稳定性较差。在这种情况下，企业一般应该保持稳健的资本结构，多用权益资本筹资，少用负债筹资，通过降低财务风险的方式来控制企业总风险。

处于不完全竞争市场或寡头垄断市场的企业，其销售价格除受市场的影响外，还受到企业产品特色的影响。在现实中，多数企业是处于该种状态下的企业。这些企业的盈利能力和风险水平与企业经营特色或经营优势密切相关，企业为了获得经营优势必须在研究开发、营销策略、售后服务等方面投入大量资源，而企业在这些方面的大量现金流入又会引起资金需要量的增加，给企业筹资带来压力。由于处于该种条件下的企业现金流入量和利润均具有较大的不确定性，还本付息的稳定性也难以确定，因此，企业在筹资时，既要考虑如何降低财务风险，又要考虑如何增加盈利，使风险和收益取得最佳的平衡。

3.4 法律环境

市场经济是法制经济，如果没有法律的规范，那么就不可能有规范的市场经济体系。法律环境是指公司活动的法律空间。我国目前已建立了初步适应市场经济要求的经济法律体系，这一体系由关于市场主体的经济法律和法规、关于市场管理的经济法律和法规、关于宏观调控的经济法律和法规，以及关于社会保障的经济法律和法规4个方面的法律和法规组成。

3.4.1 关于市场主体的经济法律和法规

企业是以某种组织形式存在的商品生产和经营者，是市场的主体。有关市场主体的经济法律和法规就是规范企业组织形式和行为的法律和法规。该类法律和法规是保障企业合法权益的基础。我国目前的《中华人民共和国全民所有制工业企业法》《中华人民共和国公司法》《中华人民共和国合伙企业法》《中华人民共和国个人独资企业法》《中华人民共和国乡镇企业法》《中华人民共和国中外合资经营企业法》《中华人民共和国中外合作企业法》《中华人民共和国乡村集体所有制企业条例》《中华人民共和国城镇集体所有制企业条例》和《中华人民共和国私营企业暂行条例》等各种法律和法规均属于有关市场主体的经济法律和法规。这些法律和法规在保证企业正常生产经营活动,处理投资者与企业间的关系、企业与债权人间的关系、投资者之间的关系、企业内部各种成员间的关系等方面均起着极其重要的作用。

按照国际惯例,有关市场主体的经济法律和法规主要由独资企业法、合伙企业法和公司法3类法规所组成,相应地企业也分为独资企业、合伙企业和公司制企业3大类。对投资者而言,3类企业各有优缺点,投资者可以根据自身的偏好和实际情况选择建立何种类型的企业,以追求其投资收益的最大化。

另外,《中华人民共和国企业破产法》也属于有关市场主体的经济法律和法规。因为市场最优配置资源的功能离不开竞争机制,有竞争,就必然会有优胜劣汰。这就要求制定《中华人民共和国企业破产法》来规范企业的有关破产事宜,保护与企业相关的各种经济利益主体的经济利益。

3.4.2 关于市场管理的经济法律和法规

建立和健全市场经济体制,必须大力培育市场,形成统一和开放的市场体系,使各种生产要素都能自由流动。但要使市场活而不乱,市场秩序正常化,就必须规范各种市场主体的行为。要做到这一点,就需要加强市场管理。为了更好地发挥市场在资源配置中的基础性作用,必须依法管理市场,把市场运行纳入法制轨道。这类法律和法规包括《中华人民共和国反垄断法》《中华人民共和国广告法》《中华人民共和国证券法》《中华人民共和国票据法》等。

对公司制企业而言,了解和熟悉有关证券方面的法规具有重要意义。因为在证券法规有关证券上市规则和交易规则中涉及许多对公司财务方面的要求。这些要求是对公司财务活动的制约。公司财务只有按照这些法规去做,才可以进入证券市场从事筹资和投资等活动。

3.4.3 关于宏观调控的经济法律和法规

市场不可避免地带有盲目性,要克服市场经济的这一弊端。但市场经济条件下的宏观调控,不采用计划经济条件下以行政手段为主的直接调控。市场经济条件下的宏观调控是以间接调控为主。为了使间接调控取得较好的效果,必须有相应的法规作为保障。有关宏观调控的法规主要有计划类法规、投资类法规、财政类法规、金融类法规、价格类法规、产业类法规、对外贸易类法规、会计审计类法规、财务类法规等。

这些不同类的法规不可避免地会对公司的收入和盈利分配等方面产生重要影

响，是从事公司理财活动必须熟悉和了解的。比如，投资类法规会制定若干鼓励和禁止性的投资项目，并进一步对不同类别的投资项目给予不同优惠和征收不同税费，从而影响到投资项目成本。除此之外，与这类法规相配套，国家还会对不同的投资项目制定若干的筹资规定。一般是对鼓励投资的项目给予筹集资金方便，或准许以较低的利息率从银行取得贷款，或给予财政贴息贷款，或批准上市筹集资金等，并进一步给予销售和价格上的优惠。这样，通过对企业收入和成本调节，使企业能够按照国家规定的投资方向进行投资。公司在从事理财活动的时候，如果能够熟悉这些法律和法规，就可以自觉地运用各种优惠性政策，获取最大的利益。

3.4.4 关于社会保障的经济法律和法规

市场经济不仅要求高效率，而且还要维持社会公平。维持社会公平离不开社会保障，社会保障包括失业、工伤、医疗、养老保险和社会福利等方面的内容。社会保障制度具有强制性和互济性的特点，需要以国家法律和法规的形式出现，才能彻底贯彻实施。有关社会保障的经济法规包括《中华人民共和国劳动法》《中华人民共和国保险法》《中华人民共和国劳动和社会保障法》等。

有关社会保障的经济法律和法规对企业财务活动的影响，主要体现在企业利益分配方面，试图通过利益分配来达到社会公平的目的。虽然社会保障法规是解决利益在不同经济利益主体的分配问题，但是这种利益分配对企业财务活动的影响是全面的，如失业保险费、医疗保险费等社会保险是从企业成本、费用中提取的，而职工福利基金则是从企业税后利润中提取的。有关社会保障的经济法律和法规涉及各种经济利益主体的经济利益，处理得好坏直接影响到企业生产经营的各个方面，企业的理财活动中必须对社会保障的各种法律和法规加以足够重视，才能使企业的生产经营活动得以正常地进行。

3.5 金融市场环境

筹资管理与投资管理都是企业财务管理的核心内容，而筹资和投资活动都离不开金融市场。金融市场的发展、金融机构的组织和运作方式、金融工具的种类等，都会对企业财务管理产生重大的影响。可以说，金融环境是财务管理的诸多环境因素中最直接和最重要的一个方面，它由金融市场、金融机构以及金融工具等构成。

3.5.1 金融市场

金融市场（financial market）将想借钱的人和机构与拥有多余资金的人和机构联系起来。在现代经济中，金融市场是多种多样的，每种市场交易的工具有所不同，区别主要在于交易工具的到期日和它实际代表的资产。不同类型的金融市场服务的顾客不同，市场所在的区域也不同，因此，有必要按照不同的标准对金融市场进行分类。

1. 货币市场与资本市场

按照交易对象的期限，金融市场可以划分为货币市场与资本市场。货币市场（money market）是交易期限不超过1年的短期金融工具的资金市场，其金融工具期限多为3~6个月，长的可达9个月或1年。该市场提供短期资金融通，主要包括短期存放款市场、银行同业拆借市场、票据市场、短期债券市场和可转让大额存单市场等。资本市场（capital market）是交易期限在1年以上的长期金融工具的资金市场，其金融工具的期限均在1年以上，多为3~5年，有的在10年以上，甚至无确定期限。该市场主要为企业和政府提供中长期的资金融通。资本市场包括长期信贷市场和证券市场，其中，证券市场又包括股票市场和债券市场。

2. 现货市场与期货市场

按照交易的交割时间，金融市场可以分为现货市场与期货市场。现货市场（sport market）是指买卖双方成交后，当场或几天之内一方支付款项，一方支付金融工具的交易市场。期货市场（future market）是指买卖双方成交后，在双方约定的未来某一特定的时日才交割的交易市场。

3. 一级市场与二级市场

按照交易的性质，金融市场可以分为一级市场与二级市场。一级市场（primary market）是指发行新证券和票据等金融工具的市场，是证券发行者筹集资金的场所，也称为发行市场或初级市场。二级市场（secondary market）是买卖已上市的证券和票据等金融工具的市场，是投资者之间转让证券的场所，也称为次级市场或流动市场。

4. 国内金融市场和国际金融市场

按照交易的地理区域，金融市场可以分为国内金融市场和国外金融市场。国内金融市场的活动范围限于本国领土之内，交易者为本国的自然人和法人。国际金融市场指国际性的资金借贷、结算、证券、黄金和外汇买卖等所形成的市场。国际金融市场可以分为传统的国际金融市场和离岸国际金融市场。离岸金融市场是一种新型的国际金融市场，它有两个基本特征：一是以非居民交易为业务主体；二是基本不受市场所在国金融法规和税制的限制。欧洲货币市场就是离岸国际金融市场的典型代表。

5. 其他分类

按照交易的直接对象，金融市场还可以分为票据贴现市场、证券市场、黄金市场、外汇市场、保险市场等。

3.5.2 金融机构

金融机构（financial institutions）的功能主要表现在两个方面：①创造便于交

易的金融工具；②在金融交易活动的参与者之间推进资金的流转。金融机构主要由银行类金融机构和非银行类金融机构构成。银行类金融机构包括中央银行、商业银行和专业银行。非银行类金融机构是指银行以外的各类金融机构。

1. 中央银行

中央银行是特殊的金融机构，代表政府管理全国的金融机构和金融活动。其主要职责是：制定和实施货币政策，保持货币币值稳定；维护支付和清算系统的正常运行；持有、管理、经营国家外汇储备和黄金储备；代理国库和其他与政府有关的金融业务；代表政府从事有关的国际金融活动。中国人民银行是我国的中央银行。

2. 商业银行

商业银行是以经营存款、放款、办理转账结算为主要业务，以营利为主要目的金融企业。商业银行在银行体系中居主体地位。与其他金融机构相比，商业银行具有两个重要特征：①商业银行是唯一能吸收活期存款的银行。一方面商业银行根据活期存款签发的支票能方便地用来作为流通手段和支付手段；另一方面活期存款加强了商业银行的信贷能力。②商业银行的业务内容十分广泛。其资金来源包括活期存款、定期存款以及自身发行的股票、债券等。在资金运用方面，其不仅可以发放短期、中期和长期贷款，还可以发放信托贷款，办理租赁业务、中间业务和其他非信用业务，如代客理财等。

我国的商业银行可以分为两大类：①国有商业银行，包括中国银行、中国工商银行、中国建设银行和中国农业银行。②股份制商业银行，包括交通银行、招商银行、中信实业银行、中国民生银行、中国光大银行、华夏银行、广东发展银行、深圳发展银行、上海浦东发展银行等。

3. 专业银行

专业银行是集中经营特定范围内的业务和提供专门性的金融服务的机构。专业银行一般按服务对象和存贷资金的性质来进行划分，有开发银行、投资银行、储蓄银行、不动产抵押银行等。开发银行是为满足经济建设长期投资的需要而设立的，不以营利为目的的政策性银行。投资银行专门为企业办理投资和长期信贷业务的银行。储蓄银行是吸收居民小额储蓄存款并为储蓄者提供必要的银行服务的信用机构。不动产抵押银行是专门经济营以不动产为抵押的长期贷款的银行。我国目前有3家政策性银行：国际开发银行、中国进出口银行和中国农业发展银行。

4. 非银行金融机构

非银行金融机构主要有保险公司、证券机构、投资公司、财务公司、信托投资公司等。保险公司是经营保险业的经济组织，它依靠投资人所缴纳的保险费收入聚集大量的保险基金。这笔资金较之于银行吸收的存款来讲更具有长期性，故适合于长期投资。证券机构是从事证券业务的机构，包括了证券公司、证券交易所和登记结算公司。投资公司主要是通过聚集一般中小投资者的基金,再分散投资于多样化的金融资产,以减少投资风险。财务公司主要依靠银行贷款、发行债券、卖出公开市场票据等手段筹集资金,多专营耐用性的租购或分期付款销货业务。信托投资公司主要是以受托人的身份接受信托和处理信托事务的经营主体,主要业务有经营资金和财产委托、代理资产保管、金融租赁、投资以及咨询等。

3.5.3 金融工具

金融工具(financial instrument)也称信用工具,是以书面形式发行和流通,借以保证债务人义务和债权人权利的凭证。金融工具可以从不同的角度进行分类。

1. 直接金融工具和间接金融工具

按发行者的性质划分,金融工具可以分为直接金融工具和间接金额工具。直接金融工具是指最终贷款人与最终借款人之间直接进行融资活动所使用的金融工具,如商业票据、政府公债、公司债券、公司股票等。间接金融工具是指金融结构在最终贷款人与最终借款人之间充当媒介进行间接融资活动所使用的金融工具,如银行承兑汇票、银行债券、人寿保险等。

2. 长期金融工具和短期金融工具

按金融工具的期限划分,金融工具可以分为长期金融工具和短期金融工具。长期金融工具,即资本市场金融工具,期限在一年以上,主要有股票、公司债券、中长期政府公债等。短期金融工具,即货币市场金融工具,期限在一年以下,主要有商业票据、短期政府公债、银行承兑汇票等。

3. 所有权凭证和债务凭证

按投资者是否掌握所投入资本的所有权划分,金融工具又可以分为所有权凭证和债务凭证。前者仅股票一种,股票投资者拥有被投资公司的所有权,在股东大会上享有表决权。其他金融工具都属于债务凭证,表明投资者取得了债权,并有权据以到期索取本金和利息,但在正常情况下无权干预发行者的经营管理和决策。

3.5.4 利率

金融市场的交易虽然千姿百态,但其实质都是货币资金这一特殊商品的交易或融通。资金融通以利率(interest rate)作为价格标准。货币资金通过利率这个价格标准实行再分配,因此,利率在资金配置和企业财务决策中起着重要作用。

1. 利率的种类。

利率可以按照不同的标准进行分类。

(1)基准利率和套算利率。按利率确定的方式,可以分为基准利率和套算利率。基准利率是指在多种利率并存的条件下起决定作用的利率。基准利率变动,其他利率也相应变动。基准利率通常是中央银行的再贴现率,在我国是中国人民银行对商业银行贷款的利率。套算利率则是各金融机构根据基准利率和借贷款项的特点而换算出的利率。

(2) 实际利率和名义利率。按利率是否包含通货膨胀因素,可以分为实际利率和名义利率。实际利率(effective interest rate)是指在物价不变从而货币购买力不变的情况下的利率,或者是在物价有变化时,扣除通货膨胀溢酬后的利率。名义利率(nominal interest rate)是指包含通货膨胀溢酬后的利率。两者之间的关系是:名义利率=实际利率+预计通货膨胀率。

(3) 固定利率和浮动利率。按利率在借贷期内是否调整,可以分为固定利率和浮动利率,固定利率是指在借贷期内固定不变的利率,其好处是简便易行,但是借款人或贷款人要承受利率变动的风险。浮动利率是指在借贷期内随市场利率变化而调整的利率,其好处是借贷双方承担的利率变化风险较小,但利率确定和利息计算比较困难。

(4) 市场利率和法定利率。按利率变动与市场的关系,可以分为市场利率和法定利率。市场利率是指在金融市场上由资金的供求双方经过竞争而形成的利率,随资金市场供求状况变动而变化。法定利率是指一国政府通过中央银行而确定的利率,体现了政府调节经济的意向。我国金融市场利率以法定利率为主,市场利率为辅。

2. 利率的决定因素

通常,资金的利率由3个部分构成,即实际无风险利率(real risk-free interest rate)、通货膨胀溢酬(inflation premium)和风险溢酬(risk premium)。其中风险溢酬又包含3种风险的溢酬,即违约风险、流动性风险和期限风险的溢酬。因此,证券的名义利率(也称票面利率)的一般表达式为:

名义利率=实际无风险利率+通货膨胀溢酬+违约风险溢酬+
流动性风险溢酬+期限风险溢酬

(1) 实际无风险利率。实际无风险利率是在预期通货膨胀率为零的情况下无风险证券的利率。在没有通货膨胀的情况下,短期政府债券的利率可以视为实际无风险利率。实际无风险利率随着经济情况的变化而变化,影响因素主要有:①企业和其他借款人对生产性资产的预期报酬率。②人们对即时消费与未来消费的时间偏好。

(2) 通货膨胀溢酬。通货膨胀对利率的影响很大,因为它降低了货币的购买力,也降低了实际的投资报酬率。因此,投资者要求投资报酬率中必须包括相当于证券期限内平均预期通货膨胀水平的通货膨胀溢酬,需要注意两点:①确定利率时考虑的是未来的预期通货膨胀率而不是过去的通货膨胀率。②利率中反映的通货膨胀率是证券期限内的平均预期通货膨胀率。对于30年期的债券,其通货膨胀溢酬的确定取决于未来30年里的平均预期通货膨胀率。

（3）违约风险溢酬。违约风险是指借款人无法按时支付利息或偿还本金而给投资者带来的风险。为了弥补违约风险，就必须相应提高利率。违约风险越大，利率就越高。政府债券被视为无违约风险的证券，故其利率最低。信用等级越高的公司债券，其违约风险越低，利率也就越低。在到期日和流动性等特征相同的情况下，公司债券与政府债券之间的利率差异就是违约风险溢酬。

（4）流动性风险溢酬。流动性风险是指证券资产的变现能力强弱所产生的风险。政府债券以及信用良好的大公司发行的证券，如果已经上市交易，则通常具有较强的变现能力，所以流动性风险比较小。相反，一些信用较弱的企业发行的证券，或者是未能上市交易的证券，则较难变现，所以流动性风险较大。流动性溢酬很难准确计量，在具有相同违约风险和到期日的债券中，流动性最强和最差的债券之间至少存在 2 个百分点的利率差异，甚至可能有 4~5 个百分点的差异。

（5）期限风险溢酬。期限风险是指由于与更长期限相应的更多的不确定性而导致的风险。为弥补债权人承担的这种风险而增加的利率，就叫做期限风险溢酬，其表现为长期利率超过短期利率的差异。

3. 利率的期限结构

所谓利率的期限结构（term structure of interest rate）是指债券的收益率与债券到期期限之间的关系结构，即短期利率与长期利率之间的关系结构。在坐标图上，如果以横轴表示借贷期限，以纵轴表示利率，那么利率与期限之间的关系有 3 种可能。

如图 3-2 所示，如果市场预期未来的利率趋于上升，则长期利率高于短期利率，利率曲线趋于上升，如曲线 A；如果市场预期未来的利率趋于下降，则长

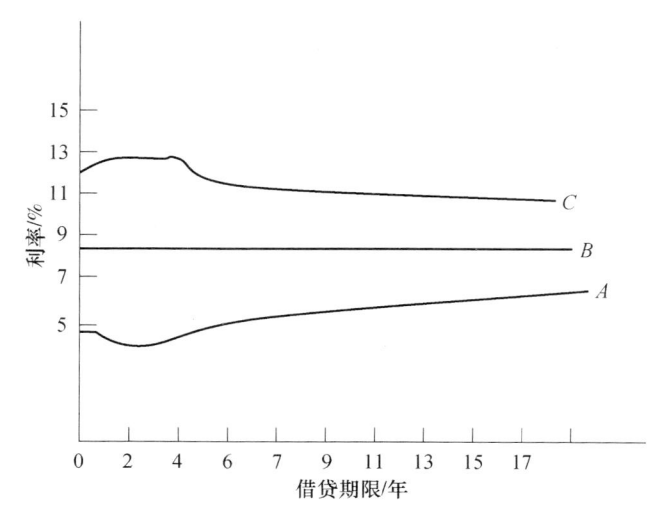

图 3-2 利率的期限结构

期利率低于短期利率，利率曲线趋于下降，如曲线 C；如果市场预期未来的利率稳定不变，则长期利率等于短期利率，利率曲线水平横轴，如曲线 B。通常来讲，随借贷期限延长趋于上升的利率曲线 A 最为典型。它表明，随着期限的延长，违约风险和流动性风险都会增加，因此，投资者要求的利率会相应提高。历史的数据也证明，在多数年度里长期利率高于短期利率，利率曲线通常向上倾斜。因此，人们将向上倾斜的利率曲线称为"正常的曲线"，而将向下倾斜的利率曲线称为"反常的曲线"或"倒曲线"。

关于利率期限结构，有 3 种比较流行的理论解释，即无偏预期理论、市场细分理论和流动溢酬理论。

（1）无偏预期理论。该理论认为，利率的期限结构是由投资者对未来利率的预期决定的。短期利率与长期利率存在差别的主要原因在于对未来利率水平的预期。如果预期未来利率趋于上升，那么利率曲线就趋于上升；如果预期未来利率趋于下降，那么利率曲线就趋于下降。长期利率应等于现时的短期利率与未来的短期利率的平均值。因此，如果预期未来短期利率将要上升，则作为现时和未来短期利率平均数的长期利率也会上升，从而出现长期利率高于短期利率的现象；反之，就会出现长期利率低于短期利率的现象。

（2）市场细分理论。该理论是建立在法律和个人偏好限制了投资者选择证券期限的观念上的。它认为，无论投资者或借款者都有明确且强烈的期限偏好和期限需求，他们不会因为不同期限的收益差别而放弃或改变他们的期限需求。这样，不同的期限需求便形成了若干资金供求条件不同的市场。每个市场中的利率由各自市场上的资金供求状况决定，各种利率都具有相对的独立性。长期利率只取决于长期资金的供求；类似地，短期资金也取决于短期资金的供求。

（3）流动溢酬理论。该理论认为，人们不可能完全预期未来的利率。利率期限越长，利率变动的可能性越大，利率风险也越大。长期利率之所以高于短期利率，既是因为对风险的报酬，也是因为对投资者放弃流动性的报酬。因此，正常情况下利率曲线应是趋于上升的。只有当未来预期的利率的降幅超过因期限增加和风险增加而支付的溢酬时，利率曲线才会趋于下降。

【本章小结】

企业的组织形式多种多样，有独资企业、合伙企业和公司制企业。公司制企业主要包括：股份有限公司和有限责任公司。

公司治理体系由内部治理和外部治理两部分构成，并由产权和市场两主线连在一起。公司治理的模式有美英治理模式、日德治理模式和家族治理模式 3 种。

理财活动总是在一定的宏观经济环境下进行的，微观的公司理财活动是宏观经济活动的组成部分，宏观经济环境对公司理财活动的过程和结果产生重要的影响。对公司产生重要影响的宏观经济环境宏观经济环境因素主要有经济体制、经济政策、经济周期、币值稳定性和市场环境等。

法律环境是指公司活动的法律空间。我国目前已建立了初步适应市场经济要求的经济法律体系，这一体系由关于市场主体的经济法律和法规、关于市场管理的经济法律和法规、关于宏观调控的经济法律和法规，以及关于社会保障的经济法律和法规4个方面的法律和法规组成。

金融环境是财务管理的诸多环境因素中最直接和最重要的一个方面，它是由金融市场、金融机构以及金融工具等构成。资金融通以利率作为价格标准。资金的利率由3个部分构成，即实际无风险利率、通货膨胀溢酬和风险溢酬。其中风险溢酬又包含3种风险的溢酬，即违约风险、流动性风险和期限风险的溢酬。

【练习题】

1. 名词解释

（1）公司制企业（company）。

（2）股份有限公司（corporation）。

（3）公司治理（corporate governance）。

（4）利率（interest rate）。

（5）通货膨胀溢酬（inflation premium）。

2. 选择题

（1）独资企业是指只有一个所有者的企业组织形式，这个所有者直接拥有企业全部资产并对企业债务承担(　　)责任。

　　A. 有限　　　　　B. 无限　　　　　C. 全部　　　　　D. 部分

（2）合伙企业是指有(　　)的个人充当所有者的企业组织形式，分为无限责任的合伙企业（也称普通合伙企业）和有限责任的合伙企业。

　　A. 一个　　　　　　　　　　　　　B. 两个

　　C. 两个或两个以上　　　　　　　　D. 50个以上

（3）公司制企业是指以营利为目的，依法登记成立的社团法人。公司是一个法人，与其所有者相(　　)，拥有自然人的很多权利和义务。

　　A. 分离　　　　　B. 相联系　　　　C. 一起　　　　　D. 共担风险

（4）公司治理由一整套的工具和机制所构成。在产权基础上所形成的股东大会、董事会、经理层3者之间的(　　)关系，构成了公司治理的基本框架。

　　A. 共同的　　　　B. 一起的　　　　C. 矛盾的　　　　D. 权责利

（5）在现代经济中，金融市场是(　　)的，每种市场交易的工具有所不同，区别主要在于交易工具的到期日和它实际代表的资产。

　　A. 完善　　　　　B. 有一定的缺陷　C. 基本健全　　　D. 多种多样

3. 判断题

（1）企业财务管理的环境可以分为内部环境和外部环境。企业内部财务管理环境是指企业内部影响财务管理活动的各种因素，一般属于微观财务管理环境。（　　）

（2）公司治理在我国是一个比较新的概念。公司治理不仅在我国有很强的现实性，同时也是全球一个共同关注的问题。（　　）

（3）内部治理处理制衡功能外，还有一个重要的功能就是不要进行激励，包括对经理层的激励以及对董事的激励。（　　）

（4）20世纪90年代以来，随着公司经营跨国化、资本市场全球化以及证券市场在金融体系中的地位日益突出，公司治理模式的发展呈现出多种多样、百花放的趋势。（　　）

（5）按照交易对象的期限，金融市场可以划分为现货市场与期货市场。
（　　）

4. 问答题

（1）什么是企业的组织形式？目前，企业的组织形式有哪几种？
（2）股份有限公司有哪些特征？
（3）简述公司的内部治理。
（4）如何对金融市场进行分类？
（5）利率的决定因素有哪些？

第2编 财务管理基础

财务管理基础主要包括：货币时间价值、风险与收益、证券估价、资本成本和现金流量以及杠杆原理。这些内容，都是现代财务管理工作必须具有的基本知识，是进行财务管理的手段。只有掌握了这些基本财务管理基础，才能更好地进行筹资管理、投资管理、利润分配管理。财务管理基础具有很强的理论性，对财务管理实务工作有指导性。企事业财务管理活动表现各异，财务关系错综复杂，财务管理主体也难得统一，但财务管理的基础却是一样的。

第4章 货币时间价值

【学习目的】

(1) 理解货币时间价值的相关概念。

(2) 掌握一次性收付款项、不等额或等额系列收付款项（即年金）的时间价值计算方法。

(3) 掌握货币时间价值计算的特殊问题处理。

【引导性案例】

一定量的货币资金在不同的时点上具有不同的价值。年初的1万元，运用以后，到年终其价值要高于1万元。例如，甲企业拟购买一台生产设备，用现金支付其价款40万元；如果延期至5年后付款，则需支付52万元。假设企业5年期存款年利率为10%。试问现付与延期付款比较，哪一种方式更有利？

假定该企业目前已筹集到40万元资金，暂不付款，存入银行按单利计算，5年后的本利和为40×(1+10%×5)=60（万元），同52万元比较，企业尚可得到8万元（60万元−52万元）的利益。可见，延期付款52万元比现付40万元更有利。这就说明了，今年年初的40万元，5年以后价值就提高到了60万元。随着时间的推移，周转使用中的货币资金价值发生了增值。

货币时间价值是客观存在的经济范畴，任何企业的财务活动，都是在特定的时空中进行的。离开了时间价值因素，就无法正确计算不同时期的财务收支。货币时间价值原理，正确地揭示了不同时间点上的资金之间的换算关系，是财务决策的基本依据。

4.1 货币时间价值概述

4.1.1 货币增值的原因

货币之所以能够增值,主要是由于它是资本的一种形式,可以作为资本投放到企业的生产经营当中,经过一段时间的资本循环后,会产生利润。这种利润就是货币的增值。因此,如果货币不参与生产经营而是把它存在一个盒子里,显然不会发生增值。

4.1.2 一般货币时间价值产生的原因

并非所有的货币都需要直接投入企业的生产经营过程中才能实现增值。比如,某人将一笔款项存入银行,经过一段时间后会获得一定利息,因此其货币也实现了增值,我们又该如何解释呢?

首先,在现代市场经济中,由于金融市场的高度发达,任何货币持有者在什么时候都能很方便地将自己的货币投放到金融市场中,参与社会资本运营,而无需直接将货币投入企业的生产经营。例如,货币持有者可将货币存入银行,或在证券市场上购买证券。这样,虽然货币持有者本身不参与企业的生产经营,但其货币进入了金融市场,参与社会资本周转,从而间接或直接地参与了企业的资本循环周转,因而同样会发生增值。

货币资金在周转使用中由于时间因素而形成的差额价值,即货币经过一段时间的投资和再投资后所增加的价值,称为货币时间价值(time value of money)。

4.1.3 货币时间价值的形式

货币时间价值可用绝对数表示,也可用相对数表示。在绝对数形式下,货币时间价值表示货币在经过一段时间后的增值额,它可能表现为存款的利息、债券的利息或股票的股利等。

在相对数形式下,货币时间价值表示不同时间段货币的增值幅度,它可能表现为存款利率、证券的投资报酬率、企业的某个项目投资回报率等。然而它们并非真正的货币时间价值率,只有在没有风险和通货膨胀情况下,这些报酬才与时间价值率相同。由于国债的信誉度最高、风险最小,所以如果通货膨胀率很低就可以将国债利率视同时间价值率。为了便于说明问题,在研究、分析时间价值时,一般以没有风险和通货膨胀的利息率作为资金的时间价值,货币的时间价值是公司资金利润率的最低限度。

[例4-1] 某企业在2008年年初投资2 000万元,用于某生产项目投资。2009年年底该项目投入运营,2010年该项目的营业现金流入3 000万元,购买材料、支

付员工工资 1 500 万元，支付税费 300 万元，则该投资项目 3 年内货币时间价值是多少？

用绝对数表示货币时间价值 3 000 - 1 500 - 300 = 1 200（万元），用相对数表示货币时间价值 1 200/3 000 = 40%。

[例 4 - 2] 2008 年年初，某企业有两个投资方案可供选择，一是项目投资，如上例；二是证券投资，需投资 200 万元，预计 3 年后本利和共 450 万元，试比较两个项目的货币时间价值。

项目投资的货币时间价值已计算，现计算证券投资的货币时间价值。用绝对数表示 450 - 200 = 250（万元），用相对数表示 250/200 = 125%。如果比较绝对数则项目投资较好，如果比较相对数则证券投资更优。

在实际工作中对这两种表示方法并不做严格的区别，财务管理中通常以相对数进行计量。因为它便于人们将两个不同规模的决策方案进行直接比较。例 4 - 2 中比较货币时间价值的绝对值显然不恰当，因为二者的原始投入不同，而比较相对数显然更有价值。但在特定情况下（比如两个方案是互相排斥方案），这时可能采用绝对数。

下面本章将分几个问题阐述货币时间价值的计算方法。

有关货币时间价值的指标有许多种，本书着重说明单利终值和现值、复利终值和现值、年金终值和现值的计算。这里以利息率表示货币时间价值。为了方便起见，假定货币的流出和流入是在某一时期（通常为一年）的终了时进行的。

4.2 一次性收付款的货币时间价值计算

由于货币资金具有时间价值，因此同一笔资金，在不同的时间，其价值是不同的。计算资金的时间价值，其实质就是不同时点上货币价值的换算。它具体包括两方面的内容：一方面，已知现在拥有一定数额的资金，计算在未来某个时间点将是多少数额，这是计算终值问题；另一方面，已知未来时间点上一定数额的资金，计算相当于现在多少数额的资金，这是计算现值问题。

现值，又称本金，是指货币资金现在的价值，通常记作 P。

终值，又称本利和，是指货币资金经过若干时期后包括本金和时间价值在内的未来价值，记作 F。通常有单利终值与现值、复利终值与现值、年金终值与现值。

为计算方便，本章假定有关字母的含义如下：F 为终值；P 为现值；I 为利息；i 为利率（折现率）；n 为计算利息的期数。

4.2.1 单利终值与现值

所谓单利，是指在计算利息时，每一次都按照原先融资双方确认的本金计算利息，每次计算的利息并不转入下一次本金中。比如，张某借李某 1 000 元，双方商定年利率为 5%，3 年归还，按单利计算，则张某 3 年后应收的利息为 3 × 1 000 × 5% = 150 元。

在单利计算利息时，隐含着这样的假设：每次计算的利息并不自动转为本金，而是借款人代为保存或由贷款人取走，因而不产生利息。

1. 单利终值

单利的终值，是指按照单利的方式计算若干期后包括本金和利息在内的未来价值。

现在的 100 元钱，年利率为 10%，从第 1 年到第 3 年，各年年末的终值可计算如下：

1 年后的终值：$100 \times (1 + 10\% \times 1) = 101$（元）
2 年后的终值：$100 \times (1 + 10\% \times 2) = 102$（元）
3 年后的终值：$100 \times (1 + 10\% \times 3) = 103$（元）

因此，单利终值的一般计算公式为

$$F = P \times (1 + i \times n) \tag{4-1}$$

2. 单利现值

单利的现值，就是以后年份收到或付出资金的现在价值，可用倒求本金的方法计算。由终值求现值，称为贴现。

若年利率为 10%，从第 1 年到第 3 年，各年年末的 100 元，其现值可计算如下：

1 年后 100 元的现值：$100 \div (1 + 10\% \times 1) = 90.9$（元）
2 年后 100 元的现值：$100 \div (1 + 10\% \times 2) = 83.3$（元）
3 年后 100 元的现值：$100 \div (1 + 10\% \times 3) = 76.9$（元）

因此，单利现值的一般计算公式为

$$P = F / (1 + i \times n) \tag{4-2}$$

结论：（1）单利的终值和单利的现值互为逆运算。

（2）单利终值系数 $(1 + i \times n)$ 和单利现值系数 $1/(1 + i \times n)$ 互为倒数。

4.2.2 复利终值与现值

复利计算方法是指每经过一个计算期，要将该期所派生的利息加入本金再计算利息，逐期滚动计算，即通常所说的"利滚利"。

1. 复利终值

现在的 100 元钱，年利率为 10%，从第 1 年到第 3 年，按照复利方式，各年年末的终值可计算如下：

1 年后的终值：$100 + 100 \times 10\% = 100 \times (1 + 10\%) = 110$（元）

2 年后的终值：$110 + 110 \times 10\% = 100 \times (1 + 10\%)^2 = 121$（元）

3 年后的终值：$121 + 121 \times 10\% = 100 \times (1 + 10\%)^3 = 133.1$（元）

在复利计算利息时，隐含着这样的假设：每次计算利息时，都要将计算的利息转入下次计算利息时的本金，重新计算利息。这是因为贷款人每次收到利息，都不会让其闲置，而是重新贷出，从而扩大自己的货币价值。

因此，复利终值的一般计算公式为

$$F = P(1 + i)^n \tag{4-3}$$

式中，$(1+i)^n$ 为复利终值系数，记作 $F/_{P,i,n}$。

[例 4-3] 张三最近购买彩票，中奖 10 万元，他想将这笔钱存入银行，以便将来退休时抵用，设张先生还有 5 年退休，如按复利年利率 2% 计算，5 年后张先生退休时能拿多少钱？

$$F = P(1 + i)^n = 100\,000 \times (1 + 2\%)^5 = 110\,400（元）$$

2. 复利现值

若年利率为 10%，从第 1 年到第 3 年，各年年末的 100 元，按复利方式计算其现值如下：

1 年后 100 元的现值：$100 \div (1 + 10\% \times 1) = 90.9$（元）

2 年后 100 元的现值：$100 \div (1 + 10\% \times 1)^2 = 82.6$（元）

3 年后 100 元的现值：$100 \div (1 + 10\% \times 1)^3 = 75.1$（元）

因此，复利现值的一般计算公式为

$$P = F/(1 + i)^n \tag{4-4}$$

式中，$1/(1+i)^n$ 为复利现值系数，记作 $P/_{F,i,n}$。

[例 4-4] 某人为了 5 年后能从银行取出 10 万元，在复利年利率为 2% 的情况下，求当前应存入金额。

$$P = F/(1 + i)^n = 100\,000 \div (1 + 2\%)^5 = 90\,570（元）$$

结论：（1）复利的终值和复利的现值互为逆运算。

（2）复利终值系数 $(1+i)^n$ 和复利现值系数 $1/(1+i)^n$ 互为倒数。

比较单利和复利的计算思路和假设，可看出复利的依据更为充分，更为现实。因为如果贷款人是一个理性人，就应该追求自身货币价值的最大化，当然会在每次收到贷款利息时重新将这部分利息贷出去生息。因此,在财务管理中,大部分决策都是在复利计算方式下考虑投资收益和成本。

我国银行储蓄系统的利息计算采用单利方式,但这并不影响复利计算方式的科学性,因为储户一旦在储蓄存款利息到期后,总会将其取出使用或继续存款,从而保证了货币资金的继续运转。从这个角度可以说,即使银行采用单利计算利息,人们在现实生活中仍然按复利安排生活。

4.3 不等额系列收付款的货币时间价值计算

前述单利、复利业务都属于一次性收付款项(如期初一次性存入、期末一次性取出),但是在财务管理实践中,更多情况是每次收付款金额并不相等的系列收付款项,这就需要计算不等额系列收付款的时间价值之和,如图4-1所示。

图4-1 不等额系列收付款的示意图

4.3.1 不等额系列收付款终值的计算

为求得不等额系列收付款终值之和,可先计算每次收付款的复利终值,然后加总。不等额系列收付款终值的计算公式为

$$F = P_1(1+i) + P_2(1+i)^2 + P_3(1+i)^3 + \cdots + P_n(1+i)^n$$
$$= \sum_{t=1}^{n} P_t(1+i)^t \tag{4-5}$$

[例4-5] 某人每年年初都将节省下来的工资存入银行,其存款如表4-1所示,年利率为5%,求这笔不等额存款第4年年末的价值。

表4-1 某不等额存款　　　　　　　　　　　　　万元

年份(t)	0	1	2	3	4
现金流量	100	200	150	300	0

计算如图4-2所示。

$$F = P_1(1+i) + P_2(1+i)^2 + P_3(1+i)^3 + P_4(1+i)^4$$
$$= 100 \times (1+5\%) + 200 \times (1+5\%)^2 + 150 \times (1+5\%)^3 + 300 \times (1+5\%)^4$$
$$= 833.45(元)$$

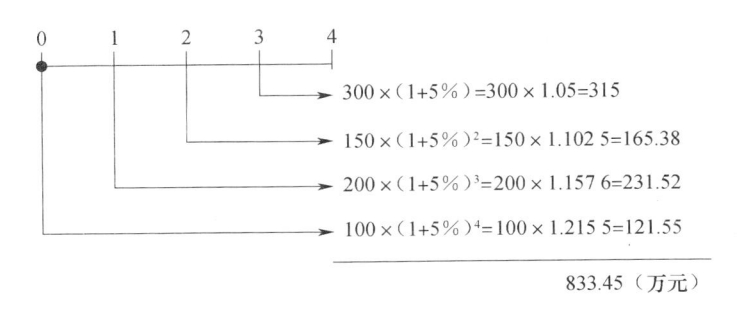

```
    0     1     2     3     4
    ●─────┼─────┼─────┼─────┤
                            └→ 300×(1+5%)=300×1.05=315
                      └──────→ 150×(1+5%)²=150×1.102 5=165.38
                └────────────→ 200×(1+5%)³=200×1.157 6=231.52
          └──────────────────→ 100×(1+5%)⁴=100×1.215 5=121.55
                               ─────────────────────────────
                                              833.45（万元）
```

图 4-2　不等额系列收付款终值计算示意图

4.3.2　不等额系列收付款现值的计算

为求得不等额系列收付款现值之和，可先计算每次收付款的复利现值，然后加总。不等额系列收付款现值的计算公式为

$$P = F_1/(1+i) + F_2/(1+i)^2 + F_3/(1+i)^3 + \cdots + F_n/(1+i)^n \quad (4-6)$$
$$= \sum_{t=1}^{n} F_t/(1+i)^t$$

[**例 4-6**]　同例 4-5 资料，要求计算不等额系列收付款的现值，如图 4-3 所示。

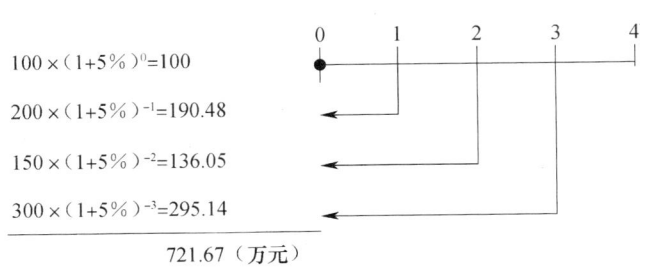

```
                                     0     1     2     3     4
  100×(1+5%)⁰=100                    ●─────┼─────┼─────┼─────┤
  200×(1+5%)⁻¹=190.48   ←────────────┘
  150×(1+5%)⁻²=136.05   ←──────────────────┘
  300×(1+5%)⁻³=295.14   ←────────────────────────┘
  ───────────────────
         721.67（万元）
```

图 4-3　不等额系列收付款现值计算示意图

4.4　等额系列收付的货币时间价值计算

在日常经济生活中，经常会遇到有企业或个人在一段时期内定期支付或收取一定量货币的现象。比如，大学生同学在大学 4 年中，每年要支付金额大致相等的学费；租房户每月要支付大致相同的每月租金。这种现金的收付与平常的一次性收付款相比有两个明显的特点：一是定期收付，即每隔相等的时间段收款或付款一次；二是金额相等，即每次收到或付出的货币金额相等。在财务管理学中把

这种定期等额收付款的形式叫做年金（annuity）。折旧、租金、利息、保险金、养老金等通常都采用年金的形式。

年金的每次收付发生的时间各有不同。每期期末收、付款的年金，称为后付年金；每期期初收、付款的年金，称为先付年金；距今若干期以后发生的每期期末收、付款的年金，称为递延年金；无期限连续收、付款的年金，称为永续年金。

4.4.1 后付年金的货币时间价值计算

后付年金又称普通年金（ordinary annuity），是指每次收付款的时间都发生在年末。比如，某人于 2005 年 12 月 31 日购买了 B 公司发行的 5 年期债券，票面利率为 5%，面值为 1 000 元，利息到期日为每年 12 月 31 日，则该人将在 2005—2010 年每年的 12 月 31 日收到 50 元的利息。这 5 年中每年的 50 元利息，对该人来说，就是后付年金。又如王先生是一个孝子，每年的年末都要向父母孝敬 2 000 元钱，这 2 000 元对王先生和他的父母来说都是后付年金。

后付年金的货币价值计算有两个方面：后付年金的终值和现值。

1. 后付年金终值（已知年金 A，求年金终值 FVA）

后付年金终值犹如零存整取的本利和，它是一定时期内每期期末收付款项的复利终值之和。

假设：A 代表年金数额，i 代表利息率，n 为计算期数，FVA 代表年金终值，则后付年金终值的计算可用图 4-4 来说明。

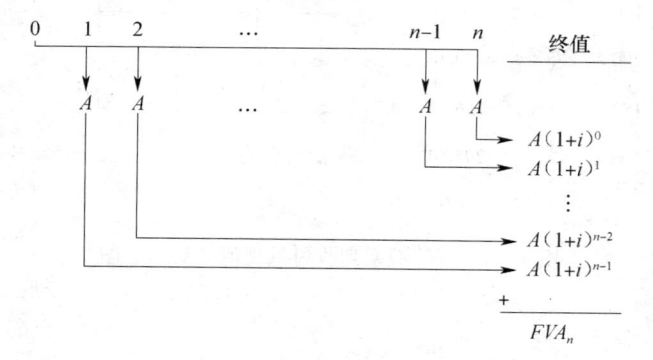

图 4-4 后付年金终值计算示意图

由图 4-4 可知，后付年金终值的计算公式

$$\begin{aligned} FVA &= FV_1 + FV_2 + \cdots + FV_n \\ &= A(1+i)^{n-1} + A(1+i)^{n-2} + \cdots + A(1+i)^0 \\ &= A \sum_{t=1}^{n} (1+i)^{t-1} \\ &= A \times F_{/A,i,n} \end{aligned} \qquad (4-7)$$

式中，$\sum_{t=1}^{n}(1+i)^{t-1}$ 称为年金终值系数或年金复利系数，通常记作 $F/_{A,i,n}$

为了简化计算，也可利用年金终值系数表（见本书附录），表中各期年金终值系数可按式（4-8）计算。

$$F/_{A,i,n} = \sum_{t=1}^{n}(1+i)^{t-1} = \frac{(1+i)^n - 1}{i} \qquad (4-8)$$

[例4-7] 某人5年中每年年底存入银行100元，存款利率为8%，求第5年末值为多少钱？

分析：属于普通年金求终值问题。

$$\begin{aligned}
FVA &= A \times 年金终值系数 \\
&= 100 \times F/_{A,8\%,5}(查表) \\
&= 100 \times 5.867 \\
&= 586.7(元)
\end{aligned}$$

[例4-8] 假设某企业投资一项目，在5年建设期内每年年末从银行借款100万元，借款年利率为10%，则该项目竣工时企业应付的本利和是多少？

分析：属于普通年金求终值问题。

$$\begin{aligned}
FVA &= A \times 年金终值系数 \\
&= 100 \times F/_{A,10\%,5}(查表) \\
&= 100 \times 6.1051 \\
&= 610.51(万元)
\end{aligned}$$

2. 后付年金现值（已知年金 A，求年金现值 PVA）

一定期间每期期末等额的系列收付款现值之和，叫做后付年金现值，通常记作 PVA。后付年金的现值计算在现实生活中也比较常见。比如，李小姐最近准备买房，走看了好几家开发商的售房方案一个方案是 A 开发商出售一套100平方米的住房，要求首期支付10万元，然后分6年每年支付3万元，年底支付。李小姐很想知道每年付3万元相当于现在多少钱，好让她与现在2000元/平方米的市场价格进行比较。

后付年金现值的计算过程可用图4-5加以说明。

由图4-5可知，后付年金现值的计算公式为

$$\begin{aligned}
PVA &= PV_1 + PV_2 + \cdots + PV_n \\
&= A/(1+i)^1 + A/(1+i)^2 + \cdots + A/(1+i)^n \\
&= A\sum_{t=1}^{n}\frac{1}{(1+i)^t} \\
&= A \times P/_{A,i,n}
\end{aligned} \qquad (4-9)$$

式中，$\sum_{t=1}^{n} \frac{1}{(1+i)^t}$ 称为年金现值系数，通常记作 $P/_{A,i,n}$。

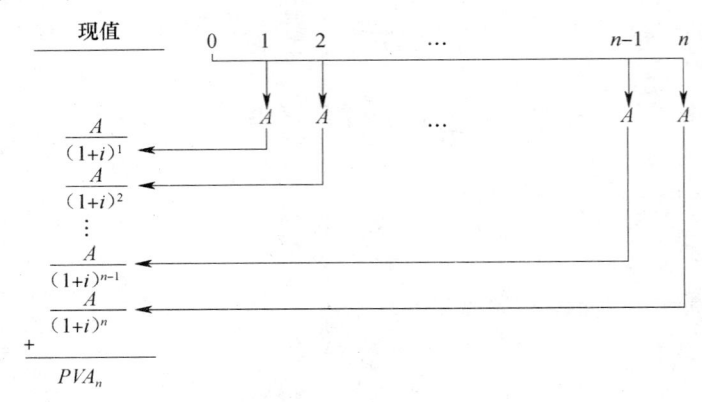

图 4-5 后付年金现值计算示意图

为了简化计算，也可利用年金现值系数表（见本书附录 1），表中各期年金终值系数可按式（4-10）计算。

$$P/_{A,i,n} = \sum_{t=1}^{n} \frac{1}{(1+i)^n} = \frac{1-(1+i)^{-n}}{i} \qquad (4-10)$$

根据上述公式，设李小姐的住房贷款年利率为 6%，则 6 年每年付 3 万元的现值为

$$PVA = 3 \times P/_{A,6\%,6} = 3 \times 4.9173 = 14.7915(万元)$$

4.4.2 先付年金的货币时间价值计算

与后付年金不同，先付年金（annuity due）是指每次收付款的时间不是在年末，而是在年初。先付年金在现实生活中也很多。比如，租房户每个月在月初支付房租，学生在学期开学支付学费等。先付年金货币时间价值的计算包括两个方面：终值和现值。

1. 先付年金终值

先付年金的终值和后付年金终值的计算思想相似，都是将每次收付款折算到某一时点的终值，然后再将这些终值求和。但由于先付年金和后付年金的收付款时间不同，因此二者的计算方法有所区别。n 期先付年金终值和 n 期后付年金之间的关系，可以用图 4-6 表示。

n 期先付年金终值与 n 期后付年金终值，两者付款期限相同，但先付年金相当于整个现金收付向前提前了一年，因此与后付年金终值相比，先付年金的终值要多一个计算期。为求得 n 期先付年金的终值，可在求出 n 期后付年金终值后，再乘以 $(1+i)$，计算公式为

$$F = A \times F/_{A,i,n} \times (1+i) \qquad (4-11)$$

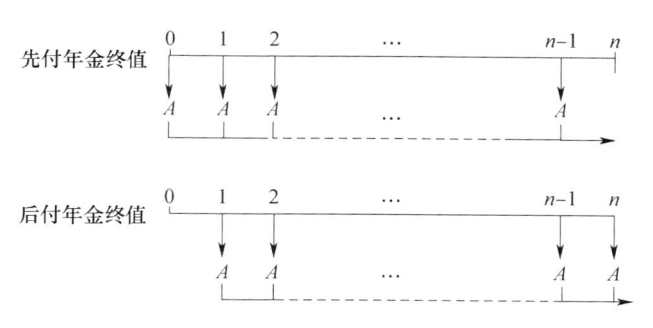

```
           0    1    2   ...    n-1   n
先付年金终值  ├────┼────┼───...───┼────┤
           ↓    ↓    ↓          ↓
           A    A    A          A


           0    1    2   ...    n-1   n
后付年金终值  ├────┼────┼───...───┼────┤
                ↓    ↓          ↓    ↓
                A    A          A    A
```

图4-6 先付年金终值计算示意图

另外，根据 n 期先付年金终值和 $n+1$ 期后付年金终值的关系，还可推导出另一公式。n 期先付年金与 $n+1$ 期后付年金比较，两者计算期数相同，但 n 期先付年金比 $n+1$ 期后付年金少付一次款。因此，只要将 $n+1$ 期后付年金的终值减去一期付款额，便可求得 n 期先付年金终值，计算公式如式（4-12）。

$$F = A \times F/_{A,i,n+1} - A \tag{4-12}$$

[例4-9] 某人每年年初存入银行1 000元，银行存款利率为8%，则第10年年末的本利和应为多少？

$$F_{10} = 1\,000 \times F/_{A,8\%,10} \times (1+8\%) = 1\,000 \times 14.487 \times 1.08 = 15\,646(元)$$

或

$$F_{10} = 1\,000 \times F/_{A,8\%,11} - 1\,000 = 15\,646(元)$$

2. 先付年金现值

先付年金的现值和后付年金现值的计算思想相似，都是将每次收付款折算到现在的现值，然后再将这些现值求和。但由于先付年金和后付年金的收付款时间不同，因此二者的计算方法有所区别。n 期先付年金现值和 n 期后付年金之间的关系，可以用图4-7表示。

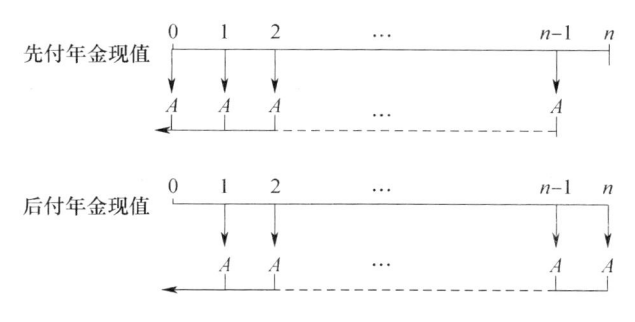

```
           0    1    2   ...    n-1   n
先付年金现值  ├────┼────┼───...───┼────┤
           ↓    ↓    ↓          ↓
           A    A    A          A


           0    1    2   ...    n-1   n
后付年金现值  ├────┼────┼───...───┼────┤
                ↓    ↓          ↓    ↓
                A    A          A    A
```

图4-7 先付年金现值计算示意图

n 期先付年金现值与 n 期后付年金现值，两者付款期限也相同，但先付年金现值比后付年金现值少贴现一期。为求得 n 期先付年金的现值，可在求出 n 期后付年金现值后，再乘以 $(1+i)$，计算公式如式（4-13）。

$$P = A \times P/_{A,i,n} \times (1+i) \qquad (4-13)$$

另外，根据 n 期先付年金现值和 $n-1$ 期后付年金现值的关系，也可推导出另一公式。n 期先付年金现值与 $n-1$ 期后付年金现值比较，两者计算期数相同，但 n 期先付年金比 $n+1$ 期后付年金多一期不需贴现的付款。因此，只要将 $n-1$ 期后付年金的现值加上一期不需贴现的付款，便可求得 n 期先付年金现值，计算公式为

$$P = A \times P/_{A,i,n-1} + A \qquad (4-14)$$

[例4-10] 某公司从租赁公司租入一台设备，期限5年，租赁合同规定每年初支付租金1万元，预计设备租赁期内银行存款利率为6%，则5年中租金的现值为多少？

$$P = 10\,000 \times P/_{A,6\%,5} \times (1+6\%) = 44\,651(元)$$

或

$$P = 10\,000 \times P/_{A,6\%,4} + 10\,000 = 44\,651(元)$$

4.4.3 递延年金的货币时间价值计算

递延年金是指在最初若干期没有收付款项的情况下，随后若干期等额的系列收付款项。m 期以后的 n 期年金现值，可以用图4-8表示。

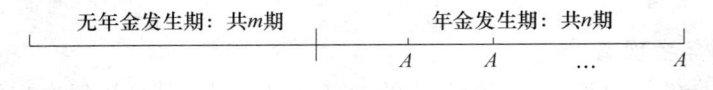

图4-8 递延年金示意图

1. 递延年金终值

递延年金的终值计算与普通年金的终值计算一样，只需对年金发生期的系列年金求终值，但要注意期数。

$$F = A \times F/_{A,i,n} \qquad (4-15)$$

式中，n 表示的是 A 的个数，与递延期无关。

[例4-11] 张三拟购买一处房产，开发商提出付款方案，前5年不支付，第6年起到15年每末支付18万元。假设银行贷款利率10%，求该方案付款的终值。

$$F = 18 \times F/_{A,10\%,10} = 18 \times 15.937 = 286.87(万元)$$

2. 递延年金现值

假定最初有 m 期没有收付款项，后面 n 期每年有等额的系列收付款项，则此

递延年金的现值即为 n 期年金先贴现至 m 期期初，再贴现至第一期期初的现值，可以用图 4-9 说明。

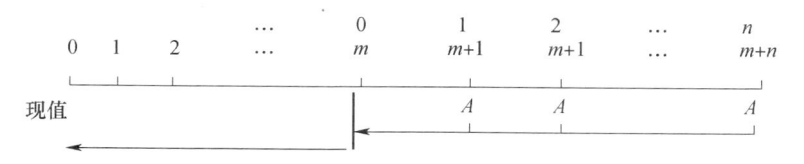

图 4-9 递延年金现值计算示意图

递延 m 期后的 n 期年金与 n 期年金相比，两者付款基数相同，但这项递延年金现值是 m 期后的 n 期年金现值，还需要再贴现 m 期。因此，为计算 m 期后 n 期年金现值，要先计算该项年金在 n 期期初（m 期期末）的现值，再将它作为 m 期的终值贴现至 m 期期初的现值，计算公式为

$$P = A \times P/_{A,i,n} \times P/_{F,i,m} \quad (4-16)$$

另外，还可先计算 m+n 期年金现值，再减去 m 期年金现值，计算公式为

$$P = A \times P/_{A,i,m+n} - A \times P/_{A,i,m} \quad (4-17)$$

或者，先求递延年金终值再折现为现值，计算公式为

$$P = A \times F/_{A,i,n} \times P/_{F,i,m+n} \quad (4-18)$$

[**例 4-12**] 某企业向银行借一笔款项，银行贷款年利率为 10%，银行规定前 10 年不用还本付息，但从第 11 年至第 20 年每年年末偿还本息 5 000 元，则这笔款项的现值是多少？

$$P = 5\,000 \times P/_{A,10\%,10} \times P/_{F,10\%,10} = 5\,000 \times 6.145 \times 0.386 = 11\,860(元)$$

或 $P = 5\,000 \times P/_{A,10\%,20} - 5\,000 \times P/_{A,i,10} = 5\,000 \times (8.514 - 6.145) = 11\,860(元)$

4.4.4 永续年金的货币时间价值计算

一般的年金都有一个有限的期限，但在现实生活中，有些年金很难确定它的收付款何时结束。比如一个股东持有一个企业的股票，如果该企业每年每股股利相同，那么只要该企业不被清算，这种股利总会支付下去，很难确定它的最后期限。这种无限期定额收付的年金称为永续年金。英国和加拿大有一种国债就是没有到期日的债券，这种债券的利息可以视为永续年金。绝大多数优先股因为有固定的股利而又无到期日，因而其股利也可以视为永续年金。永续年金可以用图 4-10 表示。

图 4-10 永续年金示意图

1. 永续年金的终值

永续年金的终值可以看成是一个 n 无穷大的后付年金的终值,则永续年金终值为

$$F = A \times F/_{A,i,n} = A \times \frac{(1+i)^n - 1}{i} \qquad (4-19)$$

当 n 趋向无穷大时,由于 A、i 都是有界量,$(1+i)^n$ 趋向无穷大,因此终值 F 趋向无穷大。

2. 永续年金的现值

永续年金的现值可以看成是一个 n 无穷大后付年金的现值,则永续年金现值计算为

$$F = A \times P/_{A,i,n} = A \times \frac{1 - (1+i)^{-n}}{i} \qquad (4-20)$$

当 n 趋向无穷大时,由于 A、i 都是有界量,$(1+i)^{-n}$ 趋向无穷小,因此 $P = \frac{A}{i}$。

[例 4-13] 某学校打算建立一个奖励基金,希望每年年底奖励一名品学兼优、成绩显著的学生 2 000 元,问该学校现在应在银行存入多少钱才能保证每年利息恰好用于颁发奖金,已知银行存款利率为 10%。

$$P = \frac{2\,000}{10\%} = 20\,000(元)$$

4.5 货币时间价值计算的其他问题

以上介绍的是货币时间价值计算的几个基本原理,即一次性收付款的终值和现值,以及年金的终值和现值的计算问题。但在现实的经济生活中,由于现金流量的不规则以及时间分布的不统一,使得货币时间价值的计算很复杂。现对货币时间价值计算中的几个特殊问题加以说明。

4.5.1 复利期限的计算

复利期限的计算是,已知货币收付的规律、金额和利率,求期限的问题。

在现实的经济生活中,常常有这样的现象,就是在一定的货币时间价值条件下,不能确定多长时间的增值才能实现一定量货币金额的终期目标。比如,王先生想在若干年后存蓄 200 000 元购买一套住房,如果现在存 100 000 元,在银行利率为 5% 的条件下,需要存多少年,才能实现上述本利和达到 200 000 元的目标。又如,周小姐想每年年末存 6 000 元,在银行利率为 2% 的条件下,存多少期才能保证本利和超过 50 000 元,以偿还欠朋友的债务。

1. 一次性收付款的期限问题

[例 4-14] 张先生现将 80 000 元存入银行,并打算存到 200 000 元时再取出。假设银行一年存款利率为 8%,问张先生要存多少年?

设要存 n 年,则必有
$$F = P(1+i)n = 80\,000 \times (1+8\%)n = 200\,000(元)$$
即 $F/_{P,8\%,n} = (1+8\%)^n = 2.5$

即查"复利终值系数表",当期限为 12 时,系数是 2.518;当期限为 11 时,系数是 2.332。因此判断期限应在 11~12 年,设期限为 n,则用内插法计算 n 值。

期限 n	复利终值系数
11 $\}n-11\}1$	2.332 $\}0.168\}0.186$
n	2.5
12	2.518

$$\frac{n-11}{1} = \frac{0.168}{0.186}$$

$$n = 11.91(年)$$

2. 年金收付款的期限问题

[例 4-15] 周小姐想每年年末存 6 000 元,在银行利率为 2% 的条件下,存多少年才能保证本利和超过 50 000 元,以偿还欠朋友的债务?

设存款 n 年,则有
$$F = A \times F/_{A,i,n} = 6\,000 \times F/_{A,2\%,n} = 50\,000(元)$$
即 $F/_{A,2\%,n} = 8.3333$

即查"年金终值系数表",当期限为 8 时,系数是 8.583;当期限为 7 时,系数是 7.434。因此判断期限应在 7~8 年,设期限为 n,则用内插法计算 n 值。

期限 n	年金终值系数
7 $\}n-7\}1$	7.434 $\}0.899\}1.149$
n	8.333
8	8.583

$$\frac{n-7}{8-7} = \frac{0.899}{1.149}$$

$$n = 7.5(年)$$

所以,小陈至少要存 7.5 年,才能保证存款能满足结婚需要。

4.5.2 贴现率的计算

贴现率的计算是，已知计息期数、终值和现值，求贴现率的问题。

在前面计算现值和终值时，都假定利率是给定的，但在财务管理中未知利率问题经常出现。例如，小张向小罗借款，本金 10 000 元，3 年后偿还 15 000 元，则小张借款的实际利率为多少？对于上述问题，可以用终值或现值的计算公式，反推利率的数值。一般来说，求贴现率可以分为两步骤：第一步求出换算系数，第二步根据换算系数和有关系数表求贴现率。

1. 一次性收付款的利率确定问题

已知终值、现值和计息期数，可以根据一次性收付款的复利终值或现值公式，求出换算系数。

$$F/_{P,i,n} = \frac{F}{P}; \quad P/_{F,i,n} = \frac{P}{F} \tag{4-21}$$

根据换算系数，查复利终值或现值系数表求出贴现率。

[例 4-16] 某人把 100 元存入银行，10 年后可获得本利和 259.4 元，计算银行存款的年利率为多少？

$$P/_{F,i,10} = \frac{P}{F} = \frac{100}{259.4} = 0.386$$

查"复利现值系数表"，与 10 年相对应的贴现率中，10% 的系数为 0.386，因此贴现率应为 10%。

[例 4-17] 某人现在向银行存入 30 000 元，在利率为多少时，才能保证今后 3 年后的本利和为 50 000 元？

$$F/_{P,i,3} = \frac{F}{P} = \frac{50\ 000}{30\ 000} = 1.667$$

查"复利终值系数表"，当利率在 18% 时，系数是 1.643；当利率为 19% 时，系数是 1.685。因此判断利率应为 18%～19%，设利率为 i，则用内插法计算利率。

利率 i	复利终值系数
18% ⎱ ⎱	1.643 ⎱ ⎱
i ⎰$i-18\%$ ⎰ 1%	1.667 ⎰ 0.024 ⎰ 0.042
19%	1.685

$$\frac{i - 18\%}{19\% - 18\%} = \frac{0.024}{0.042}$$

$$i = 18.55\%$$

2. 年金收付款的利率确定问题

已知终值或现值、年金和计息期数，可以根据年金复利终值或现值公式，求出换算系数。

$$F/_{A,i,n} = \frac{F}{A}; \quad P/_{A,i,n} = \frac{P}{A} \qquad (4-22)$$

根据换算系数，查年金终值或现值系数表求出贴现率。

[例 4-18] 某人现在向银行存入 5 000 元，在利率为多少时，才能保证今后 10 年中每年得到 750 元？

$$P/_{A,i,10} = \frac{P}{A} = \frac{5\,000}{750} = 6.667$$

查"年金现值系数表"，当利率在 8% 时，系数是 6.710；当利率为 9% 时，系数是 6.418。因此判断利率应为 8%～9%，设利率为 i，则用内插法计算利率。

期限 i	年金现值系数
$\left.\begin{array}{l}8\%\\i\end{array}\right\}8\%-i\bigg\}-1\%$	$\left.\begin{array}{l}6.710\\6.667\end{array}\right\}0.043\bigg\}0.292$
9%	6.418

$$\frac{8\%-i}{-1\%} = \frac{0.043}{0.292}$$

$$i = 8.147\%$$

4.5.3 计息期短于一年时间价值的计算

终值和现值通常是按年来计算的，但在有些时候，也会遇到计息期短于一年的情况。在复利计算中，如按年复利计息，一年就是一个计息期；如按季度复利计算，一季是一个计息期，一年就有 4 个计息期。计息期越短，一年按复利计息的次数就越多，利息额就会越大。

1. 名义利率

如果在计算利息时，每年计算 n 次，那么将没有经过复利计算，而是根据具体计算利息期限的利息率乘以年计息次数算出来的利息率称为名义利率。比如，A 公司债券半年计算一次利息，半年的票面利率为 5%，则一年的名义利率为 5%×2＝10%。

在利息计算方法按单利计算的条件下，名义利率与实际利率相同，但在复利计算方法下，名义利率要小于实际利率。

2. 实际利率

实际利率是指当一笔资金的利息计算不是一年一次，而是在一年多次的情况下，由于采用复利计算利息而计算出来的实际利息率。

前面探讨的都是以年为单位的计息期,即复利计息频数为一次,当计息期短于一年,而年利率又是名义利率时,计息期数和实际利率均应按式(4-23)及式(4-24)进行换算。

$$t = m \times n \qquad (4-23)$$

$$i = \left(1 + \frac{r}{m}\right)^m - 1 \qquad (4-24)$$

式中,i 为实际利率;r 为名义利率;m 为每年复利计算的次数;n 为年数;t 为换算后的计息期数。

[例4-19] 某公司向银行借款 10 000 元,年利率为 16%。按季复利计算,两年后应向银行偿付本利和多少钱?

方法一:先换算每期的期利率和总共计算期,然后再计算终值 F。

期利率 = 16% ÷ 4 = 4%

$t = 2 \times 4 = 8$

$F = 10\ 000 \times (1 + 4\%)^8 = 10\ 000 \times 1.369 = 13\ 690$(元)

方法二:先换算实际年利率,再按实际年利率 i 计算终值 F,期数仍为年数。

$i = \left(1 + \frac{16\%}{4}\right)^4 - 1 = 16.99\%$

$F = 10\ 000 \times (1 + 16.99\%)^2 = 10\ 000 \times 1.369 = 13\ 690$(元)

[例4-20] 某人准备在第5年底获得 1 000 元收入,年利率为 10%,试计算:

(1)每年计息一次,问现在应存入多少?

(2)每半年计息一次,现在应存入多少钱?

如果每年计息一次,则 $n = 5$,$i = 10\%$,$F = 1\ 000$,那么

$P = F(1 + i)^{-n} = 1\ 000 \times P/_{F,10\%,5} = 621$(元)

如果每半年计息一次,则 $r = 10\%$,$m = 2$,$n = 5$

期利率 = r/m = 10% ÷ 2 = 5%,$mn = 2 \times 5 = 10$(期)

$P = F(1 + i/m)^{-nm} = 1\ 000 \times P/_{F,5\%,10} = 1\ 000 \times 0.614 = 614$(元)

【本章小结】

货币时间价值是客观存在的经济范畴,任何企业的财务活动,都是在特定的时空中进行的。货币时间价值原理,正确地揭示了不同时间点上的资金之间的换算关系,是财务决策的基本依据。货币资金在周转使用中由于时间因素而形成的差额价值,即货币经过一段时间的投资和再投资后所增加的价值,称为货币时间价值。

对货币时间价值要理解和掌握一次性收付款终值和现值的计算，不等额系列收付款项终值和现值的计算，年金（即等额系列收付款项）终值和现值的计算，计息期短于一年复利终值和现值的计算，期数和贴现率的推算。

【练习题】

1. 名词解释

（1）货币时间价值。

（2）复利。

（3）普通年金。

（4）递延年金。

（5）实际利率。

2. 选择题

（1）某人希望在 5 年末取得本利和 20 000 元，则在年利率为 2%，单利计息的方式下，此人现在应当存入银行（　　）元。

　　A. 18 114　　　B. 18 181.82　　　C. 18 004　　　D. 18 000

（2）某人目前向银行存入 1 000 元，银行存款年利率为 2%，在复利计息的方式下，5 年后此人可以从银行取出（　　）元。

　　A. 1 100　　　B. 1 104.1　　　C. 1 204　　　D. 1 106.1

（3）企业有一笔 5 年后到期的贷款，到期值是 15 000 元，假设贷款年利率为 3%，则企业为偿还借款建立的偿债基金（即年金）为（　　）元。

　　A. 2 825.34　　　B. 3 275.32　　　C. 3 225.23　　　D. 2 845.34

（4）已知利率为 10% 的一期、两期、三期的复利现值系数分别是 0.9091、0.8264、0.7513，则可以判断利率为 10%，3 年期的年金现值系数为（　　）。

　　A. 2.5436　　　B. 2.4868　　　C. 2.855　　　D. 2.4342

（5）某企业进行一项投资，目前支付的投资额是 10 000 元，预计在未来 6 年内收回投资。在年利率为 6% 的情况下，为了使该项投资是合算的，那么企业每年至少应当收回（　　）元。

　　A. 1 433.63　　　B. 1 443.63　　　C. 2 023.64　　　D. 2 033.64

3. 判断题

（1）资金时间价值相当于没有风险情况下的社会平均资金利润率。（　　）

（2）每半年付息一次的债券利息是一种年金的形式。（　　）

（3）递延年金有终值，终值的大小与递延期是有关的，在其他条件相同的情况下，递延期越长，则递延年金的终值越大。（　　）

（4）某人贷款 5 000 元，该项贷款的年利率是 6%，每半年计息一次，则 3 年后该项贷款的本利和为 5 955 元。（　　）

（5）根据（F/P，5%，5）=1.2763，可知（P/A，5%，5）=（1－1/1.2763）/5% =4.3297。（　　）

4. 计算题

（1）某人决定分别在2002年、2003年、2004年和2005年各年的1月1日分别存入5 000元，按10%利率，每年复利一次，要求计算2005年12月31日的余额是多少？

（2）某公司拟租赁一间厂房，期限是10年，假设年利率是10%，出租方提出以下几种付款方案。①立即付全部款项共计20万元。②从第4年开始每年年初付款4万元，至第10年年初结束。③第1~8年每年年末支付3万元，第9年年末支付4万元，第10年年末支付5万元。

要求：通过计算回答该公司应选择哪一种付款方案比较合算？

（3）某人出国5年，请你代付房租，每年年末付租金2 500元，若$i=5\%$。①现在一次给你多少钱？②回来一次给你多少钱？

（4）已知年利率12%，每季度复利一次，本金10 000元，则第10年末本利和为多少？

（5）公司年初存入一笔款项，从第4年年初起，每年取出1 000元至第9年年初取完，年利率10%，期初应存入多少款项？

第5章

风险与收益

【学习目的】

（1）了解风险的特点和分类。

（2）理解衡量风险收益的概念、风险度量系数和证券市场线的特点。

（3）掌握单项资产和投资组合风险与收益的衡量，借助于资本资产定价模型进行投资可行性研究。

【引导性案例】

有个小孩，随祖父进林子里去捕鸟。祖父教他用一种捕猎机，将一只箱子用木棍支起，木棍上系着的绳子一直接到他隐蔽的灌木丛中。只要小鸟受撒下的鸟食的诱惑，一路啄食，就会进入箱子，他只要一拉绳子就会大功告成。他支好箱子，藏起不久，就飞来一群小鸟，共有9只。大概是饿久了，不一会儿就有6只小鸟走进了箱子。

问题1：如果你是那个小孩，你会如何选择？

他正要拉绳子，又觉得另外3只也会进去的，再等等吧。等了一会儿，那3只非但没进去，反而走出来3只。他后悔了，对自己说，哪怕再有一只走进去就拉绳子。机会就像一只小鸟，如果不抓住，它就会飞得无影无踪。接着，又有两只走了出来。如果这时拉绳，还能套住一只，但他对失去的好运不甘心，心想，总该有些要回去吧。终于连最后那一只也走出来了。最后，他连一只小鸟也没能捕捉到，还搭上不少鸟食。这个故事体现了机会稍纵即逝，错过了最佳的捕鸟时机，还搭上了鸟食。

问题2：这个故事说明了什么？从中可以得到哪些启发？

5.1 风险概述

风险是现代企业财务管理环境的一个重要特征，在企业财务管理的每一个环节都不可避免地要面对风险。风险是客观存在的，如何防范和化解风险，以达到风险与报酬的优化配置是非常重要的。

5.1.1 风险的概念

风险是指在一定条件下和一定时期内可能发生的各种结果的变动程度，或是指人们事先能够肯定采取某种行为所有可能的后果，以及每种后果出现可能性的状况。

对于大多数投资而言，个人或企业当前投入资金是因为预期在未来会赚取更多的资金。收益为投资者提供了一种恰当地描述投资项目财务绩效的方式。收益的大小可以通过收益率来衡量。而公司的财务决策几乎都是在包含风险和不确定的情况下做出的。离开了风险，就无法正确评价公司收益的高低情况。风险是客观存在的，按风险的程度，可以把企业财务决策分为3种类型。

1. 确定性决策

决策者对未来的情况是完全确定的或已知的决策，称为确定性决策。例如，张先生将20万元投资于利息率为10%的短期国库券，由于国家实力雄厚，到期得到10%的收益几乎是肯定的，那么这种决策可以认为是确定性决策，即没有风险和不确定的问题。

2. 风险性决策

决策者对未来的情况不能完全确定，但它们出现的可能性——概率具体分布是已知的或可以估计的，这种情况的决策称为风险性决策。

3. 不确定性政策

决策者对未来的情况不仅不能完全确定，而且对其可能出现的概率也不清楚，这种情况下的决策为不确定性决策。

所谓风险报酬，是指投资者因冒风险进行投资而获得的超过时间价值的那部分报酬。风险报酬有两种表示方法：风险报酬额和风险报酬率。但在财务管理中，风险报酬通常用相对数——风险报酬率来加以计量。

从理论上讲，不确定性是无法计量的，但在财务管理中，通常为不确定性规定一些主观概率，以便进行定量分析。不确定性规定了主观概念以后，与风险就十分近似了。因此，在公司财务管理中，对风险与不确定性并不做严格区分，当谈到风险时，可能是风险，更可能是不确定性。

5.1.2 风险的收益

一般而言，投资者都讨厌风险，并力求回避风险。那么为什么还会有人进行风险性投资呢？这是因为风险投资可以得到额外报酬——风险报酬。所谓风险报酬，是指投资者因冒风险进行投资而获得的超过时间价值的那部分报酬。风险报酬有两种表示方法：风险报酬额和风险报酬率。但在财务管理中，风险报酬通常用相对数——风险报酬率来加以计量。由于投资风险的存在，要使投资者愿意承担一份风险，必须给予一定报酬作为补偿。风险越大，补偿越高，即风险和报酬间的基本关系是风险越大，要求的报酬率越高。在投资报酬率相同的情况下，人们都会选择风险小的投资，结果竞争使其风险增加，报酬率下降。风险和报酬的这种联系是市场竞争的结果。

从理论上讲投资报酬是由无风险报酬、通货膨胀贴补和风险报酬3部分组成的。投资报酬可表示为

$$投资报酬(R) = 无风险报酬 + 风险报酬 + 通货膨胀贴补 \quad (5-1)$$

1. 无风险报酬

无风险报酬是指将投资投放某一投资项目上能够肯定得到的报酬。在西方国家通常以固定利息公债券所提供的报酬作为无风险报酬。公债券以政府作为债务主体，一般认为这种债券的信用极高，其到期还本付息不存在问题，因而投资的预期报酬几乎是确定的。

无风险报酬的特征有：①预期报酬的确定性，或者说无风险报酬是必要投资报酬中肯定和必然会得到的部分。无风险报酬是投资者所期望的必要投资报酬的基础，也是投资者是否进行投资的必要前提。②衡量报酬的时间性。无风险报酬也称资金时间价值，也就是说，无风险报酬只与投资的时间长短有关。

2. 风险报酬

风险报酬即是指投资者由于冒着风险进行投资而获得的超过资金时间价值的额外报酬，也即是一种投资风险补偿。假设某投资者进行项目投资，其承担了50%风险的同时，必然要求获得一定的风险补偿，这部分补偿就是获得200万元的风险报酬。通常情况下风险越高，相应所需获得的风险报酬率也就越高。这里的超过资金时间价值的额外收益，是剔除了通货膨胀因素的。

风险报酬的特征有：①预期报酬的不确定性。风险表现为投资报酬的不确定性，故与风险相关的预期报酬就是不确定的。由于存在投资风险，不仅风险报酬是不确定的，它还会在整体上影响投资的成败，从而导致整个投资报酬都是不确定的。这样，在投资风险与投资风险报酬之间就产生了一种差别，即投资风险是对整个投资的成败而言，而投资风险报酬则只是就投资风险自身而言，它不是整个投资的总报酬，而只是投资报酬的风险部分。这种划分实际上是一种理论分析的必要。②衡量报酬的风险性，也就是说风险报酬只与风险有关。

3. 通货膨胀贴补

通货膨胀贴补又称通货膨胀溢价，它是指由于通货贬值而使投资带来损失的一种补偿。通货膨胀贴补率的特点有：①预期贴补率的不确定性。由于通货膨胀

率是变动的,在通货膨胀情况下,投资的必要报酬率可以分为真实报酬率和名义报酬率。真实报酬率就是指不含通货膨胀贴补率的报酬率,它是无风险报酬率和风险报酬率之和。名义报酬率则是指包含通货膨胀贴补率的报酬率。②通货膨胀贴补率并不是一种真正意义上的投资报酬,它只是一种因通货膨胀导致投资受损而给予投资者的补偿,投资者得到的正是他失去的。在投资决策中,考虑到通货膨胀的影响,有助于投资者确定最低必要投资报酬率。

风险报酬率是投资者因承担风险而获得的超过时间价值率的那部分额外报酬率与原投资额的比率。风险报酬率是投资项目报酬率的一个重要组成部分,如果不考虑通货膨胀因素,投资报酬率就是时间价值率与风险报酬率之和。

5.1.3 风险衡量

风险收益具有不易计量的特性。要计算在一定风险下的投资收益,必须利用概率论的方法,按未来年度预期收益的平均偏离程度来进行估量。风险的衡量使用概率和统计方法,以期望报酬率的概率分布、标准差、标准离差等来衡量。

1. 概率分布

一个事件的概率是指这一事件的某种后果可能发生的机会。企业投资收益率 30% 的概率为 0.60,就意味着企业获得 30% 的投资收益率的可能性是 60%。如果把某一事件所有可能的结果都列示出来,对每一结果给予一定概率,便可构成概率的分布。

[例 5-1] 某企业正在考虑以下 A、B 两个投资项目,这两个项目的报酬率及其概率分布情况如表 5-1 所示。

表 5-1 A 项目和 B 项目投资报酬率的概率分布

经济情况	该种情况出现的概率（P_i）		投资报酬率（随机变量 X_i）/%	
	项目 A	项目 B	项目 A	项目 B
繁荣	0.20	0.30	15	20
一般	0.60	0.40	10	15
较差	0.20	0.30	0	-10

概率以 P_i 表示。任何概率都要符合以下两条规则。

(1) $0 \leq P_i \leq 1$ （5-2）

(2) $\sum_{i=1}^{n} P_i = 1$ （5-3）

概率分布有两种类型。一种是非连续式概率分布,即概率颁布在几个特定的随机变量点上,概率分布图形成几条个别的直线;另一种是连续式概率分布,即概率分布在一定区间的连续各点上，概率分布形成由一条曲线覆盖的平面。

2. 期望报酬率

如果把投资项目报酬率的每一个可能的结果与其相对应的概率相乘，然后相加求和，即得到该项目报酬率的加权平均值，即期望值或均值。其中权数是指各种收益率实现的概率。期望报酬率的计算公式为

$$\overline{R} = P_1R_1 + P_2R_2 + \cdots + P_nR_n = \sum_{i=1}^{n} P_iR_i \qquad (5-4)$$

式中，$\overline{R}$ 为期望报酬率；R_i 为第 i 个可能结果下的报酬率；P_i 为第 i 个可能结果出现的概率；n 为可能结果的总数。

根据式（5-4），可求得项目 A 和项目 B 的期望报酬率分别为

$\overline{R_A} = 0.2 \times 0.15 + 0.6 \times 0.1 + 0.2 \times 0 = 9\%$

$\overline{R_B} = 0.3 \times 0.2 + 0.4 \times 0.15 + 0.3 \times (-0.1) = 9\%$

从计算结果可以看出，两个项目的期望报酬率都是 9%。但是否可以就此认为两个项目是等同的呢？该项目还需要进一步了解概率分布的离散情况，即计算标准离差和标准离差率。

3. 方差和标准离差

利用概率分布的概念能够对风险进行衡量，即预期未来收益的概率分布越集中，则该投资的风险越小。据此定义可知，项目 B 比项目 A 具有更大的风险，实际报酬背离其预期报酬的可能性更大。

为了能更准确度量风险的大小，将引入方差和标准差这两个度量概率分布密度的指标。方差或标准差越小，概率分布越集中，同时，相应的风险也就越小。

（1）方差。按照概率论的定义，方差是各种可能的结果偏离期望值的综合差异，是反映离散程度的一种量度。方差可按式（5-5）计算。

$$\delta^2 = \sum_{i=1}^{n} (R_i - \overline{R})P_i \qquad (5-5)$$

（2）标准离差。标准离差则是方差的平方根。在实务中一般使用标准离差而不使用方差来反映风险的大小程度。一般来说，标准离差越小，说明离散程度越小，风险也就越小；反之标准离差越大则风险越大。标准离差的计算公式为

$$\delta = \sqrt{\sum_{i=1}^{n} (R_i - \overline{R})P_i} \qquad (5-6)$$

可见，标准差实际上是偏离期望值的离差的加权平均值，其度量了实际值偏离期望值的程度。

例 5-1 中，项目 A 的标准差为

$\delta_A = \sqrt{0.2 \times (0.15 - 0.09)^2 + 0.6 \times (0.10 - 0.09)^2 + 0.2 \times (0 - 0.09)^2}$

$= 0.049$

$\delta_B = \sqrt{0.3 \times (0.20 - 0.09)^2 + 0.4 \times (0.15 - 0.09)^2 + 0.3 \times (-0.10 - 0.09)^2}$

$= 0.126$

以上计算结果表明项目 B 的风险要高于项目 A 的风险。

4. 标准离差率

标准离差是反映随机变量离散程度的一个指标,但应当注意到标准离差是一个绝对指标,作为一个绝对指标,标准离差无法准确地反映随机变量的离散程度。解决这一问题的思路是计算反映离散程度的相对指标,即标准离差率。

标准离差率是某随机变量标准离差与期望报酬率的比值。其计算公式为

$$V = \frac{\delta}{R} \tag{5-7}$$

式中,V 为标准离差率;δ 为标准离差;R 为期望投资报酬率。

利用例 5-1 的数据,分别计算项目 A 和项目 B 的标准离差率为

项目 A 的标准离差率 = 0.049/0.09 × 100% = 0.544

项目 B 的标准离差率 = 0.126/0.09 × 100% = 1.4

当然,项目 A 和项目 B 的期望投资报酬率是相等的,可以直接根据标准离差来比较两个项目的风险水平。但如比较项目的期望报酬率不同,则一定要计算标准离差率才能进行比较。

5.2 单项资产的收益与风险

投资者把所有资金投放于某一单项投资项目,该投资项目实施后,将会出现各种投资结果的概率。换句话说,某一项投资项目实施后,能否如期回收投资以及能否获得预期收益,在事前是无法确定的,这就是单项资产投资的风险。因承担单项资产投资风险而获得的风险报酬率就称为单项投资风险报酬率。

在两个备选投资方案互不相关的前提下,讨论它们各自风险大小。如果在两个方案预期收益率相同,则应比较这两个方案的标准差,标准差越小的投资方案,其投资风险越小;而如果在两个方案的预期收益率不同的情况下,则应比较它们的标准离差率,标准离差率越小的投资方案,其风险越小。

[例 5-2] 华兴公司和邦立公司股票的收益率及其概率分布情况如表 5-2 所示,试分析投资者应该选择购买哪家公司的股票?

表 5-2 华兴公司和邦立公司投资收益率的概率分布

市场需求类型	各类需求发生的概率(P_j)	收益率(R_j)/% 华兴公司	收益率(R_j)/% 邦立公司
繁荣	0.30	100	20
一般	0.40	15	15
衰退	0.30	-70	10

(1) 计算这两个投资方案的预期收益率。

华兴公司股票的收益率 = $R_1P_1 + R_2P_2 + R_3P_3$
$= 100\% \times 0.3 + 15\% \times 0.4 + (-70\%) \times 0.3$
$= 15\%$

邦立公司股票的收益率 = $R_1P_1 + R_2P_2 + R_3P_3$
$= 20\% \times 0.3 + 15\% \times 0.4 + 10\% \times 0.3$
$= 15\%$

两家公司股票的预期收益率相同,选择风险较小股票
(2) 计算标准差,比较风险大小。

华兴公司标准差
$\delta_1 = \sqrt{(100\% - 15\%)^2 \times 0.3 + (15\% - 15\%)^2 \times 0.4 + (-70\% - 15\%)^2 \times 0.3} = 65.84\%$

邦立公司标准差
$\delta_2 = \sqrt{(20\% - 15\%)^2 \times 0.3 + (15\% - 15\%)^2 \times 0.4 + (10\% - 15\%)^2 \times 0.3} = 3.87\%$

华兴公司的股票投资风险要大于邦立公司的股票投资风险。

[例 5-3] 假设投资项目 A 的预期收益率为 60%,标准差为 15%;项目 B 的预期收益率为 8%,而标准差仅为 3%,则投资者应该选择哪个项目进行投资呢?

分析:两个项目的收益率不同,不能直接根据标准差来判断风险大小,应该采用标准离差率来判断风险大小。

项目 A:标准离差率 $V_1 = 15/60 = 0.25$
项目 B:标准离差率 $V_2 = 3/8 = 0.375$
项目 B 的投资风险要大于项目 A 的投资风险,应选择项目 A。

5.3 资产组合的收益与风险

在前面的分析中,考虑的是单项资产的风险和收益,但事实上,随着金融产品的不断推出,投资方式不断增多,大多数投资者都拥有一种以上的资产,如银行向个人和企业提供多种形式金融资产贷款,个人购买有价证券也有多种选择——公司债券、国库券和股票等。投资者同时把资金投放于多种投资项目,称为投资组合。由于多种投资项目往往是多种有价证券,故又称为证券组合。投资者要想分散投资风险,就不宜把全部资金用于购买一种有价证券,而应研究投资组合问题。

5.3.1 资产组合的收益

资产组合的预期收益率就是组成资产组合的各种资产的预期收益率的加权平

均数，其权数等于各种资产在组合中所占的价值比例。即

$$\overline{R_p} = W_1 \overline{R_1} + W_2 \overline{R_2} + \cdots + W_n \overline{R_n} = \sum_{i=1}^{n} W_i \overline{R_i} \quad (5-8)$$

式中，$\overline{R_p}$ 为资产组合的预期收益率；$\overline{R_i}$ 为第 i 项资产的预期收益率；W_i 为第 i 项资产在整个组合中所占的价值比例。

5.3.2 资产组合的风险

不同于收益，组合风险 δ_p 通常并非组合内部单项资产标准差的加权平均数。事实上，完全可能利用某些有风险的单项资产组成一个完全无风险的投资组合。

投资组合需要考虑其投资的规模和各自的投资比例，为了方便起见，假设投资 200 万元，A 和 B 两种证券各占 50%。

（1）如果两种股票完全负相关，其风险和收益特性如表 5-3 所示。

表 5-3　完全负相关的证券组合数据　　　　　　　　　　%

年度	A 证券的收益率	B 证券的收益率	投资组合的收益率
2005	40	-10	15
2006	-10	40	15
2007	35	-5	15
2008	-5	35	15
2009	15	15	15
平均数	15	15	15
标准差	22.6	22.6	0

由于单个证券投资标准差为 22.6%，如果单独投资，风险较大，但若将它们放在一起，构成 AB 的组合，则风险可完全消除，组合投资的标准差为 0%，如图 5-1 所示。

证券 A 和证券 B 之所以能构成无风险组合投资，是因为它们的收益呈反向变化，即当证券 A 的收益下降，则证券 B 的收益上升，反之亦然。两个变量同时变动的趋势称为相关性，相关系数 ρ 度量了这种趋势。当 $\rho = -1.0$ 时，证券 A 与 B 的收益完全负相关。

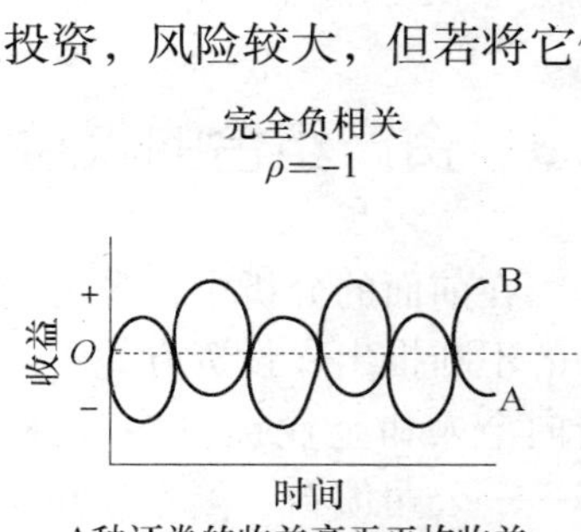

（2）如果两种股票完全正相关，则相关系数 $\rho = +1.0$。两种完全正相关的股票，其收益涨落一致，如果投资比例相同，它们构成的组合投资将具有与单独投资时相同的风险，即组合投资中的资产之间如果完全正相关，则其组合对风险的减少无任何作用，如表 5-4 所示。

图 5-1　完全负相关

表 5-4　完全正相关的证券组合数据　　　　　　　　　%

年度	A 证券的收益率	B 证券的收益率	投资组合的收益率
2005	40	40	40
2006	-10	-10	-10
2007	35	35	35
2008	-5	-5	-5
2009	15	15	15
平均数	15	15	15
标准差	22.6	22.6	22.6

投资组合后的图形如图 5-2 所示。

综上所述，当两种证券呈完全负相关时，所有风险都可以消除；而当两种证券完全正相关时，组合投资对减少不起任何作用。从理论上讲，只要相关系数 ρ 为 $-1.0 \sim +1.0$ 时，通过组合投资，可以部分减少风险，但不能完全消除风险。事实上，多数证券都呈正相关关系，但并非完全正相关。平均而言，随机挑选两只股票的相关系数大约等于 $+0.6$，且对于多数证券的两两相关系数 ρ 都在 $+0.5 \sim +0.7$。在此情况下，证券投资组合能够降低风险但不能完全消除风险。

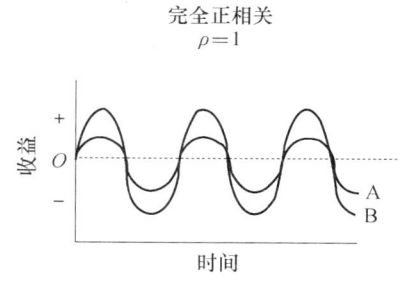

图 5-2　完全正相关

若投资组合包含的证券多于两只，通常情况下，投资组合的风险将随着所包含证券数量的增加而降低。想要找到预期收益负相关的股票很困难。因为当经济繁荣时，多数股票都趋势良好，而当经济低迷时，多数股票都表现不佳。因此，即使是非常大的投资组合，也仍然存在一些风险。

股票风险中通过投资组合能够被消除的部分称为可分散风险（或称为非系统风险、公司特有风险等），而不能够被消除的部分则称为市场风险或系统风险。如果组合中股票数量足够多，则任意单只股票的可分散风险都能够被消除。

可分散风险是由某些随机事件导致的，如个别公司遭受火灾，公司在市场竞争中的失败等。这种风险，可以通过证券持有的多样化来抵消，即多买几家公司的股票，其中某些公司的股票收益上升，另一些股票的收益下降，从而将风险抵消。而市场风险则产生于那些影响大多数公司的因素，如经济危机、通货膨胀、经济衰退以及高利率。由于这些因素会对大多数股票产生负面影响，因此无法通过分散化投资消除市场风险。

投资组合的总风险由系统性风险和非系统性风险两部分内容构成。

用标准差衡量某一证券或证券投资组合的风险时，实质上衡量的是由系统性风险和非系统性风险两部分组成的证券总风险。随着投资组合中的证券数量的增加，非系统性风险在总风险的比重下降，系统性风险对总风险的贡献越来越大，投资组合与市场的相关程度也越来越大。

市场风险的程度通常用 ρ 系数来衡量。β 系数是用于衡量单一风险证券（或证券组合）收益率的变动对于市场组合收益率变动的敏感程度。某个证券（或证券组合）的 β 值等于1，说明该证券（或证券组合）收益率的变动同整个市场组合的变动性一致，这时该证券或证券投资组合的风险同整个市场的风险一致；若 β 值大于1，说明该证券（或证券组合）收益率的变动大于市场组合收益率的变动；β 值小于1则说明该证券或证券组合的收益率的变动小于市场组合收益率的变动。

系统风险系数或 β 系数的定义式为

$$\beta_i = \frac{\mathrm{cov}(R_i, R_m)}{\sigma_m^2} = \frac{\rho_{im}\sigma_i\sigma_m}{\sigma_m^2} = \rho_{im} \times \frac{\sigma_i}{\sigma_m} \qquad (5-9)$$

式中，ρ_{im} 为第 i 项资产的收益率与市场组合收益率的相关系数；δ_i 为该项资产收益率的标准差，表示该资产的风险大小；δ_m 为市场组合收益率的标准差，表示市场组合的风险；3个指标的乘积表示该项资产收益率与市场组合收益率的协方差。

在实际中，要想利用定义式去计算 β 系数，是非常困难的。β 系数的计算常常利用收益率的历史数据，采用线性回归的方法取得。

其实，在实务中，并不需要企业财务人员或投资者自己去计算证券的 β 系数，一些证券咨询机构会定期公布大量交易过的证券的 β 系数。

表5-5列示了2002年5月和2006年10月的有关资料上显示的美国几家大公司的 β 系数。

表5-5 β 系数表

年份 公司名称	2002	2006
Time Warner	1.65	1.94
IBM	1.05	1.00
General Electric	1.3	0.81
Microsoft	1.2	0.94
Coca-Cola	0.85	0.70
Procter&Gamble	0.65	0.27

从表5-5可以看出，不同公司之间的 β 系数有所不同，即使是同一家公司

在不同时期，其 β 系数也会或多或少地有所差异。

我国也有一些证券咨询机构定期计算和编制各上市公司的 β 系数，人们可以通过中国证券市场数据库等查询。

对于资产组合来说，其所含的系统风险的大小可以用 β_p 系数来衡量。资产组合中的 β_p 系数是所有单项资产 β 系数的加权平均数，权数为各种资产在资产组合中所占的价值比例。计算公式为

$$\beta_p = \sum_{i=1}^{n} W_i \times \beta_i \tag{5-10}$$

式中，β_p 为资产组合的系统风险系数；W_i 为第 i 项资产在组合中所占的价值比重；β_i 表示第 i 项资产的 β 系数。

由于单项资产的 β 系数不尽相同，因此通过替换资产组合中的资产或改变不同资产在组合中的价值比例，可以改变资产组合的风险特性。

5.4 资本资产定价模型（CAPM 模型）

5.4.1 资本资产定价模型的基本原理

所谓资本资产主要指的是股票，而定价则试图解释资本市场如何决定股票收益率，进而决定股票价格。资本资产定价模型是由经济学家 Harry Mazkowitz 和 William F. Sharpe 于 1964 年提出的，后来由于他们在此方面做出的贡献而获得了 1990 年度的诺贝尔经济学奖。

根据风险与收益的一般关系，某资产的必要收益率是由无风险收益率和该资产的风险收益率决定的。即

$$必要收益率 = 无风险收益率 + 风险收益率 \tag{5-11}$$

资本资产定价模型的一个主要贡献就是解释了风险收益率的决定因素和度量方法，并且给出了一个简单易用的表达形式，即资本资产定价模型的核心关系式。

$$R = R_f + \beta \times (R_m - R_f) \tag{5-12}$$

式中，R 为某资产的必要收益率；β 为该资产的系统风险系数；R_f 为无风险收益率，通常以短期国债的利率来近似替代；R_m 为市场组合收益率，通常用股票价格指数收益率的平均值或所有股票的平均收益率来代替；$(R_m - R_f)$ 为市场风险溢酬，它是附加在无风险收益率之上的，由于承担了市场平均风险所要求获得的补偿，它反映的是市场作为整体对风险的平均"容忍"程度，也就是市场整体对风险的厌恶程度，对风险越是厌恶和回避，要求的补偿就越高，因此，市场风险溢酬的数值就越大。反之，如果市场的抗风险能力强，则对风险的厌恶和回避就不是很强烈，因此，要求的补偿就越低，所以市场风险溢酬的数值就越小。从

中不难看出,某项资产的风险收益率是市场风险溢酬与该资产系统风险系数的乘积,即

$$风险收益率 = \beta \times (R_m - R_f) \qquad (5-13)$$

5.4.2 证券市场线(SML)

资本资产定价模型通常可以用图形来表示,该图又叫证券市场线(security market line,SML)。它说明必要收益率 R 与不可分散风险 β 系数之间的关系,如图 5-3 所示,如果把资本资产定价模型公式中的 β 看做自变量(横坐标),必要收益率 R 作为因变量(纵坐标),无风险利率(R_f)和市场风险溢酬($R_m - R_f$)作为已知系数,那么这个关系式在数学上就是一个直线方程。

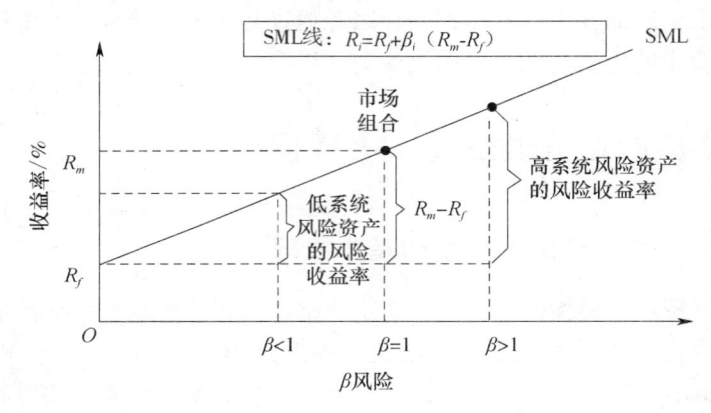

图 5-3 证券市场线 SML

证券市场线对任何公司、任何资产都是适用的。只要将该公司或资产的 β 系数代入到式(5-12)中,就能得到该公司或资产的必要收益率。

证券市场线上每个点的横坐标值、纵坐标值分别代表每一项资产(或资产组合)的系统风险系数和必要收益率。因此,证券市场上任意一项资产或资产组合的系统风险系数和必要收益率都可以在证券市场线上找到对应的一点。

[例 5-4] 某年由 MULTEX 公布的美国通用汽车公司的 β 系数是 1.17,短期国库券利率为 4%,S&P 股票价格指数的收益率是 10%,那么,通用汽车该年股票的必要收益率应为

$$R = R_f + \beta \times (R_m - R_f) = 4\% + 1.17 \times (10\% - 4\%) = 11.02\%$$

5.4.3 资产组合的必要收益率

资产组合的必要收益率也可通过证券市场线来描述。

$$R_p = R_f + \beta_p \times (R_m - R_f) \quad (5-14)$$

式（5-14）与前面的资本资产定价模型公式非常类似。唯一不同的是 β 系数的主体，式（5-12）的 β 系数是单项资产或个别公司的 β 系数；而式（5-14）的 β_p 则是资产组合的 β 系数。

[例 5-5] 万林公司持有由甲、乙、丙 3 种股票构成的证券组合，它们的 β 系数分别是 2.0、1.0 和 0.5，它们在证券组合中所占的比重分别为 60%、30% 和 10%，股票市场的平均收益率为 14%，无风险收益率为 10%，试确定这种证券组合的风险收益率。

(1) 确定证券组合的 β 系数。
$\beta_p = 60\% \times 2.0 + 30\% \times 1.0 + 10\% \times 0.5 = 1.55$

(2) 计算该证券组合的风险收益率。
$R_p = 1.55 \times (14\% - 10\%) = 6.2\%$

[例 5-6] 某公司持有由甲、乙、丙 3 种股票构成的证券组合，3 种股票的 β 系数分别是 2.0、1.3 和 0.7，它们的投资额分别是 60 万元、30 万元和 10 万元。股票市场平均收益率为 10%，无风险利率为 5%。假定资本资产定价模型成立，要求：

(1) 确定证券组合的预期收益率。

(2) 若公司为了降低风险，出售部分甲股票，使甲、乙、丙 3 种股票在证券组合中的投资额分别变为 10 万元、30 万元和 60 万元，其余条件不变。试计算此时的风险收益率和预期收益率。

(1) ①首先计算各股票在组合中的比例。

　　甲股票的比例 = 60 ÷ (60 + 30 + 10) = 60%

　　乙股票的比例 = 30 ÷ (60 + 30 + 10) = 30%

　　丙股票的比例 = 10 ÷ (60 + 30 + 10) = 10%

②计算证券组合的 β 系数。

　　证券组合的 β 系数 = 2.0 × 60% + 1.3 × 30% + 0.7 × 10% = 1.66

③计算证券组合的风险收益率。

　　证券组合的风险收益率 = 1.66 × (10% - 5%) = 8.3%

④计算证券组合的预期收益率。

　　证券组合的预期收益率 = 5% + 8.3% = 13.3%

(2) 调整组合中各股票的比例。

①计算各股票在组合中的比例。

　　甲股票的比例 = 10 ÷ (60 + 30 + 10) = 10%

　　乙股票的比例 = 30 ÷ (60 + 30 + 10) = 30%

丙股票的比例 $= 60 \div (60 + 30 + 10) = 60\%$

②计算证券组合的 β 系数。

证券组合的 β 系数 $= 2.0 \times 10\% + 1.3 \times 30\% + 0.7 \times 60\% = 1.01$

③计算证券组合的风险收益率。

证券组合的风险收益率 $= 1.01 \times (10\% - 5\%) = 5.05\%$

④计算证券组合的预期收益率。

证券组合的预期收益率 $= 5\% + 5.05\% = 10.05\%$

5.4.4 资本资产定价模型的有效性和局限性

资本资产定价模型和证券市场线最大的贡献在于它提供了对风险与收益之间的一种实质性的表述，CAPM 和 SML 首次将"高收益伴随着高风险"这样一种直观认识，用这样简单的关系式表达出来。到目前为止，CAPM 和 SML 是对现实中风险与收益关系的最为贴切的表述，因此长期以来被财务人员、金融从业者以及经济学家作为处理风险问题的主要工具。

然而，将复杂的现实简化了的这一模型，必定会遗漏许多有关因素，也必定会限制在许多假设条件之下，因此也受到了一些质疑。直到现在，关于 CAPM 有效性的争论还在继续，拥护和批驳的辩论相当激烈和生动。人们也一直在寻找更好的理论或方法，但尚未取得突破性进展。

尽管 CAPM 已得到了广泛的认可，但在实际运用中，仍存在着一些明显的局限，主要表现在：①某些资产或企业的 β 值难以估计，特别是对一些缺乏历史数据的新兴行业。②由于经济环境的不确定性和不断变化，使得依据历史数据估算出的 β 值对未来的指导作用必然要打折扣。③CAPM 是建立在一系列假设之上的，其中一些假设与实际情况有较大的偏差，使得 CAPM 的有效性受到质疑。这些假设包括：市场是均衡的、市场不存在摩擦、市场参与者都是理性的、不存在交易费用、税收不影响资产的选择和交易等。

由于以上局限，资本资产定价模型只能大体描述出证券市场运动的基本状况，而不能完全确切地揭示证券市场的一切。因此，在运用这一模型时，应该更注重它所揭示的规律，而不是它所给出的具体的数字。

【本章小结】

所谓风险报酬，是指投资者因冒风险进行投资而获得的超过时间价值的那部分报酬。风险报酬有两种表示方法：风险报酬额和风险报酬率。预期收益率，通常用未来各种可能情况下预计的收益率的加权平均数来表述；必要收益率，表示投资者对资产合理要求的最低收益率，其大小是无风险收益率与风险收益率之和；无风险收益率，指无风险资产的收益率，它的大小由纯粹利率和通货膨胀补贴两部分组成，通常可用短期国库券的利率近似表示；风险收益率，是指资产持有者因承担该资产的风险而要求的超过无风险利率的额外收益，它等于必要收益率与无风险收益率之差。它的大小取决于以下两个因素：风险的大小、投资者对风险的偏好。

单项资产预期收益率以及风险的衡量指标：预期收益率、收益率的标准差、标准离差率、β系数。资产组合收益率和资产组合系统风险系数的计算：资产组合收益率是资产组合中各项资产收益率的加权平均，其中权数是各项资产在组合中所占的价值比例；资产组合的系统风险系数是组合中各项资产系统风险系数的加权平均，其中权数是各项资产在组合中所占的价值比例。

风险与收益的一般关系。对于绝大多数资产来说，投资者都会因承担该资产的风险而要求额外的补偿，其要求的最低收益率应该包括无风险收益率与风险收益率两部分，即必要收益率 = 无风险收益率 + 风险收益率。资本资产定价模型的主要内容是分析风险收益率的决定因素和度量方法，它的表达形式：$R = R_f + \beta \times (R_m - R_f)$。

【练习题】

1. 名词解释

（1）无风险报酬。

（2）期望报酬率。

（3）标准离差率。

（4）市场风险。

（5）证券市场线。

2. 选择题

（1）已知某证券的β系数为1，则表明该证券（　　）。

A. 无风险　　　　　　　B. 与金融市场所有证券平均风险一致

C. 有非常低的风险　　　D. 比金融市场所有证券平均风险高一倍

（2）甲项目收益率的期望值为10%，标准差为10%，乙项目收益率的期望值为15%，标准差为10%，则可以判断（　　）。

A. 由于甲项目、乙项目的标准差相等，所以两个项目的风险相等

B. 由于甲项目、乙项目的期望值不等，所以无法判断二者的风险大小

C. 由于甲项目期望值小于乙项目，所以甲项目的风险小于乙项目

D. 由于甲项目的标准离差率大于乙项目，所以甲项目风险大于乙项目

（3）以下关于风险的论述不正确的是（　　）。

A. 风险越大，投资者要求的收益率越高

B. 风险程度只能用标准差或方差来表示

C. 标准差不能用于比较不同方案之间的风险程度
D. 预期收益率由无风险收益率和风险收益率组成

（4）某投资者的投资组合中包含两种证券 A 和 B，其中 30% 的资金投入 A，预期收益率为 12%；70% 的资金投入 B，预期收益率为 8%，则投资组合预期收益率为（　　）。

A. 10%　　　　B. 9.2%　　　　C. 10.8%　　　　D. 9.8%

（5）下列关于风险分散的论述正确的是（　　）。

A. 当两种证券为负相关时，相关系数越大，分散风险的效应就越小
B. 当两种证券为正相关时，相关系数越大，分散风险的效应就越大
C. 证券组合的风险低于各种证券风险的平均值
D. 证券组合的风险高于单个证券的最高风险

3. 判断题

（1）市场风险是指那些影响所有公司的因素引起的风险，也叫做不可分散风险。（　　）

（2）证券组合的总体风险不一定大于组合中单个证券的个别风险的最大值。（　　）

（3）在标准差相同的情况下，期望值大的风险程度越低。（　　）

（4）两种完全负相关的股票组成的证券组合，能分散全部风险。（　　）

（5）证券市场线用来反映个别资产或组合资产的预期收益率与其所承担的系统风险 β 系数之间的线性关系。（　　）

4. 计算题

（1）某企业有 A、B 两个投资项目，计划投资额均为 1 000 万元，其收益率的概率分布如表 5-6 所示。

表 5-6　收益率的概率分布

市场状况	概率	A 项目收益率/%	B 项目收益率/%
好	0.2	20	30
一般	0.6	10	10
差	0.2	5	-5

要求：①分别计算 A、B 两个项目预期收益率期望值。②分别计算 A、B 两个项目收益率的标准差。③根据风险的大小，判断 A、B 两个投资项目的优劣。

（2）假设 A 资产和 B 资产在不同经济状态下可能的收益率以及各种经济状态下出现的概率如表 5-7 所示。

表5-7 各种经济状态下出现的概率

经济状况	发生概率	甲项目收益率/%	乙项目收益率/%
繁荣	1/3	30	-5
一般	1/3	10	7
衰退	1/3	-7	19

如果A资产和B资产的投资比重各为50%，A资产和B资产形成一个资产组合。

要求：计算资产组合的期望收益率。

（3）甲公司持有A、B、C三种股票，在由上述股票组成的证券投资组合中，各股票所占的比重分别为50%、30%和20%，其β系数分别为2.0、1.0、0.5。市场收益率为15%，无风险收益率为10%。A股票当前每股市价为12元，刚收到上一年度派发的每股1.2元的现金股利，预计股利以后每年将增长8%。

要求：①计算以下指标：甲公司证券组合的β系数、风险收益率（R_P）、必要投资收益率（K）以及投资A股票的必要投资收益率。②甲公司仍投资A、B、C三种股票，B股票投资比例不变，如果希望该证券组合风险收益率为8%。

计算：该证券组合的β系数及其中A、C的投资比率分别是多少？

第6章

证券估价

【学习目的】

(1) 了解证券估价的基本原理。
(2) 理解债券的基本要素。
(3) 掌握债券的估价模型和股票的估价模型。

【引导性案例】

特化公司（化名）是一家上市公司，为投资一条生产流水线需要大笔资金。由于特化公司一直是其所在县的利税大户，县政府采取积极扶持的政策。为了筹集该笔资金，公司董事会做出方案，股东大会做出决议后，由公司向国务院证券管理部门申请批准发行债券并获得批准，县政府协助特化公司向社会宣传。于是特化公司发行的价值 150 万元的债券很快顺利发行完毕。债权的票面记载为：票面金额 100 元，票面利率 8%，市场利率为 12%，特化公司以及发行日期和编号。问：特化公司发行的债券投资者多少价格购买最合适？

当公司决定扩大企业规模，而又缺少必要的资金时，可以通过出售金融证券来筹资。债券和股票是最常见的金融证券，当企业发行债券或股票时，无论是融资者还是投资者都会对该种证券进行估价，以决定以何种价格发行或购买证券比较合理。

6.1 证券估价的基本原理

任何金融资产的估价都是资产预期创造现金流的现值，证券也不例外。证券的现金流依赖于其主要特征，例如债券产生的现金流包括本金和利息等收入，而股票则是持有期间每年产生的现金股利流入和出售时的价格，若是普通股则是每年预期现金股利。

6.2 债券估价

6.2.1 债券的种类

债券有不同的分类方法，按照发行主体不同，可分为政府债券、金融债券和企业债券。

（1）政府债券。政府债券是由中央政府或地方政府发行的债券，分为中央政府债券和地方政府债券。中央政府债券也称国家债券，简称国债，是中央政府为筹集财政资金而发行的债券。地方政府债券也称地方债券，是地方政府为了某一特定目的（如修建地方公共基础设施）而发行的债券。政府债券尤其是国债的信誉很高，风险很低，因此其利率通常低于其他债券。

（2）金融债券。金融债券是由银行或非银行金融机构为筹集信贷资金而发行的债券，发行金融债券必须经中央银行批准。金融债券的风险高于政府债券、低于企业债券，因此其利率一般介于两者之间。

（3）企业债券。企业债券是指企业为筹集长期资金而发行的债券。其中，股份有限公司和有限责任公司发行的债券成为公司债券，简称公司债券。

6.2.2 债券的基本要素

一般而言，债券包括以下基本要素。

（1）债券面值。债券面值包括币种和票面金额两项基本内容。

（2）债券期限。债券期限指从发行日至到期日之间的时间。

（3）债券利率。债券上标明的利率一般是年利率，且多为固定利率，近年来也有浮动利率。也有的债券票面利率为零，到期按面值偿还。

（4）债券价格。债券价格可分为发行价格与市场交易价格。发行价格是指投资者在发行市场（一级市场）上购买时实际支付的价格。债券可以平价、溢价、折价发行，因此债券发行价格既可能等于面值，也可能高于或低于面值。市场交易价格是指债券发行后，投资者在流通市场（二级市场）上交易债券的价格。

6.2.3 我国债券的特点

我国经济发展的特殊性使我国债券带有明显不同于西方债券的特点，企业财务人员要做好债券投资管理工作，就必须先了解这些特点。

（1）国债占有绝对比重。1981年起，我国开始发行国库券，以后又陆续发行国家重点建设债券、财政债券、特种国债和保值公债等。每年发行的债券中，国家债券的比例均在 60%。

（2）债券多为一次还本付息，单利计算，平价发行，国家债券和国家代理机构发行的债券多是如此。公司债券只有少数附有息票，每年支付一次利息，其余均是利随本清的存单式债券。

（3）有的公司债券虽然利率很低，但带有公司的产品配额，实际上是以平价能源、原材料的产品来还本付息。

6.2.4 债券的估价模型

债券估价就是对债券的价格进行估计。投资者进行债券投资，都预期在未来一定时期内会收到包括本金和利息在内的现金流入。债券价格应该是投资者为了取得未来的现金流入而愿意投入的资金。

因债券计息方法不同，债券估价应用不同的模型。

（1）每年付息、到期还本债券的估价模型。典型的债券是固定利率、每年计算并支付利息、到期归还本金的债券，这种债券的估价模型是最基本的债券估价模型，其计算公式如式（6-1）。

$$P = \sum_{t=1}^{n} \frac{i \times F}{(1+r)^t} + \frac{F}{(1+r)^n}$$

$$= \sum_{t=1}^{n} \frac{I}{(1+r)^t} + \frac{F}{(1+r)^n}$$

$$= I \times (P/_{A,r,n}) + F \times (P/_{F,r,n}) \qquad (6-1)$$

式中，P 为债券估价；F 为债券面值；i 为债券票面利率；I 为每期利息额；r 为市场利率；n 为付息总期数。

由于债券投资的风险较低，因此用市场利率 r 进行贴现。

当票面利率 i 等于市场利率 r 时，债券估价 P 就等于债券面值 F，即债券可能平价发行。类似地，当票面利率 i 大于市场利率 r 时，债券估价 p 就大于债券面值 F，即债券可能溢价发行；当票面利率 i 小于利率 r 时，债券估价 P 就小于债券面值 F，即债券可能折价发行。

[例 6-1] 某债券面值为 1 000 元，票面利率为 10%，期限为 5 年。如果当前市场利率为 11%，问债券价格估价为多少？

根据式（6-1）可得

$$P = 1\,000 \times 10\% \times (P/_{A,11\%,5}) + 1\,000 \times (P/_{F,11\%,5})$$

$$= 100 \times 3.696 + 1\,000 \times 0.593$$

$$= 369.6 + 593$$

$$= 962.6(元)$$

(2) 一次还本付息且不计复利债券的估价模型。这种债券平时不支付利息，到期一次支付本金和利息且不计复利。我国很多债券属于此种，其计算公式为

$$P = (F \times i \times n + F) \times (P/_{F,r,n}) \qquad (6-2)$$

[例6-2] 某公司拟购买另一家公司发行的利随本清的公司债券，该债券面值为1 000元，期限5年，票面利率10%，不计复利。如果当前市场利率为8%，则该债券价格估计为多少？

由式（6-2）可得

$$P = (1\,000 \times 10\% \times 5 + 1\,000) \times (P/_{F,8\%,5})$$
$$= 1\,500 \times 0.681$$
$$= 1\,021.5（元）$$

(3) 贴现债券的估价模型。有些债券以贴现方式发行，没有票面利率，到期按面值偿还。这些债券的估价模型用计算公式表示为

$$P = F \times (P/_{F,r,n}) \qquad (6-3)$$

[例6-3] 某债券面值为1 000元，期限5年，以贴现方式发行，期内不计利息，到期按面值偿还。如果市场利率为10%，则其价格估计为多少？

由式（6-2）可得

$$P = 1\,000 \times (P/_{F,10\%,5}) = 1\,000 \times 0.621 = 621（元）$$

6.3 股票估价

6.3.1 股票概述

股票主要包括普通股和优先股两种。企业投资于优先股，可以获得固定的股利收入，优先股价格的波动相对较小，因而，投资优先股的风险较低。企业投资于普通股，股利收入有时高有时低，股票价格波动较大，因而，投资于普通股的风险较大，但投资于普通股，一般能获得较高收益。

企业进行股票投资的目的主要有两个：一是作为一般的证券投资，获取股利收入及股票买卖差价；二是利用购买某一公司的大量股票达到控制该公司的目的。在第一种情况下，公司仅将某种股票作为其证券组合的一个组成部分，不应冒险将大量资金投资于某一公司的股票上。在第二种情况下，公司应集中资金投资于被控公司的股票上。

6.3.2 股票的估价模型

和进行债券投资一样,企业进行股票投资时,也必须知道股票价格的估算方法。优先股的估价比较简单,其计算方法与债券基本一致,在此不再赘述。这里介绍普通的估价模型。

(1) 股票估计的基本模型。一项金融资产的价格是由其未来现金流的现值决定的。如果投资者打算永久持有股票,则股票的未来现金流就是各期的股利收入,其股票股价模型用计算公式表示为

$$P_0 = \sum_{t=1}^{\infty} \frac{D_t}{(1+K)^t} \qquad (6-4)$$

式中,P_0 为股票现在的估价;K 为股票的必要报酬率;D_t 为第 t 期的预期股利。

如果投资者的打算在未来出售股票,则股票可以为投资者提供两种形式的现金流入:股利收入和未来出售股票的收入。这种情况下的股票股价模型用计算公式为

$$P_0 = \sum_{t=1}^{\infty} \frac{D_t}{(1+K)^t} + \frac{P_n}{(1+K)^n} \qquad (6-5)$$

式中,P_n 为未来出售时预计的股票价格;n 为预计持有股票的期数。

(2) 股利稳定不变的股票股价模型。在每年股利稳定不变的情况下,基本模型式(6-4)中各年的股利均相等,运用永续年金的公式就可得到股票的股价模型如式(6-6)。

$$P_0 = \frac{D}{K} \qquad (6-6)$$

式中,D 为每年固定股利。

(3) 股利固体增长的股票增长股票股价模型。如果一个公司的股利保持稳定的增长率 g,假设上年股利为 D_0,则股票股价模型推导如下。

$$P_0 = \frac{D_0(1+g)}{(1+K)} + \frac{D_0(1+g)^2}{(1+K)^2} + \cdots + \frac{D_0(1+g)^n}{(1+K)^n} \qquad (6-7)$$

式(6-7)的两边同时乘以 $(1+K)/(1+g)$,再减去式(6-7)得

$$\frac{P_0(1+K)}{(1+g)} - P_0 = D_0 - \frac{D_0(1+g)^n}{(1+K)^n} \qquad (6-8)$$

通常假设 $K>g$,因此当 $n>\infty$ 时,$D_0(1+g)^n/(1+K)^n \to 0$,于是由式(6-8)化简得到

$$P_0 = \frac{D_0(1+g)}{(K-g)} = \frac{D_1}{(K-g)} \qquad (6-9)$$

式中,D_1 为未来第一年的股利。

[例6-4] 大发公司准备投资购买东方信贷投资股份有限公司的股票,该股票去年每股股利为2元,预计以后每年以5%的增长率增长。东方信贷投资股份有限公司股票的必要报酬率为10%,则该种股票的估价为:

$$P_0 = 2 \times (1 + 5\%)/(10\% - 5\%) = 42(元)$$

【本章小结】

债券估价模型分为每年付息、到期还本债券的估价模型,一次还本付息且不计复利债券的估价模型,贴现债券的估价模型。

股票估价的基本模型对任何股票都适用。根据不同的股利特征,可以由股票估价的基本模型推导出股利稳定不变的股票估价模型和股利固定增长的股票估价模型。

【练习题】

1. 名词解释

(1) 政府债券。
(2) 金融债券。
(3) 企业债券。
(4) 债券估价。
(5) 发行价格。

2. 选择题

(1) 某公司购入一种5年前发行的、期限为20年、票面价值为1 000元的债券,债券票面利率为6%,每年年末支付一次利息,第5次利息刚刚付过。若市场利率为8%,根据资料计算这种债券的市场价格为(　　)元。

　　A. 845.84　　　　B. 848.54　　　　C. 858.45　　　　D. 855.44

(2) 某公司购入一种5年前发行的、期限为20年、票面价值为1 000元的债券,债券票面利率为6%,每年年末支付一次利息,第5次利息刚刚付过。若市场利率为4%,根据资料计算这种债券的市场价格为(　　)元。

　　A. 1 022.08　　　B. 1 122.08　　　C. 1 222.08　　　D. 1 322.08

(3) 某企业准备购入一批股票,预计3年后出售可得到5 000元,这批股票3年里每年可获得股利收入200元,若企业所要求的该股票收益率为12%。根据上述资料计算企业可接受的股票价格为(　　)元。

　　A. 4 040.4　　　B. 5 050.4　　　C. 5 405.4　　　D. 5 540.4

(4) 债券的基本要素包括(　　)。

　　A. 债券面值　　B. 债券期限　　C. 债券利率　　D. 债券价格

(5) 债券按照发行主体不同，可分为（　　　）。
A. 政府债券　　　B. 金融债券　　　C. 企业债券　　　D. 混合债券

3. 判断题

（1）当债券票面利率 i 等于市场利率 r 时，债券估价 P 就等于债券面值 F，即债券可能平价发行。　　　　　　　　　　　　　　　　　　　　（　　　）

（2）企业进行股票投资的目的主要有两个：一是作为一般的证券投资，获取股利收入及股票买卖差价；二是利用购买某一公司的大量股票达到控制该公司的目的。　　　　　　　　　　　　　　　　　　　　　　　　　　（　　　）

（3）投资者进行债券投资，都预期在未来一定时期内会收到本金但不包括利息在内的现金流入。　　　　　　　　　　　　　　　　　　　　　（　　　）

（4）债券发行价格既可能等于面值，也可能高于或低于面值。（　　　）

（5）企业投资于优先股，可以获得固定的股利收入，优先股价格的波动相对较小，因而，投资优先股的风险较高。　　　　　　　　　　　（　　　）

4. 计算分析综合题

（1）大发公司准备投资购买东方信贷投资股份有限公司的股票，该股票本年每股股利为 2 元，预计以后每年以 5% 的增长率增长。东方信贷投资股份有限公司股票的必要报酬率为 10%，则该种股票的估价为多少？

（2）某债券面值为 2 000 元，期限 5 年，以贴现方式发行，期内不计利息，到期按面值偿还。如果市场利率为 10%，则其价格估计为多少？

（3）某公司拟购买另一家公司发行的利随本清的公司债券，该债券面值为 1 000 元，期限 5 年，票面利率 10%，不计复利。如果当前市场利率为 10%，则该债券价格估计为多少？

第7章

资本成本和现金流量

【学习目的】

(1) 了解资金成本和现金流量的概念。
(2) 理解个别资本成本、加权平均资本成本和边际资本成本。
(3) 掌握现金流量的构成和现金流量的估算。

【引导性案例】

健民葡萄酒厂新生产线可行吗?

健民葡萄酒厂是生产葡萄酒的中型企业,该厂生产的葡萄酒酒香纯正,价格合理,长期以来供不应求。为扩大生产能力,健民葡萄酒厂准备新建一条生产线。李明是该厂的会计师,主要负责筹资和投资工作。总会计师王利要求李明搜集建设新生产线的有关资料,并对投资项目进行财务评价,以供厂领导决策考虑。李明通过10天的调查研究得到以下有关资料:投资新的生产线需一次性投资1 000万元,建设期一年,预计可使用10年,报废时无残值;按税法要求该生产线的折旧年限8年,使用直线法提折旧,残值率为10%。购置该设备所需资金通过金融机构贷款,贷款期限为4年,第4年年末用税后利润偿付本金;该生产线投入使用后预计可使工厂第1~5年的销售收入每年增长1 000万元,第6~10年的销售收入每年增长800万,耗用的人工及材料等成本为收入的60%;生产线建设期满后工厂还需垫支200万元流动资金;所得税税率为25%,银行贷款的资金成本10%。思考和讨论如下问题:通过怎样的筹资渠道获得最低的综合资本成本,预测新生产线投入使用后,该厂未来10年增加的净利润预测该项目各年的现金流;计算该项目的净现值,以评价项目是否可行。

7.1 资本成本

资本成本是企业筹资管理的重要依据,也是企业资本结构决策的基本因素之一,本节着重从企业长期资本的角度,阐述资本成本的概念、种类、作用和计算方法。

7.1.1 资本成本的概念

由于资金具有时间价值,即资金在周转使用过程中能带来增值,资金提供者让渡这种增值机会当然就要求得到相应的报酬。有风险的情况时,资金提供者还会要求额外的风险报酬。因此,企业要获得资金的使用权,必须付出相应的代价。这种代价可以理解为资金这种特殊商品的市场价格。另外,企业在筹集资金的过程中可能还需要支付一定的费用。综上所述,资本成本是企业筹集和使用资金所付出的代价,包括筹资费用和用资费用两个部分。

(1) 筹资费用。筹资费用是企业在筹集资金的过程中付出的代价。例如,同银行支付的借款手续费用,发行股票、债券所支付的律师费、印刷费等。筹资费用通常在筹资时一次性支付,在获得资金后的使用过程中则不再发生,因而可以视作对筹资额的一项扣除。

(2) 用资费用。用资费用是企业为了使用资金而付出的代价。例如,向债权人支付的利息,向股东分派的股利或是红利等。用资费用在使用资金期间内会反复发生并随着使用资金金额的大小和期限的长短而变动。

1. 资本成本的种类

资本成本可以用绝对数表示,也可以用相对数表示,但通常采用相对数即资本成本率来表示。资本成本率是企业的用资费用与有效筹资额之间的比率,所谓有效筹资额是指筹资金额扣除筹资费用后的净额。这里所讲的资本成本主要是指长期资金的成本,包括如下 3 类。

(1) 个别资本成本。个别资本成本是指企业各种单项长期资金的成本,如长期借款资金成本、债券资金成本、优先股资金成本、普通股资金成本、留存收益资金成本。

(2) 综合资本成本。综合资本成本是指企业全部长期资金的成本。

(3) 边际资金成本。边际资本成本是指企业追加长期资金的成本。

2. 资本成本的作用

资本成本是企业筹资管理的主要依据,也是企业投资管理的重要标准,乃至是企业整个财务管理和经营管理的重要工具。具体来说,资本成本又有如下作用。

(1) 资金成本是选择筹资方式、进行资本结构决策、确定追加筹资方案的依据。各种长期资金的个别资本成本的高低是比较选择各种筹资方式的重要依据。企业全部资金的综合资本成本的高低是进行筹资组合、优化资本结构的重要依据，而各种追加筹资方案的边际资金成本的高低则是比较选择追加筹资方案的重要依据。

（2）资本成本是评价投资项目、比较投资方案、进行投资决策的标准。一般而言，对于一个投资项目，只有当其投资报酬率高于资本成本率时，在经济上才是合理的。因此，企业通常将资本成本率作为投资项目必须赚得的最低报酬率，即必要报酬率。资金成本既可用作评价投资方案内部报酬率的"取舍率"，也可用作计算投资方案净现值和获利指数的贴现率，从而成为企业投资决策中的重要标准。

（3）资本成本可以作为考核企业整个经营业绩的基准，企业的整个经营业绩可以通过企业全部资金的报酬率来衡量。只有当这个报酬率高于企业资本成本时，经营才是有利的，才能增加企业价值；否则，经营就是不利的，就需要提高资金报酬率、降低资本成本。

7.1.2 个别资本成本

个别资本成本是企业用资费用与有效筹资额之比，其基本计算公式为

$$K = D/(P - F) = D/P(1 - f) \tag{7-1}$$

式中，K 为资金成本；D 为每个期间的用资费用；P 为筹资额；F 为筹资费用；f 为筹资费率，即筹资费用与筹资额之比。

由此可见，个别资本成本取决于用资费用、筹资费用和筹资额 3 个因素。用资费用越高，分子越大，因而资金成本越高；筹资费用越高，分母越小，因而资金成本越高；筹资额越大，分母越大，因而资金成本越低。换句话说，在筹资额一定的情况下，用资费用和筹资费用与资金成本成反比；在用资费用和筹资费用一定的情况下，筹资额与资金成本成反比。

在个别资本成本的计算公式中，应当注意，筹资费用没有和用资费用一起放在分子中，而是作为对筹资额的扣除放在了分母中。这主要是因为筹资费用是一次性支付的固定费用，与重复性支付的用资费用有很大的差异，将其作为对筹资额的扣减更加合理。

下面分别讲解每一种长期资金的资金成本。

1. 长期借款资金成本

由于长期借款的利息允许从税前利润中扣除，从而具有低减企业所得税的作用，因而长期借款每期的用资费用应是考虑抵税因数后的利息。长期借款资金成本的计算公式为

$$K_l = I_l(1 - T)/L(1 - f_l) \tag{7-2}$$

式中，K_l 为长期借款资金成本；I_l 为长期借款年利息额；T 为企业所得税率；L 为长期借款本金；R_l 为长期借款年利率；f_l 为长期借款筹资费率。

相对而言，长期借款的筹资费用很低，有时可以忽略不计。因此长期借款资金成本的计算公式也可简化为

$$K_l = R_l(1-T) \qquad (7-3)$$

[例 7-1] 大发公司从银行取得 3 年长期借款 500 万元，手续费率 0.1%，年利率 8%，每年结息一次，到期一次还本。公司所得税税率 25%。计算该笔长期借款的资金成本。

（1）用式（7-2）计算长期借款的资金成本为

$$K_l = 500 \times 8\% \times (1-40\%)/500 \times (1-0.1\%)$$
$$= 8\% \times (1-25\%)/1-0.1\%$$
$$= 5.90\%$$

（2）如果忽略手续费，则用式（7-3）计算的结果为

$$K_l = 8\% \times (1-20\%) = 6\%$$

2. 长期债券资金成本

长期债券与长期借款都属于债权性资金，其资金成本的计算非常类似，但需要注意以下几点。首先，债券的筹资费用即发行费用，包括律师费等申请过程中发生的费用、印刷费等制作过程中发生的费用，以及证券公司手续费等销售过程中发生的费用，这些费用一般较高，不能忽略。其次，债券的发行价格有溢价、平价、折价之分，因而筹资额不一定等于债券面值。因此，长期债券资金成本的计算公式为

$$K_b = S \times R_b(1-T)/B(1-f_b) = I_b(1-T)/B(1-f_b) \qquad (7-4)$$

式中，K_b 为长期债券资金成本；S 为债券面值；R_b 为债券票面利率；I_b 为债券每年利息额；f_b 为债券筹资费率，即筹资费用占筹资额的比率。

[例 7-2] 大发公司发行面值为 1 000 元、期限为 4 年、票面利率为 10% 的债券 5 000 张，每年结息一次，到期一次还本。筹资费用为发行价格的 4%。公司所得税税率为 40%。分别计算发行价格为 1 100 元、1 000 元和 900 元时，债券的资金成本。

（1）如果发行价格为 1 100 元，则债券的资金成本为

$$K_b = \frac{S \cdot R_b(1-T)}{B(1-f_b)} = \frac{1\,000 \times 10\% \times (1-40\%)}{1\,100 \times (1-4\%)} = 5.68\%$$

（2）如果发行价格为 1 000 元，则债券的资金成本为

$$K_b = \frac{S \cdot R_b(1-T)}{B(1-f_b)} = \frac{1\,000 \times 10\% \times (1-40\%)}{1\,000 \times (1-4\%)} = 6.25\%$$

（3）如果发行价格为 900 元，则债券的资金成本为

$$K_b = \frac{S \cdot R_b(1-T)}{B(1-f_b)} = \frac{1\,000 \times 10\% \times (1-40\%)}{900 \times (1-4\%)} = 6.94\%$$

3. 优先股资金成本

优先股每期的股价通常是固定的,这与债权性资金类似。但是优先股股利从税后利润中支付,没有抵税作用,这与债权性资金不同。于是优先股的资金成本计算公式为

$$K_p = \frac{D_p}{P_p(1-f_p)} \tag{7-5}$$

式中,K_p 为优先股资金成本;D_p 为优先股每年股利;P_p 为优先股发行价格;f_b 为优先股筹资费率。

[**例 7-3**] 大发公司发行一批优先股。发行价格为 6 元,筹资费率 4%,每年股利 0.6 元。试计算这批优先股的资金成本。

该批优先股的资金成本计算结果如下。

$$K_p = \frac{D_p}{P_p(1-f_p)} = \frac{0.6}{6 \times (1-4\%)} = 10.42\%$$

4. 普通股资金成本

普通股和优先股同属股权性资金,股利均不能抵税。但与优先股不同的是,普通股各年股利不一定相等。因此,普通股资金成本不能照搬优先股资金成本的计算公式。普通股资金成本常见的计算思路有如下 3 种。

(1) 股利贴现模式。股利贴现模型的基本公式为

$$P_c(1-f_c) = \sum_{t=1}^{\infty} \frac{D_t}{(1+K_c)^t} \tag{7-6}$$

式中,P_c 为普通筹资额;f_c 为普通股筹资费率;D_t 为普通股第 t 年的股利;K_c 为普通股资金成本。

运用股利贴现模型计算普通股资金成本,因具体的股利政策而有所不同。其中,比较典型的是固定股利政策和固定增长率股利政策。

固定股利政策下的股利贴现模型。如果公司采用固定股利政策,即每年都分派等额的现金股利,则普通股与优先股类似,股利相当于永续年金。这种情况下,普通股资金成本的计算公式与优先股一样如式 (7-7)。

$$K_c = \frac{D_c}{P_c(1-f_c)} \tag{7-7}$$

式中,D_c 为普通股每年股利额。

固定增长率股利政策下的股利贴现模型。如果公司采用固定增长率股利增长股利政策,即每年股利与上年相比的增长率相等,则普通股资金成本的计算公式为

$$K_c = \frac{D_1}{P_c(1-f_c)} + g \tag{7-8}$$

式中，D_1 为普通股未来第 1 年分派的股利额；g 为每年股利增长率。

该公式的推导过程如下。

由基本的股利贴现模型可知

$$P_c(1-f_c) = \frac{D_1}{1+K_c} + \frac{D_1(1+g)}{(1+K_c)^2} + \frac{D_1(1+g)^2}{(1+K_c)^3} + \cdots + \frac{D_1(1+g)^{n-1}}{(1+K_c)^n} \tag{7-9}$$

式（7-9）两端同时乘以 $\dfrac{1+K_C}{1+g}$，得

$$P_c(1-f_c)\frac{1+K_C}{1+g} = \frac{D_1}{1+g} + \frac{D_1}{1+K_c} + \frac{D_1(1+g)}{(1+K_c)^2} + \cdots + \frac{D_1(1+g)^{n-2}}{(1+K_c)^{n-1}} \tag{7-10}$$

式（7-10）减式（7-9）得到

$$P_c(1-f_c)\frac{K_c-g}{1+g} = \frac{D_1}{1+g} - \frac{D_1(1+g)^{n-1}}{(1+K_c)^n} = \frac{D_1}{1+g} - \frac{D_1(1+g)^n}{(1+K_c)^n(1+g)}$$

由于股利增长率 g 通常都会小于普通股资金成本 K_c，因此当年限 n 趋于无穷大时，$\dfrac{(1+g)^n}{(1+K_c)^n}$ 的极限为零，于是有

$$P_c(1-f_c)\frac{K_c-g}{1+g} = \frac{D_1}{1+g}$$

$$K_c = \frac{D_1}{P_c(1-f_c)} + g \tag{7-11}$$

[例 7-4] 大发公司发行一批普通股，发行价格 8 元，筹资费率 5%。公司有两套股利方案：一是每年都分派现金股利 0.8 元；二是第一年分派 0.4 元，以后每年增长 6%。试计算每种股利方案下的普通股资金成本。

如果采用第一套方案，则普通股资金成本为

$$K_c = \frac{0.8}{8 \times (1-5\%)} = 10.53\%$$

如果采用第二套方案，则普通股资金成本为

$$K_c = \frac{0.4}{8 \times (1-5\%)} + 6\% = 11.26\%$$

（2）资本资产定价模型。由于筹资者的资金成本实际上就是投资者的必要报酬率，因此可以借用计算投资报酬率的资本资产定价模型来计算筹资的资金成本。其计算公式如下：

$$K_c = R_F + \beta(R_M - R_F) \tag{7-12}$$

式中，R_F 为无风险报酬率；β 为股票的贝塔系数；R_M 为市场报酬率。

[例 7-5] 大发公司普通股的 β 值为 1.2，市场报酬率为 10%，无风险报酬率为 4%。试计算公司普通股的资金成本是多少？

$$K_c = 4\% + 1.2 \times (10\% - 4\%) = 11.2\%$$

（3）债券投资报酬率加上股票投资额外风险报酬率。一般而言，普通股投资的风险高于债券投资，因此普通股投资的必要报酬率通常高于债券投资的必要报酬率。于是，普通股投资必要报酬率可以在债券投资必要报酬率的基础上加上普通股投资高于债券投资的额外风险报酬率。相应地，普通股资金成本就等于债券资金成本加上普通股额外风险报酬率。这种方法的不足之处是比较主观，但计算比较简便。

[例 7-6] 大发公司发行债券的资金成本为 7.5%，现增发一批普通股。经分析，该股票高于债券的额外风险报酬为 4%。试计算该批普通股的资金成本。

该批普通股的资金成本为

$$K_c = 7.5\% + 4\% = 11.5\%$$

5. 留存收益资金成本

留存收益是由企业税后利润形成的，包括盈余公积和未分配利润，它们与优先股和普通股一样属于股权性资金。从表面上看，留存收益并不需要企业花费专门的代价。但实际上，留存收益从最终归属上看属于普通股股东，可以理解为普通股股东对企业的再投资。因此，普通股股东要求留存收益应该与普通股具有相同的报酬率。于是，留存收益的资金成本与普通股基本相同，唯一不同的是不存在筹资费用。

[例 7-7] 大发公司普通股市场价格为 8 元，预期第 1 年分派股利 0.4 元，以后每年增长 8%。试计算公司留存收益的资金成本。

大发公司留存收益的资金成本为

$$K_r = 0.5/8 + 8\% = 13\%$$

7.1.3 综合资本成本

企业通过不同的方式从不同的来源取得的资金，其成本各不相同。要进行正确的筹资和投资决策，不仅需计算个别资本成本，还需要确定全部长期资金的综合资本成本。综合资本成本又称加权资本成本，它是以各种长期资金所占用的比例为权重，对个别资本成本进行加权平均计算得来的。其计算公式如下：

$$K_w = \sum_{j=1}^{n} K_j W_j \qquad (7-13)$$

式中，K_w 为综合资金成本；K_j 为第 j 种个别资本成本；W_j 为第 j 种个别资金在所有长期资金中所占比例，其中 $\sum_{j=1}^{n} W_j = 1$。

由综合资本成本的计算公式可知，综合资本成本由两个因素决定：一是各种长期资金的个别资本成本；二是各种长期资金所占比例，即权数。各种长期资金的个别资本成本的计算方法前面已经详细阐述。至于各种长期资金权数的确定，则需要选择一定的价值基础。常见的价值基础主要有如下 3 种：

（1）账面价值基础。账面价值基础是指根据各种长期资金的账面金额来确定各自所占的比例。这种基础的优点是数据可以从会计资料中直接获得。其主要缺陷是账面价值反映的是过去的情况，当资金的市场价值脱离账面价值较多时，选择账面价值作为基础会影响各种资金比例的客观性，进而影响综合资金成本的合理性。

（2）市场价值基础。市场价值基础是指股票、债券等市场价格的资金根据其市场价格来确定所占比例。这种基础的优点是真实客观；不足之处是证券的市场价格经常变动，不易选定。另外，市场价值基础反映的是现在的情况，未必适用于未来的筹资决策。

（3）目标价值基础。目标价值基础是指股票、债券等根据预计的未来目标市场价值确定所占比例。这种基础体现了期望的目标资本结构的要求，能适用于筹借薪资的需要，弥补账面价值基础的不足。但是，资金的目标价值很难客观地确定。

[例 7-8] 大发公司各种长期资金的账面价值、市场价值和目标价值以及个别资本成本如表 7-1 所示。分别按账面价值基础、市场价值基础和目标价值基础计算大发公司的综合资金成本。

表 7-1　大发公司各种长期资金的账面价值、市场价值和目标价值以及个别资本成本表

资金种类	账面价值 /万元	市场价值 /万元	目标价值 /万元	个别资本成本 /%
长期借款	800	800	2 000	5.0
长期债券	1 500	2 000	4 000	6.5
优先股	500	750	1 000	10.0
普通股	2 000	4 000	4 000	12.0
留存收益	1 800	3 600	4 000	11.5
合计	6 600	11 150	15 000	—

注：留存收益的市场价值与账面价值之比等于普通股的市场价值与账面价值之比。

(1) 按账面价值基础计算的综合资金成本为

K_w = 5.0% × 800/6 600 + 6.5% × 1 500/6 600 + 10.0% × 500/6 600 +
   12.0% × 2 000/6 600 + 11.5% × 1 800/6 600
= 5.0% × 12.12% + 6.5% × 22.73% + 10.0% × 7.58% + 12.0% × 30.3% + 11.5% × 27.27%
= 0.606% + 1.477% + 0.758% + 3.636% + 3.136%
= 9.61%

(2) 按市场价值基础计算的综合资金成本为

K_w = 5.0% × 800/11 150 + 6.5% × 2 000/11 150 + 10.0% × 750/11 150 +
   12.0% × 4 000/11 150 + 11.5% × 3 600/11 150
= 5.0% × 7.17% + 6.5% × 17.94% + 10.0% × 6.73% + 12.0% × 35.87% + 11.5% × 32.29%
= 0.359% + 1.166% + 0.673% + 4.304% + 3.713%
= 10.22%

(3) 按目标价值基础计算的综合资金成本为

K_w = 5.0% × 2 000/15 000 + 6.5% × 4 000/15 000 + 10.0% × 1 000/15 000 +
   12.0% × 4 000/15 000 + 11.5% × 4 000/15 000
= 5.0% × 2/15 + 6.5% × 4/15 + 10.0% × 1/15 + 12.0% × 4/15 + 11.5% × 4/15
= $\dfrac{10.\% + 26\% + 10\% + 48\% + 46\%}{15}$
= 9.33%

7.1.4 边际资金成本

边际资金成本是指企业追加筹资的资金成本。一般来说，企业不可能以某一固定的资金成本来筹措无限的资金，当筹集的资金超过一定限度时，资金成本将会有所变化。因此，企业在未来追加筹资时，应当更多地关注新筹措资金的成本，即边际资金成本。

企业追加筹资有可能只采取某一种筹资方式。在这种情况下，边际资金成本的确定与前述个别资本成本的确定方法相同。在筹资数额较大或目标资本结构既定的情况下，追加筹资往往需要通过多种筹资方式的组合来实现。这时的边际资金成本是新筹措的各种资金的加权平均成本，各种资金的权数应以市场价值为基础来确定。

[**例7-9**] 大发公司各种资金的目标比例是：长期借款15%，长期债券25%，普通股60%。公司为扩大经营规模，拟筹措新资200万元，决定按目标比例筹

集。经测算，在既定的筹资范围内的个别资本成本分别为：长期借款5.5%，长期负债7%，普通股13%。公司此次追加筹资的边际资金成本的计算过程如表7-2所示。

表7-2 大发公司既定筹资范围内的边际资本成本计算表　　　　%

资金种类	个别资本成本	资金比例	边际资本成本
长期借款	5.0	15	0.825
长期债券	7	25	1.75
普通股	13	60	7.8
合计	—	100	10.38

当企业追加筹资的金额未定时，需要测算不同的筹资范围内的边际资金成本，称之为边际资金成本规划。下面举例说明边际资金成本规划的具体步骤。

[例7-10] 大发公司为了适应追加投资的需求，准备筹措新款。追加筹资的边际资金成本规划科按如下步骤进行：①确定各种资金的目标比例。公司经过分析认为，各种资金的目标比例为：长期借款15%，长期债券25%，普通股60%。②测算各种资金的个别资本成本。公司在资金市场状况和自身筹资能力进行研究之后，预算出在不同筹资范围内各种资金的个别资本成本如表7-3所示。

表7-3 大发公司在不同筹资范围内各种资金的个别资本成本如表

资金种类	追加筹资范围	个别资本成本/%
长期借款	30万元及以内 30~90万元 90万元以内	5.5 6 6.5
长期债券	100万元及以内 100~200万元 200万元以上	7 8 9
普通股	300万元及以内 300~600万元 600万元以上	13 14 15

测算筹资总额分界点。所谓筹资总额分界点是指各种资金的个别资本成本发

生跳跃的分界点所对应的筹资总额的分界点。其预算公式为

$$BF_{ji} = TF_{ji}/W_j \qquad (7-14)$$

式中，BF_{ji}为第j种资金的第i个分界点对应的筹资总额分界点；TF_{ji}为第j种资金的第i个资金成本分界点；W_j为第j种资金的目标比例。

此例中，各个筹资总额分界点计算如下：

长期借款的个别资本成本分界点30万和90万元对应的筹资总额分界点分别为

$$30/15\% = 200（万元）$$
$$90/15\% = 600（万元）$$

长期债券的个别资本成本分界点100万元和200万元对应的筹资总额分界点分别为

$$100/25\% = 400（万元）$$
$$200/25\% = 800（万元）$$

普通股的个别资本成本分界点300万元和600万元对应的筹资总额分界点分别为

$$300/60\% = 500（万元）$$
$$600/60\% = 1\,000（万元）$$

以上6个筹资总额分界点将追加筹资的范围分为7段：200万元以内；200～400万元；400～500万元；500～600万元；600～800万元；800～1 000万元；1 000万元以上。

测算各个筹资范围内的边际资金成本。在各个筹资范围内，根据各种资金对应的个别资本成本和自己比例计算加权平均资本成本，即得到该范围内的边际资金成本。测算过程如表7-4所示。

表7-4 大发公司各个筹资范围内的边际资本成本表

筹资总额范围/万元	资金总类	资金比例/%	个别资本成本/%	边际资金成本
200及以内	长期借款 长期债券 普通股	15 25 60	5.5 7 13	5.5×15% = 0.825% 7×25% = 1.75% 13%×60% = 7.8% 小计10.38%
200～400	长期借款 长期债券 普通股	15 25 60	6 7 13	6%×15% = 0.9% 7%×25% = 1.75% 13%×60% = 7.8% 小计10.45%
400～500	长期借款 长期债券 普通股	15 25 60	6 8 13	6%×15% = 0.9% 8%×25% = 2% 13%×60% = 7.8% 小计10.7%

续表

筹资总额范围/万元	资金总类	资金比例/%	个别资本成本/%	边际资金成本
500~600	长期借款 长期债券 普通股	15 25 60	6 8 14	6%×15%=0.9% 8%×25%=2% 14%×60%=8.4% 小计 11.3%
600~800	长期借款 长期债券 普通股	15 25 60	6.5 8 14	6.5×15%=0.975% 8%×25%=2% 14%×60%=8.4% 小计 11.38%
800~1 000	长期借款 长期债券 普通股	15 25 60	6.5 9 14	6.5%×15%=0.975% 9%×25%=2.25% 14%×60%=8.4% 小计 11.63%
100 以上	长期借款 长期债券 普通股	15 25 60	6.5 9 15	6.5%×15%=0.975% 9%×25%=2.25% 15%×60%=9% 小计 12.23%

7.2 现金流量

长期投资决策中所说的现金流量是指与长期决策有关的现金流入和流出的数量,它是评价投资方案是否可行时必须事先计算的一个基础性指标。

7.2.1 现金流量的含义

投资决策中计算的现金流量是与决策相关的现金流量,它是建立在"差量"概念的基础之上的。所谓的差量现金流量,是指与没有做出某项决策时的企业现金流量相比的差额。也就是说,只有当做出某项决策后发生改变的现金流量才是与决策相关的,即只有当做出某项决策后会发生或均不会发生,那么该笔现金流量就与决策不相关,不需要予以考虑。其中值得注意的有如下几个问题。

(1)沉没成本(sunk cost)。沉没成本是指已经发生的成本。由于沉没成本已既成事实,不可能因为投资决策而发生改变,因此属于决策无关成本,在决策中不予考虑。例如,企业为某项已经进行了一定的市场调查和技术分析,这些活动花费了 20 万元,现在需要做出是否投资的决策,此时,20 万元的前期费用属于沉没成本,在决策中不予考虑。

(2) 机会成本（opportunity cost）。机会成本是指因为选择某个投资方案而丧失其他收益机会。当存在多个投资机会而资源有限时，选择一个投资机会就意味着丧失其他投资机会可能带来的收益，因此，该收益的丧失是由做出的投资决策引起的，与决策相关，在决策中应当考虑。例如，企业的一间暂时闲置的厂房可以对外出租，每年的租金50万元；又可以用于某条新的生产线。如果企业决定将其用于生产线，那么由此丧失的每年50万的租金收入就应当作为该生产线的机会成本予以考虑。

(3) 交叉影响。如果新采纳的投资项目将对已有的经营项目有促进效果或削减影响，则也应该纳入决策考虑的范围。因为企业是一个整体，当新旧项目之间有交叉影响时，只有将这种影响予以考虑，才能完整地反映出投资决策所带来的差量现金流量。例如，某饮料生产企业过去只有橙汁一种产品，现在考虑是否增加桃汁作为新产品，这种情况下，就不仅应计算桃汁可能给企业直接带来的现金流量，还应该考虑桃汁的推出是否会影响橙汁的销量，如果有影响，就应将由此减少的现金流量也纳入决策考虑范围。

投资决策中现金流量的计算一定是建立在税后的基础之上的。因为只有扣除税收因素之后的现金流入才是企业增加的净收益，只有扣除税收因素之后的现金流出才是企业增加的净支出。凡是由投资决策引起的计入当期收入或当期费用、损失的项目都应考虑其对所得税的影响。

财务会计计算企业的收入和费用，并以收入扣减费用后的利润来评价企业的经济效益。投资决策中则计算现金流入和现金流出，并以净现金流量作为评价投资项目经济效益的基础。投资决策中采用现金流量而不采用利润，主要有以下两个方面的原因。

(1) 采用现金流量有利于科学地考虑资金的时间价值。利润的计算是以权责发生制为基础的，它不考虑资金收付的具体时间，而现金流量则反映了每一笔资金收付的具体时间。由于科学的投资决策必须认真考虑资金的时间价值，因此与利润相比，现金流量是更好的选择。

(2) 采用现金流量使投资决策更加客观。利润的计算带有一定的主观性，采用不同的会计政策、会计估计可能出现不同的利润数据。相比之下，现金流量则更加客观、真实，不易受人为因素的影响。因此，在投资决策中采用现金流量更符合客观实际。

7.2.2 现金流量的构成

投资决策的现金流量一般由以下3部分构成。

1. 初始现金流量

初始现金流量是指开始投资时发生的现金流量，一般包括以下几项内容。
(1) 固定资产投资。包括固定资产的购置或建造成本、运输成本和安装成本等带来的现金流出。

（2）营运资金垫支。它是指投资项目开始时净营运资金的变动，包括流动资产和流动负债的变动，例如，对存货和应收账款等流动资产的追加将带一部分现金流出。这部分现金支出通常直接计入当期费用，因此还需考虑其对所得税的影响。

（3）其他费用。其他费用主要是指与长期投资有关的职工培训费、谈判费、注册费等带来的现金的流出。这部分现金支出通常直接计入当期费用，因此还需考虑其对所得税的影响。

（4）原有固定资产变价收入。这主要是指固定资产更新时，变卖原有固定资产所带来的现金流入。此时需要注意，如果原有固定资产出售价格与账面价值不同，则会出现出售损益，给企业带来所得税影响。

2. 营业现金流量

营业现金流量是指投资项目投入使用后，在其寿命周期内由于生产经营所产生的现金流入和流出的数量。这种现金流量一般按年度进行计算。这里的现金流入一般指由于营业收入所带来的现金流入，现金流出一般指由需要付现的营业成本和所得税引起的现金流出。

3. 终结现金流量

终结现金流量是指投资项目完结时所发生的现金流量，主要包括固定资产的残值收入或变价收入、固定资产的清理费用以及原来垫支的营运资金的收回。

应当引起注意的是，在确定投资项目的初始现金流量、营业现金流量和终结现金流量时，不应包含与筹资相关的内容。虽然筹资的目的是投资，投资活动中使用的资金是筹资得来，但二者不可混为一谈。投资项目的现金流量只应包括与投资项目本身相关的内容，即使是为了某项投资而专项借入的资金，其本金的借入与偿还、初始筹资费用和各年利息费用的支付也不应当计入投资项目的现金流量，否则，同一个投资项目会因为使用自有资金还是借入资金而出现截然不同的现金流量，进而可能带来截然不同的决策结果。企业筹资成本的高低的确会在一定程度上影响投资决策，但它是以贴现率的形式出现，而不是以现金流量的形式出现。如果从投资项目的现金流量中扣除各年利息，然后再按资金成本进行贴现，就对筹资的成本进行了重复考虑。因此，筹资活动的现金流量应在筹资管理中予以考虑，投资活动的现金流量则在投资管理中进行分析，二者通过资金成本这条纽带相互联系，而不是在现金流量上不分彼此。

7.2.3 现金流量的估算

初始现金流量和终结现金流量计算比较简单，只需逐项列出然后相加即可。需要注意的是，如果初始投资时存在费用化的支出，或涉及旧固定资产的出售损益，则需要考虑它们的所得税影响。营业现金流量的计算对较为复杂，其计算方法主要有以下 3 种。

1. 根据定义直接计算

根据营业现金流量的定义可以知道，每年的营业现金流量是营业现金流量扣减营业现金流出后的净额。为了便于计算，假定投资项目每年的营业现金流入等于营业收入，而营业现金流出则等于付现成本（指不包括折旧或摊销的营业成本）与所得税费用的合计。于是，得到每年营业现金计算的第一种方法。

$$营业现金流量 = 营业收入 - 付现成本 - 所得税费用 \quad (7-15)$$

2. 根据税后净利倒推计算

投资项目每年的营业现金流量包括两个方面的内容：一是所获得的税后净利；二是资产的折旧。因为折旧不需要付出现金，但抵减了当期利润，所以在计算营业现金流量时应将其加回到税后净利中。于是，可以得出营业现金流量计算的第二种方法。

$$营业现金流量 = 税后净利 + 折旧 \quad (7-16)$$

式（7-16）也可由式（7-15）推导而来，推导过程如下。

$$\begin{aligned}营业现金流量 &= 营业收入 - 付现成本 - 所得税 \\ &= 营业收入 - (营业成本 - 折旧) - 所得税 \\ &= 营业收入 - 营业成本 + 折旧 - 所得税 \\ &= 税后净利 + 折旧\end{aligned}$$

3. 根据所得税的影响计算

由于收入要交税，费用可抵税，因此不管是营业收入还是付现成本最终都应是税后的数据，而且不需付现的折旧也具有抵税作用。于是，得到每年营业现金计算的第三种方法。

$$营业现金流量 = 营业收入 \times (1-税率) - 付现成本 \times (1-税率) + 折旧 \times 税率 \quad (7-17)$$

式（7-17）也可由式（7-16）推导而来，推导过程如下。

$$\begin{aligned}营业现金流量 &= 税后净利 + 折旧 \\ &= (营业收入 - 营业成本) \times (1-税率) + 折旧 \\ &= (营业收入 - 付现成本 - 折旧) \times (1-税率) + 折旧 \\ &= 营业收入 \times (1-税率) - 付现成本 \times (1-税率) - \\ &\quad 折旧 \times (1-税率) + 折旧 \\ &= 营业收入 \times (1-税率) - 付现成本 \times (1-税率) + 折旧 \times 税率\end{aligned}$$

7.2.4 净现金流量的计算举例

以上 3 种方法的计算结果都是一样的，可以根据已知条件选择最简便的方法。其中式（7-17）较为常用，因为它不需要计算投资项目带来的利润，就可以直接根据投资项目的营业收入、付现成本和折旧以及企业的所得税税率来计算。下面举例说明投资项目现金流量的计算。

[例7-11] 大发公司打算购买一台设备以扩充生产能力,现有甲、乙两个方案可供选择。甲方案需投入100 000元购置设备,设备适用寿命5年,采用直线法计提折旧,5年后设备无残值。5年中每年营业收入为60 000元,付现成本为20 000元。乙方案需投入120 000元购置设备,垫支30 000元营运资金,设备适用寿命为5年,采用直线法计提,5年后净残值20 000。5年中每年营业收入80 000元,第一年付现成本为30 000元,往后每年增加修理费和维护费4 000元。假设所得税税率为40%。试计算两个方案的现金流量。

(1) 计算两个方案的初始现金流量。

甲方按初始现金流量 = 固定资产投资 = 100 000(元)

乙方按初始现金流量 = 固定资产投资 + 营运资金垫支
= 120 000 + 30 000
= 150 000(元)

(2) 计算两个方案各年的营运现金流量(以第3种方法为例)

甲方案每年折旧额 = $\dfrac{100\ 000}{5}$ = 20 000(元)

乙方案每年折旧额 = $\dfrac{120\ 000 - 20\ 000}{5}$ = 20 000(元)

甲方案每年营业现金流量
= 60 000 × (1 − 40%) − 20 000 × (1 − 40%) + 20 000 × 40% = 32 000(元)

乙方案第1年营业现金流量
= 80 000 × (1 − 40%) − 30 000 × (1 − 40%) + 20 000 × 40% = 38 000(元)

乙方案第2年营业现金流量
= 80 000 × (1 − 40%) − 34 000 × (1 − 40%) + 20 000 × 40% = 35 600(元)

乙方案第3年营业现金流量
= 80 000 × (1 − 40%) − 38 000 × (1 − 40%) + 20 000 × 40% = 33 200(元)

乙方案第4年营业现金流量
= 80 000 × (1 − 40%) − 42 000 × (1 − 40%) + 20 000 × 40% = 30 800(元)

乙方案第5年营业现金流量
= 80 000 × (1 − 40%) − 46 000 × (1 − 40%) + 20 000 × 40% = 28 400(元)

(3) 计算两个方案的终结现金流量。

甲方案终结现金流量 = 0

乙方案终结现金流量 = 固定资产净残值 + 营运资金收回
= 20 000 + 30 000 = 50 000(元)

两个方案的现金流量如表7−5所示。

表 7-5　投资项目现金流量　　　　　　　元

t	0	1	2	3	4	5
甲方案						
初始现金流量	—					
营业现金流量	100 000	32 000	32 000	32 000	32 000	32 000
现金流量合计		32 000	32 000	32 000	32 000	32 000
乙方案	—					
初始现金流量	100 000					
营业现金流量		38 000	35 600	33 200	30 800	28 400
终结现金流量	—					50 000
现金流量合计	150 000	38 000	35 600	33 200	30 800	78 400
	— 150 000					

表 7-5 中，$t=0$ 代表第 1 年年初，$t=1$ 代表第 1 年年末，$t=2$ 代表第 2 年年末，以此类推。在现金流量的计算中，为了简便起见，一般都假定各年投资在年初一次进行，各年营业现金流量在年末一次发生，终结现金流量在最后一年年末发生。

【本章小结】

各种筹资方式的个别资本成本的估算是筹资管理的基础。它们之间的公式有相同点也有区别，企业所有长期资金的综合资本成本是筹资、投资管理中常用到的指标，它是各种资金的加权资本成本。边际资本成本对追加筹资的不同筹资范围内进行规划。

现金流量是各个投资决策指标的重要基础，因此对现金流量的准确分析和计算至关重要，其中，营业现金流量的 3 种计算方法是一个重要问题，此外还要对时点的确定，这些都直接影响到各个贴现指标的计算。

【练习题】

1. 名词解释

(1) 沉没成本（sunk cost）。

(2) 机会成本（opportunity cost）。

（3）资本成本。
（4）筹资费用。
（5）用资费用。

2. 选择题

（1）在个别资本成本计算中，不必考虑筹资费用的是（　　）。

A. 优先股成本　　　　　　　　B. 债券成本
C. 普通股成本　　　　　　　　D. 留存收益成本

（2）某公司共有资金 20 000 万元，其中债券 6 000 万元、优先股 2 000 万元、普通股 8 000 万元、留存收益 4 000 万元；各种资金的成本分别为 6%、12%、15.5%、15%。则该公司的综合资本成本为（　　）%。

A. 10　　　　　　　　　　　　B. 12.2
C. 12　　　　　　　　　　　　D. 13.5

（3）利用比较资金成本法确定资金结构的决策标准是（　　）。

A. 每股收益的高低　　　　　　B. 公司价值的大小
C. 加权资金成本的高低　　　　D. 边际资金成本的高低

（4）资本成本的种类有（　　）。

A. 个别资本成本　　　　　　　B. 综合资本成本
C. 边际资本成本　　　　　　　D. 机会成本

（5）初始现金流量一般包括以下几项内容（　　）。

A. 固定资产投资　　　　　　　B. 营运资金垫支
C. 其他费用　　　　　　　　　D. 原有固定资产变价收入

3. 判断题

（1）沉没成本是指因为选择某个投资方案而丧失其他收益机会。（　　）

（2）终结现金流量是指投资项目完结时所发生的现金流量，主要包括固定资产的残值收入或变价收入、固定资产的清理费用以及原来垫支的营运资金的收回。（　　）

（3）个别资本成本取决于用资费用、筹资费用和筹资额 3 个因素。（　　）

（4）营业现金流量是指投资项目投入使用后，在其寿命周期内由于生产经营所产生的现金流入和流出的数量。（　　）

（5）只有当作出某项决策后发生改变的现金流量才是与决策相关的。（　　）

4. 计算分析综合题

（1）某公司投资一个项目需要资金 8 000 万元，其筹资方案为：短期借款 3 000 万元，名义利率为 10%，其中一半采用补偿性余额方式借入，补偿余额的比例为 5%，另一半采用贴息法借入；1 200 万元债券（按面值发行），该债券票面利率为 10%，筹资费率为 2%；800 万元长期借款，年利率为 12%，筹资费率为 3%；留存收益筹资 500 万元，其余全部为普通股，该普通股筹资费率为 4%，预计第一年股利率为 10%，以后年度保持第一年的水平。该公司所得税税率为 30%。要求：计算采用补偿性余额借入资金的实际利率、采用贴息法借入资金的实际利率、债券成本、长期借款成本、留存收益成本、普通股成本。

（2）某企业计划进行某项投资活动，有甲、乙两个备选的互斥投资方案资料如下。甲方案原始投资 150 万，其中固定资产投资 100 万，流动资金 50 万，全部资金于建设起点一次投入，没有建设期，经营期为 5 年，到期残值收入 5 万，预计投产后年营业收入 90 万，年不含财务费用的总成本为 60 万。乙方案原始投资额 200 万，其中固定资产 120 万，流动资金投资 80 万，建设期 2 年，经营期 5 年，建设期资本化利息 10 万，流动资金于建设期结束时投入，固定资产残值收入 8 万，到期投产后，年收入 170 万，经营成本 80 万/年。固定资产按直线法折旧，全部流动资金于终结点收回。该企业适用的税率为 25%。

要求：$(P/A_{,10\%,5}) = 3.7908$，$(P/F_{,10\%,5}) = 0.6209$，$(P/A_{,10\%,7}) = 4.8684$，$(P/A_{,10\%,2}) = 1.7355$，$(P/F_{,10\%,7}) = 0.5132$，$(P/F_{,10\%,2}) = 0.8264$。

计算甲、乙方案各年的税前和税后的净现金流量。

第8章

经营杠杆和财务杠杆

【学习目的】

(1) 了解经营杠杆、财务杠杆和复合杠杆的概念。
(2) 理解经营杠杆与经营风险、财务杠杆与财务风险以及复合杠杆与企业风险的关系。
(3) 掌握经营杠杆、财务杠杆和复合杠杆的计量方法。

【引导性案例】

透视"大宇神话"

韩国第二大企业集团大宇集团1999年1月向新闻界正式宣布,该集团董事长金宇中以及14名下属公司的总经理决定辞职,以表示"对大宇的债务危机负责,并为推行结构调整创造条件"。韩国媒体认为,这意味着"大宇集团解体进程已经完成""大宇集团已经消失"。

大宇集团于1967年开始奠基立厂,其创办人金宇中当时是一名纺织品推销员。经过30余年的发展,通过政府的政策支持、银行的信贷支持和在海内外的大力购并,大宇成为直逼韩国最大企业——现代集团的庞大商业帝国:1998年底,总资产高达640亿美元,营业额占韩国GDP的5%;业务涉及贸易、汽车、电子、通用设备、重型机械、化纤、造船等众多行业;国内所属企业曾多达41家,海外公司数量创下过600家的记录,鼎盛时期,海外雇员多达几十万,大宇成为国际知名品牌。大宇是"章鱼足式"扩张模式的积极推行者,认为企业规模越大,就越能立于不败之地,即所谓的"大马不死"。据报道,1993年金宇中提出"世界化经营"战略时,大宇在海外的企业只有15家,而到1998年底已增至600多家，等于每3天增加一个企业。还有更让韩国人为大宇着迷的是：在韩国陷入金融危机的1997年，大宇不仅没有被危机困倒，反而在国内的集团排名中由第4位上升到第2位，金宇中本人也被美国《幸福》杂志评为亚洲风云人物。

1997年底韩国发生金融危机后，其他企业集团都开始收缩，但大宇仍然我行我素，结果债务越背越重。尤其是1998年初，韩国政府提出"五大企业集团进行自律结构调整"方针后，其他集团把结构调整的重点放在改善财务结构方面，努力减轻债务负担。大宇却认为，只要提高开工率，增加销售额和出口就能躲过这场危机。因此，它继续大量发行债券，进行"借贷式经营"。1998年大宇发行的公司债券达7万亿韩元（约58.33亿美元）。1998年第4季度，大宇的债务危机已初露端倪，在各方援助下才避过债务灾难。此后，在严峻的债务压力下，大梦方醒的大宇虽做出了种种努力，但为时已晚。1999年7月中旬，大宇向韩国政府发出求救信号；7月27日，大宇因"延迟重组"，被韩国4家债权银行接管；8月11日，大宇在压力下屈服，割价出售两家财务出现问题的公司；8月16日，大宇与债权人达成协议，在1999年底前，将出售盈利最佳的大宇证券公司，以及大宇电器、大宇造船、大宇建筑公司等，大宇的汽车项目资产免遭处理。《8月16日协议》的达成，表明大宇已处于破产清算前夕，遭遇"存"或"亡"的险境。由于在此后的几个月中，经营依然不善，资产负债率仍然居高，大宇最终不得不走向本文开头所述的那一幕。

大宇集团为什么会倒下？在其轰然坍塌的背后，存在的问题固然是多方面的，但不可否认有财务杠杆的消极作用在作怪。因而，不妨带着下面几个问题去阅读本章。什么是财务杠杆？为什么财务杠杆的消极作用会影响大宇集团的经营呢？

自然界中的杠杆效应，是指人们利用杠杆，可以用较小的力量移动较重物体的现象。直到今天，杠杆原理在现实生活和工农业生产中都运用得非常普遍。提升重物的起重机，准确计时的手表，市场上用的秤，甚至小小的开酒瓶盖的起子，这些都运用了杠杆原理。

财务管理中也存在着类似的杠杆效应，表现为：由于特定费用（如固定生产经营成本或固定的财务费用）的存在而导致的，当某一财务变量以较小幅度变动时，另一相关变量会以较大幅度变动。了解这些杠杆的原理，有助于企业合理地规避风险，提高财务管理水平。

财务管理中的杠杆效应有3种形式，即经营杠杆、财务杠杆和总杠杆。

8.1 经营杠杆

8.1.1 经营杠杆原理

1. 经营杠杆的概念

经营杠杆又叫营业杠杆或营运杠杆，是指由于固定经营成本的存在，而导致息税前利润的变动率大于产销量的变动率的杠杆效应。这里的经营成本包括营业成本、营业税金及附加、销售费用和管理费用。所谓固定经营成本,是指当经营规模在一定范围内时保持固定不变的经营成本,即不随营业收入的变化而变化的经营成本。

2. 经营杠杆利益和经营风险

经营杠杆利益是指在企业扩大营业总额的条件下,单位营业额的固定成本下降而给企业增加的息税前利润。在企业一定的营业规模内,变动成本随着营业总额的增加而增加,固定成本则不因营业总额的增加而增加,而是保持固定不变。因此,随着营业额的增加,单位营业额所负担的固定成本会相对减少,从而使企业的息税前利润以更大的比例增加。

[**例 8-1**] 南岗公司的营业收入在 1 000~1 500 万元时,固定经营成本为 300 万元,变动成本率为 50%。公司 2005—2007 年的营业收入分别为 1 000 万元、1 200 万元和 1 400 万元。公司 3 年来营业收入和息税前利润的变动情况如表 8-1 所示。

表 8-1 南岗公司 2005—2007 年营业收入和息税前利润变动表(一)

年份	营业收入/万元	营业收入增长率/%	变动经营成本/万元	固定经营成本/万元	息税前利润/万元	息税前利润增长率/%
2005	1 000	—	500	300	300	—
2006	1 200	20	600	300	300	50
2007	1 400	16.67	700	300	400	33.33

由表 8-1 可见,2006 年南岗公司营业收入比 2005 年增长 20%,由于固定经营成本保持不变,使得息税前利润的增长比率大大高于营业收入的增长比率,达到了 50%。同样,2007 年南岗公司营业收入只比 2006 年增长 16.67%,而息税前利润则增长了 33.33%。这就是固定经营成本带来的经营杠杆利益。

经营风险是指因生产经营方面的原因给企业盈利带来的不确定性。经营企业经营风险产生的主要原因是市场需求和成本等因素的不确定性,经营杠杆本身并不是利润不稳定的根源。但是由于固定经营成本不随营业收入的变化而变化,因此,当企业的营业收入减少的时候,单位营业收入所分摊的固定经营成本就会上升,从而使企业的息税前利润以更高的比例减少。

[**例 8-2**] 假设例 8-1 中,2005 年和 2007 年的营业收入正好反过来,即分别为 1 400 万元和 1 000 万元,其他条件都不变。公司 3 年来营业收入和息税前利润的变动情况如表 8-2 所示。

表 8-2　南岗公司 2005—2007 年营业收入和息税前利润变动表（二）

年份	营业收入/万元	营业收入增长率/%	变动经营成本/万元	固定经营成本/万元	息税前利润/万元	息税前利润增长率/%
2005	1 400	—	700	300	400	—
2006	1 200	-14.29	600	300	300	-25
2007	1 000	-16.67	500	300	200	-33.33

由表 8-2 可见，2006 年南岗公司营业收入比 2005 年降低 14.29%，由于固定经营成本保持不变，使得息税前利润的降低比率大大高于营业收入的降低比率，达到了 25%。同样，2007 年南岗公司营业收入只比 2006 年下降 16.67%，而息税前利润则下降了 33.33%。这就是固定经营成本带来的经营杠杆风险。

8.1.2　经营杠杆系数

只要企业存在固定成本，就存在经营杠杆效应的作用。但不同企业或同一企业不同产销业务量基础上的经营杠杆效应的大小是不完全一致的，为此，需要对经营杠杆进行计量。对经营杠杆效应进行计量最常用的指标是经营杠杆系数 (degree of operational leverage，DOL)。

经营杠杆系数，也称经营杠杆率（DOL），是指息税前利润变动率相当于销售量变动率的倍数，其计算公式为：

$$\text{经营杠杆系数} = \frac{\text{息税前利润的变动率}}{\text{销售量的变动率}} = \frac{\Delta EBIT/EBIT}{\Delta Q/Q} \quad (8-1)$$

式中，$\Delta EBIT$ 为息税前利润变动额；$EBIT$ 为变动前息税前利润；ΔQ 为销售量变动额；Q 为变动前销售量。

按这一理论公式计算经营杠杆系数，必须获得息税前利润变动率和产销售变动率的资料，因而不便于利用经营杠杆系数进行预测。为了事先能够确定经营杠杆系数，在实践中可将上述基本公式作如下变换。

$$\begin{aligned}
\text{经营杠杆系数} &= \frac{\dfrac{\text{营业利润变动额}}{\text{基期营业利润}} \times 100\%}{\dfrac{\text{产销变动量}}{\text{基期产销量}} \times 100\%} = \frac{\text{营业利润变动额}}{\text{基期营业利润}} \times \frac{\text{基期产销量}}{\text{产销变动量}} \\
&= \frac{\text{产销变动量}(\text{单价} - \text{单位变动成本})}{\text{基期边际贡献} - \text{固定成本}} \times \frac{\text{基期产销量}}{\text{产销变动量}} \\
&= \frac{\text{基期产销量}(\text{单价} - \text{单位变动成本})}{\text{基期边际贡献} - \text{固定成本}} = \frac{\text{基期边际贡献}}{\text{基期边际贡献} - \text{固定成本}}
\end{aligned}$$

经整理，经营杠杆系数的计算也可以简化为

$$经营杠杆系数 = \frac{基期边际贡献}{基期边际贡献 - 固定成本}$$

$$= \frac{M}{M-F} = \frac{Q(P-V)}{Q(P-V)-F} = \frac{EBIT+F}{EBIT} \quad (8-2)$$

式中，M 为边际贡献；Q 为产品销售数量；P 为产品销售单价；V 为单位产品的变动经营成本；F 为固定经营成本总额。这个公式中 Q、P、V、F 都是基期数据，即变化之前的数据。因此，利用式（8-1）和式（8-2）可以在基期结束后测算出第二年的经营杠杆系数，而不必等到第二年结束。这样能让企业提早得知第 2 年经营杠杆作用的程度，便于采取相应的对策。

[例 8-3] 某公司有关销售量、固定成本和其他有关资料见表 8-3。

表 8-3　经营杠杆系数计算表　　　　　　　　万元

项目	数额	
	销售量变动前	销售量变动后
销售收入		
销售量变动前 2 万件，单价 250 元；销售量增加 20%，单价不变	500	600
成本		
变动成本（单位变动成本 15 元）	300	360
固定成本	100	100
成本合计	400	460
息税前利润	100	140

根据表 8-3 所提供的资料，可以计算得到在以上情况下的经营杠杆系数。

$$DOL = \frac{(140-100) \div 100}{20\%} = 2$$

或

$$DOL = \frac{500-300}{500-300-100} = 2$$

8.1.3　影响经营杠杆因素

企业的经营杠杆系数越高，经营杠杆利益和经营杠杆风险就越大。企业应在利益和风险之间适当权衡，确定合理的经营杠杆系数。企业要调节经营杠杆，必须了解影响经营杠杆的因素。经营杠杆系数的计算公式（8-3）表明在企业不发生经营性亏损，息税前利润为正的前提下，经营杠杆系数最低为 1，不会为负数。只要有固定性经营成本存在，经营杠杆系数总是大于1。

$$经营杠杆系数 = \frac{M}{M-F} = \frac{Q(P-V)}{Q(P-V)-F} = \frac{EBIT+F}{EBIT} \quad (8-3)$$

由此可知，影响经营杠杆的因素包括：影响经营杠杆程度的基本因素有产品销售数量、产品销售单价、单位产品的变动经营成本和固定经营成本总额。

[**例8-4**] A公司的固定成本总额为100万元，变动成本率60%。当销售额分别为1 000万元、500万元、250万元时，经营杠杆系数分别为。

$$DOL_{1\,000} = \frac{1\,000 - 1\,000 * 60\%}{1\,000 - 1\,000 * 60\% - 100} = 1.3$$

$$DOL_{500} = \frac{500 - 500 * 60\%}{500 - 500 * 60\% - 100} = 2$$

$$DOL_{250} = \frac{250 - 250 * 60\%}{250 - 250 * 60\% - 100} \rightarrow \infty$$

例8-4计算结果表明：在其他因素不变的情况下，销售额越小，经营杠杆系数越大，经营风险也就越大，反之亦然。例如销售额为1 000万元时，DOL为1.33；销售额为500万元时，DOL为2。显然后者的不稳定性大于前者，经营风险也大于前者。在销售额处于盈亏临界点250万元时，经营杠杆系数趋于无穷大，此时企业销售额稍有减少便会导致很大的亏损。

由上述分析可以得出下列一般结论。

(1) 只要企业固定成本不等于零，经营杠杆系数恒大于1。固定成本越大，经营杠杆系数越大，息税前利润的变动性也就越大，经营风险也就越大。固定成本总额的变动与经营杠杆系数的变动方向相同。

(2) 在前后期单价、单位变动成本和固定成本不变的情况下，产销量越大，经营杠杆系数越小，产销量越小，经营杠杆系数越大。所以，经营杠杆系数的变动与产销量的变动方向相反。

8.2 财务杠杆

8.2.1 财务杠杆原理

1. 财务杠杆的概念

财务杠杆又叫筹资杠杆或融资杠杆，它是指由于固定债务利息和优先股股利的存在，使得普通股每股利润（以下简称每股利润）的变动幅度大于息税前利润变动幅度的现象。企业的长期资金包括股权性资金和债权性资金，股权性资金又有普通股和优先股之分。普通股的成本即每期普通股股利是变动的，优先股的成本即每期优先股股利以及债权性资金的成本即每期利息通常是固定的。

2. 财务杠杆利益和财务风险

财务杠杆利益亦称融资杠杆利益,是指企业利用债务筹资这个财务杠杆而给权益资本带来的额外收益。在企业资本规模和资本结构一定的条件下,企业从息税前利润中支付的债务利息是相对固定的,当息税前利润增多时,每1元息税前利润所负担的债务利息会相应地降低,扣除企业所得税后可分配给企业权益资本所有者的利润就会增加,从而给企业所有者带来额外的收益。

[例8-5] 南岗公司2005—2007年的息税前利润分别为200万元、300万元和400万元。公司的长期资金为5 000万元,其中40%为债务资金,债务资金的平均年利率为6%,公司所得税税率为40%,每年优先股股利20万元。公司发行在外的普通股股数为100万股。公司3年来息税前利润和每股利润的变动情况如表8-4所示。

表8-4 南岗公司2005—2007年息税前利润和每股利润变动表(一)

年份	息税前利润/万元	息税前利润增长率/%	债务利息/万元	税前利润/万元	所得税费用/万元	优先股股利/万元	每股利润/元	每股利润增长率/%
2005	200	—	120*	80	32	20	0.28	—
2006	300	50	120	180	72	20	0.88	214.29
2007	400	33.33	120	280	112	20	1.48	68.18

注:120* = 5 000 × 40% × 6%。

由表8-4可见,2006年南岗公司息税前利润比2005年增长50%,由于债务利息和优先股股利保持不变,使得每股利润的增长率大大高于息税前利润的增长率,达到了214.29%。同样,2007年南岗公司息税前利润只比2006年增长33.33%,而每股利润则增长了68.18%。这就是固定的债务利息和优先股股利带来的财务杠杆利益。

财务风险是指企业为了取得财务杠杆的利益而利用负债资金时,增加了破产机会或普通股利润大幅度变化的情况所带来的风险。同样由于债务利息和优先股股利是固定的,不随息税前利润的下降而减少。因此,当息税前利润下降时,每1元息税前利润负担的债务利息和优先股股利的上升,会使每股利润以更大的比例下降,从而给普通股股东带来损失。

[例8-6] 假设例8-5中,2005年和2007年的息税前利润正好反过来,即分别为400万元和200万元,其他条件都不变。公司3年来息税前利润和每股利润的

变动情况如表 8-5 所示。

表 8-5 南岗公司 2005—2007 年息税前利润和每股利润变动表（二）

年份	息税前利润/万元	息税前利润增长率/%	债务利息/万元	税前利润/万元	所得税费用/万元	优先股股利/万元	每股利润/元	每股利润增长率/%
2005	400	—	120	280	112	20	1.48	—
2006	300	-25	120	180	72	20	0.88	-40.54
2007	200	-33.33	120	80	32	20	0.28	-68.18

由表 8-5 可见，2006 年南岗公司息税前利润比 2005 年降低 25%，由于债务利息和优先股股利保持不变，使得每股利润的下降率大大高于息税前利润的下降率，达到了 40.54%。同样，2007 年南岗公司息税前利润只比 2006 年下降 33.33%，而每股利润则下降了 68.18%。这就是固定的债务利息和优先股股利带来的财务杠杆风险。

8.2.2 财务杠杆系数

只要在企业的筹资方式中有固定财务支出的债务和优先股，就会存在财务杠杆效应。但不同企业财务杠杆的作用程度是不完全一致的，因此，需要对财务杠杆进行计量。对财务杠杆效应进行计量的最常用的指标就是财务杠杆系数（degree of financial leverage，DFL）。

所谓的财务杠杆系数（DFL），是普通股每股利润的变动率相当于息税前利润变动率的倍数。其计算公式为：

$$\text{财务杠杆系数} = \frac{\text{普通股每股利润变动率}}{\text{息税前利润变动率}} = \frac{\Delta EPS/EPS}{\Delta EBIT/EBIT} \quad (8-4)$$

式中，EPS 为变动前的每股收益；ΔEPS 为每股收益的变动额；$EBIT$ 为变动前的息税前利润；$\Delta EBIT$ 为息税前利润的变动额。

利用式（8-4）计算财务杠杆系数必须掌握普通股利润变动率与息税前利润变动率，这是事后反应，不便于利用 DFL 进行预测。为此，设法推导出一个只需用基期数据计算财务杠杆系数的公式，推导如下：

$$EPS = \frac{(EBIT - I)(1 - T) - D}{N}$$

$$\Delta EPS = \frac{\Delta EBIT(1 - T)}{N}$$

$$DFL = \frac{\Delta EPS/EPS}{\Delta EBIT/EBIT}$$

$$= \frac{\dfrac{\Delta EBIT(1 - T)}{N} \Big/ \dfrac{(EBIT - I)(1 - T) - D}{N}}{\Delta EBIT/EBIT}$$

$$= \frac{EBIT}{EBIT - I - D/(1 - T)}$$

$$= \frac{\text{基期息税前利润}}{\text{基期息税前利润} - \text{债务利息} - \frac{\text{优先股股利}}{1 - \text{所得税税率}}}$$

式中，I 为债务年利息；T 为公司所得税税率；D 为优先股股利；N 为普通股股数。

对于无优先股的股份制企业或非股份制企业，上述财务杠杆系数的计算公式可简化为

$$DFL = \frac{\text{息税前利润总额}}{\text{息税前利润总额} - \text{利息}} = \frac{EBIT}{EBIT - I} \qquad (8-5)$$

由推导过程可知，上述变换公式中的 $EBIT$、I、D 和 T 都是基期数据，即变化之前的数据。因此，利用式（8-5）可以在基期结束之后就测算出第 2 年的财务杠杆系数，而不必等到第 2 年结束，这样能让企业提早得知第 2 年财务杠杆作用的程度，便于采用相应的对策。

[**例 8-7**] 有甲、乙、丙 3 个公司，资本总额均为 1 000 万元，所得税税率均为 30%，每股面值均为 1 元。甲公司资本全部由普通股组成；乙公司债务资本 300 万元（利率 10%），普通股 700 万元；丙公司债务资本 500 万元（利率 10.8%），普通股 500 万元。3 个公司 2008 年 $EBIT$ 均为 200 万元，2009 年 $EBIT$ 均为 300 万元，增长了 50%。有关财务指标见表 8-6。

表 8-6　普通股收益及财务杠杆系数的计算

利润项目		甲公司	乙公司	丙公司
普通股股数		1000 万股	700 万股	500 万股
利润总额	2008 年/万元	200	170	146
	2009 年/万元	300	270	246
	增长率/%	50	58.82	68.49
净利润	2008 年/万元	140	119	102
	2009 年/万元	210	189	172.2
	增长率/%	50	58.82	68.49
普通股收益	2008 年/万元	140	119	102.2
	2009 年/万元	210	189	172.2
	增长率/%	50	58.82	68.49

续表

利润项目		甲公司	乙公司	丙公司
每股收益	2008 年/万元	0.14 元	0.17 元	0.20 元
	2009 年/万元	0.21 元	0.27 元	0.34 元
	增长率/%	50	58.82	68.49
财务杠杆系数		1.000	1.176	1.370

可见，资本成本固定型的资本所占比重越高，财务杠杆系数就越大。甲公司由于不存在固定成本的资本，没有财务杠杆效应；乙公司存在债务资本，其普通股收益增长幅度是息税前利润增长幅度的 1.176 倍；丙公司存在债务资本，并且债务资本的比重比乙公司高，其普通股收益增长幅度是息税前利润增长幅度的 1.370 倍。可以看出，企业利用财务杠杆负债经营，有其积极的作用，但同时也增加了企业的财务风险，这也符合高报酬、高风险的原则。

8.2.3 影响财务杠杆的因素

财务杠杆具有两方面的作用，既可以较大幅度地提高每股收益，也可以较大幅度地降低每股收益。企业为了取得财务杠杆利益，就要增加负债，一旦企业息税前利润下降，不足以补偿固定利息支出，企业的每股利润就会下降得更快。这就是说，企业利用财务杠杆，可能会产生好的效果，也可能会产生坏的效果。财务杠杆放大了资产报酬变化对普通股收益的影响，财务杠杆系数越高，表明普通股收益的波动程度越大，财务风险也就越大。只要有固定资本成本存在，财务杠杆系数总是大于 1。

企业应在利益和风险之间适当权衡，确定合理的财务杠杆系数。企业要调节财务杠杆，必须了解影响财务杠杆的因素。由财务杠杆系数的变换公式

$$DFL = \frac{EBIT}{EBIT - I - D/(1-T)} \tag{8-6}$$

可知，影响财务杠杆系数的基本因素包括息税前利润、财务利息、优先股股利和所得税税率，而影响财务利息的因素有长期资金规模、债务资金比例和债务利率，因此影响财务杠杆的主要因素包括息税前利润、长期资金规模、债务资金比例、债务利率、优先股股利以及所得税税率。

相对于经营杠杆来说，企业对财务杠杆进行调节的主动性比较大。企业可以通过对各种长期资金的比例安排，尤其是债务资金的比例安排，来调节财务杠杆的程度。在企业资本结构决策中会详细讲述这个问题。

8.3 总杠杆

8.3.1 总杠杆原理

1. 总杠杆的概念

总杠杆又叫联合杠杆、复合杠杆或总杠杆，是经营杠杆和财务杠杆的综合。经营杠杆反映的是由于固定经营成本的作用，息税前利润相对于营业收入的加乘效果。财务杠杆反映的是由于固定债务利息和优先股股利的作用，每股利润相对于息税前利润的加乘效果。因此，总杠杆反映的是由于固定经营成本、固定债务利息和优先股福利的存在，使得普通股每股利润的变动幅度大于营业收入变动幅度的现象。

2. 总杠杆利益和风险

总杠杆利益是指当企业的营业收入增加，固定经营成本、债务利息和优先股股利并不随之增长，因而每股利润将以更高的比例增长。

[例8-8] 将2005—2007年南岗公司的营业收入、息税前利润和每股利润的变动情况摘录到表8-7中。

表8-7 南岗公司2005—2007年营业收入、息税前利润和每股利润变动表（一）

年份	营业收入/万元	营业收入增长率/%	息税前利润万元	息税前利润增长率/%	每股利润/元	每股利润增长率/%
2005	1 000	—	200	—	0.28	—
2006	1 200	20	300	50	0.88	214.29
2007	1 400	16.67	400	33.33	1.48	68.18

由表8-7可见，2006年南岗公司营业收入比2005年增长20%，由于固定经营成本和债务利息与优先股股利保持不变，使得每股利润的增长率大大高于营业收入的增长率，达到了214.29%。同样，2007年南岗公司营业收入只比2006年增长16.67%，而每股利润则增长了68.18%。这就是固定经营成本、债务利息和优先股股利带来的综合杠杆利益。

总杠杆风险是指当企业的营业收入减少时，固定经营成本和债务利息与优先股股利并不随之减少，因而普通股每股利润将以更大的比例降低，企业的风险就越大。

[例8-9] 将3年来南岗公司的营业收入、息税前利润和每股利润的变动情况摘录到表8-8中。

表8-8 南岗公司2005—2007年营业收入、息税前利润和每股利润变动表（二）

年份	营业收入/万元	营业收入增长率/%	息税前利润/万元	息税前利润增长率/%	每股利润/元	每股利润增长率/%
2005	1 400	—	400	—	1.48	—
2006	1 200	-14.29	300	-25	0.88	-40.54
2007	1 000	-16.67	200	-33.33	0.28	-68.18

由表8-8可见，2006年南岗公司营业收入比2005年下降14.29%，由于固定经营成本和债务利息与优先股股利保持不变，使得每股利润的下降率大大高于营业收入的下降率，达到了40.54%。同样，2007年南岗公司营业收入只比2006年增长16.67%，而每股利润则增长了68.18%。这就是固定经营成本、债务利息和优先股股利带来的综合杠杆利益。

8.3.2 总杠杆系数

只要企业同时存在固定成本和固定财务费用等财务支出，就会存在总杠杆的作用。但不同企业，总杠杆作用程度是不完全一致的，因此，需要对总杠杆效应的程度进行计量。对总杠杆效应进行计量的最常用的指标是总杠杆系数。

总杠杆系数，也称复合杠杆系数（DTL），是指普通股每股收益变动率相当于产销量变动率的倍数，是经营杠杆系数和财务杠杆系数的乘积，其定义公式为

$$总杠杆系数\ DTL = DOL \times DFL = \frac{普通股每股收益变动率}{产销量变动率}$$

$$= \frac{\Delta EBIT/EBIT}{\Delta Q/Q} \times \frac{\Delta EPS/EPS}{\Delta EBIT/EBIT} = \frac{\Delta EPS/EPS}{\Delta Q/Q} \quad (8-6)$$

另外，当前后两年的P、V、F和I、D和T不变时，根据经营杠杆系数的变换公式和财务杠杆系数的变换公式可推导出综合杠杆系数的变换公式。

$$DTL = DOL \times DFL = \frac{S-C}{S-C-F} \times \frac{EBIT}{EBIT-I-D/(1-T)} \quad (8-7)$$

$$S - C - F = EBIT$$

$$DTL = \frac{S-C}{EBIT-I-D/(1-T)} = \frac{S-C}{S-C-F-I-D/(1-T)}$$

$$= \frac{Q(P-V)}{Q(P-V)-F-I-D/(1-T)} = \frac{M}{M-F-I-D/(1-T)} \quad (8-8)$$

对于无优先股的股份制企业或非股份制企业，上述总杠杆系数的计算公式可简化为：

$$DTL = \frac{Q(P-V)}{Q(P-V)-F-I} \qquad (8-9)$$

与经营杠杆系数和财务杠杆系数的变换公式类似，总杠杆系数的变换公式中所用的数据也均为基期数据。

[**例8-10**] 某企业2008年资产总额是1 000万元，资产负债率是40%，负债的平均利息率是5%，实现的销售收入是1 000万元，全部的固定成本和费用总共是220万元。如果预计2009年销售收入会提高50%，变动成本率为30%，其他条件不变。要求：计算2009年的经营杠杆系数、财务杠杆系数和总杠杆系数；预计2009年每股利润增长率。

（1）利息 = 1 000 × 40% × 5% = 20（万元）

固定成本 = 全部固定成本费用 − 利息 = 220 − 20 = 200（万元）

变动成本 = 销售收入 × 变动成本率 = 1 000 × 30% = 300（万元）

EBIT = 销售收入 − 变动成本 − 固定成本 = 1 000 − 300 − 200 = 500（万元）

经营杠杆系数 = $\frac{基期边际贡献}{基期息税前利润} = \frac{1\,000 - 300}{1\,000 - 300 - 200} = 1.4$

财务杠杆系数 = $\frac{息税前利润总额}{息税前利润总额 - 利息} = \frac{500}{500 - 20} = 1.042$

总杠杆系数 = 经营杠杆系数 × 财务杠杆系数 = 1.4 × 1.042 = 1.46

（2）2009年每股利润增长率 = 总杠杆系数 × 产销量变动率
= 1.46 × 50%
= 73%

8.3.3 影响总杠杆因素

总杠杆系数反映了经营杠杆和财务杠杆之间的关系，用以评价企业的整体风险水平。在总杠杆系数一定的情况下，经营杠杆系数和财务杠杆系数此消彼长。经营杠杆和财务杠杆有多种组合方式，例如当经营杠杆较高时，可适度降低财务杠杆，以保持企业总体风险在合适的水平上。一般情况下，企业只要将总杠杆系数即总风险控制在一定范围内，这样，经营杠杆系数较高（低）的企业只能在较低（高）的程度上使用财务杠杆。企业要调节总杠杆，必须了解影响总杠杆的因素。由于总杠杆是经营杠杆和财务杠杆的综合，因此前述影响经营杠杆和财务杠杆的因素都会影响到总杠杆，此处不再赘述。

【本章小结】

财务管理中的杠杆效应有 3 种形式,即经营杠杆、财务杠杆和总杠杆。

经营杠杆又叫营业杠杆或营运杠杆,是指由于固定经营成本的存在,而导致息税前利润的变动率大于产销量的变动率的杠杆效应。

经营杠杆系数,也称经营杠杆率(DOL),是指息税前利润变动率相当于销售量变动率的倍数,其计算公式为

$$经营杠杆系数 = \frac{息税前利润的变动率}{销售量的变动率} = \frac{\Delta EBIT/EBIT}{\Delta Q/Q}$$

财务杠杆又叫筹资杠杆或融资杠杆,它是指由于固定债务利息和优先股股利的存在,使得普通股每股利润(以下简称每股利润)的变动幅度大于息税前利润变动幅度的现象。

所谓的财务杠杆系数(DFL),是普通股每股利润的变动率相当于息税前利润变动率的倍数。其计算公式为

$$财务杠杆系数 = \frac{普通股每股利润变动率}{息税前利润变动率} = \frac{\Delta EPS/EPS}{\Delta EBIT/EBIT}$$

总杠杆又叫联合杠杆、复合杠杆或总杠杆,是经营杠杆和财务杠杆的综合。经营杠杆反映的是由于固定经营成本的作用,息税前利润相对于营业收入的加乘效果。

总杠杆系数,也称复合杠杆系数(DTL),是指普通股每股收益变动率相当于产销量变动率的倍数,是经营杠杆系数和财务杠杆系数的乘积。其定义公式为

$$总杠杆系数\ DTL = DOL \times DFL = \frac{普通股每股收益变动率}{产销量变动率}$$

$$= \frac{\Delta EBIT/EBIT}{\Delta Q/Q} \times \frac{\Delta EPS/EPS}{\Delta EBIT/EBIT} = \frac{\Delta EPS/EPS}{\Delta Q/Q}$$

【练习题】

1. 名词解释
(1)经营杠杆。
(2)财务杠杆。
(3)总杠杆。
(4)经营杠杆系数(DOL)。
(5)财务杠杆系数(DFL)。

2. 选择题
(1)经营杠杆产生的原因是企业存在(   )。
　　A. 销售费用　　　B. 财务费用　　　C. 管理费用　　　D. 固定营业成本

(2) 用于衡量销售变动对普通股每股收益变动影响程度的是（　　）。
   A. 财务杠杆系数　　　　　　　B. 总杠杆系数
   C. 经营杠杆系数　　　　　　　D. 债务杠杆系数

(3) 只要企业存在固定成本，则企业的经营杠杆系数必定满足（　　）。
   A. 与风险成反比　　　　　　　B. 与固定成本成反比
   C. 总是大于1　　　　　　　　D. 与销售额成反比

(4) 财务杠杆效应是指（　　）。
   A. 通过现金折扣获取的收益
   B. 利用债务筹资给企业带来的额外收益
   C. 提高债务比例来减少所得税
   D. 降低债务比例来减少财务费用

(5) 以下说法正确的是（　　）。
   A. 总杠杆系数 = 经营杠杆系数 − 财务杠杆系数
   B. 总杠杆系数 = 经营杠杆系数 + 财务杠杆系数
   C. 总杠杆系数 = 经营杠杆系数 ÷ 财务杠杆系数
   D. 总杠杆系数 = 经营杠杆系数 × 财务杠杆系数

3. 判断题

(1) 如果企业负债为零，则财务杠杆系数为1。　　　　　　　　　　（　　）

(2) 若一个企业没有经营风险，则其也没有财务风险；但有财务风险的企业，一定有经营风险。　　　　　　　　　　　　　　　　　　　　（　　）

(3) 经营杠杆系数是经营风险变化的根本来源。　　　　　　　　　（　　）

(4) 财务杠杆系数表明销售额变动所引起的息税前利润的变动幅度。（　　）

(5) 公司的总风险是经营风险和财务风险共同作用的结果。　　　　（　　）

4. 计算分析综合题

(1) 金蜂公司年销售额为210万元，息税前利润60万元，变动成本率60%；全部资本200万元，负债比率为40%，负债比率15%。计算：经营杠杆系数；财务杠杆系数；总杠杆系数。

(2) 某公司年营业收入为500万元，变动成本率为40%，经营杠杆系数为1.5，财务杠杆系数为2。计算：如果固定成本增加50万元，求新的总杠杆系数。

第3编

财务管理的方法

财务管理方法主要包括：财务预测、财务决策、财务预算、财务控制和财务分析。企事业的组织形式和财务特征各不相同，在进行具体的财务管理的时候，选取恰当的管理方法很重要。各企事业单位，在进行财务管理的实务中，往往同中有异、异中有同。熟悉财务管理方法、恰当地选择财务管理方法，取决于财务管理人员的素质和知识掌握程度，也决定财务管理的水平与效果。

第9章

财务预测

【学习目的】

(1) 了解财务预测的概念、程序、方法和步骤。
(2) 理解资金需要量预测、销售预测、成本预测、利润预测的一般内容。
(3) 掌握运用销售百分比法、本量利分析法进行财务预测的原理和方法。

【引导性案例】

三九集团的帝国梦

曾几何时,三九集团一度拥有超过200亿元总资产、3家上市公司和400余家子公司,涉足药业、农业、房地产、食品、汽车、旅游等产业。不过今日,三九集团已经风光不再。

2003年9月28日,有媒体刊文《98亿贷款:银行逼债三九集团》,披露三九集团共欠银行贷款约98亿元,已经陷入巨额财务危机。此文一出,顿时把三九集团的资金窘境曝光天下,在接下来的一个多月里,"讨债大军"纷至沓来,三九集团总部一片混乱,一些性急的银行开始封存三九集团的资产,冻结质押股权,并向法院提出了诉讼。三九集团在全国各地的数百家子公司都成了银行逼债的对象。其中做得最绝的是浙江湖州的工商银行,索性冻结了三九集团湖州药厂的银行账户,将所有的流动资金全数扣押,造成药厂资金链断裂,生产经营陷入停顿,只好宣布破产。

资料显示,在1995—1997年间,三九集团收购企业近50家,1999年以后,三九集团进一步通过并购等方式进行快速扩张。截止2004年底,三九集团的下属企业已达443家,一时间,三九集团成为子公司林立、跨行业、产权关系复杂的庞然大物，三九集团内部资金严重失控，集团公司和成员企业在没有认真进行可行性分析的情况下就盲目扩张，到处投资，并从银行借入大量债务，导致集团的财务风险大增。而由于集团内部复杂的组织结构，集团对于各子公司的资产、负债情况缺乏必要的了解，导致集团财务极度混乱，更加剧了集团的风险。

2005年12月23日，三九集团原董事长赵新先被批准逮捕，更使三九集团问题成为人们关注的焦点。

因而，不妨带着下面的问题去阅读本章。如果三九集团在进入新行业的初期就制定合适的财务预测，是否可以减少或避免遭遇的问题？

9.1 财务预测概述

9.1.1 财务预测的含义

财务预测是指估计企业未来的融资需求，根据财务活动的历史资料，考虑现实的要求和条件，对企业未来的财务活动和财务成果做出科学可预计和测算。它是财务管理的环节之一。其主要任务在于：测算各项生产经营方案的经济效益，为决策提供可靠的依据，预计财务收支的发展变化情况，以确定经营目标，测定各项定额和标准，为编制计划、分解计划指标服务。财务预测环节主要包括明确预测目标，搜集相关资料，建立预测模型，确定财务预测结果等步骤。

预测是进行科学决策的前提，它是根据所研究现象的过去信息，结合该现象的一些影响因素，运用科学的方法，预测将来的发展趋势，是人们认识世界的重要途径。

9.1.2 财务预测的目的

1. 财务预测是融资计划的前提

企业要对外提供产品和服务，必须要有一定的资产与其相匹配。销售增加时，要相应地增加流动资产，甚至还须增加固定资产，资产的增加意味着资金占用的增加。为取得扩大销售所需增加的资产，企业要筹措资金。这些资金，一部分来自留存收益，另一部分需要通过外部融资取得。通常，销售增长率较高时留存收益不能满足资金需要，即使获利良好的企业也需外部融资。对外融资，需要寻找资金提供者，需要较长时间的协商谈判，向他们做出还本付息的承诺或提供盈利前景，并使之相信其投资是安全的并且可以获利。因此，企业需要通过财务预测，预先知道自己外部融资的财务需求，提前安排融资计划，否则就可能因为临时融资失败而导致资金周转困难的问题。

2. 财务预测有助于改善投资决策

企业通过财务预测给人们展现了未来各种可能的前景，促使人们制订出相应的应急计划。预测和计划都是超前思考的过程,其结果并非仅仅是一个资金需要量或成本、利润等一组数字,还包括对未来各种可能前景的认识和思考。根据销售前景估计出的融资需要不一定总能满足,因此,企业进行投资决策时,就需要考虑可能筹措到的资金,使投资决策建立在可行的基础之上。

3. 财务预测的真正目的是有助于应变

财务预测与其他预测一样都不可能很准确。财务预测是对经营活动全面的事先思考,从表面上看,不准确的预测只能导致不准确的计划,从而使预测和计划失去意义。其实并非如此,预测可以提高企业对不确定事件的应变能力,加深了企业管理人员对未来各种可能前景的认识和思考,从而减少不利事件出现带来的损失,增加有利机会带来收益。

9.1.3 财务预测的基本步骤

1. 销售预测——财务预测的起点

财务预测的起点是销售预测。一般情况下,财务预测把销售数据视为已知数,作为财务预测的起点。销售预测本身不是财务管理的职能,但它是财务预测的基础,销售预测完成后才能开始财务预测。

销售预测对财务预测的质量有重大影响。如果销售的实际现状超出预测很多,企业没有准备足够的资金添置设备或储备存货,则无法满足顾客需要,这不仅会失去盈利机会,并且会丧失原有的市场份额。相反,销售预测过高,筹集大量资金购买设备并储备存货,则会造成设备闲置和存货积压,使资产周转率下降,导致净资产收益率降低,股价下跌。采用计算机预测模型时,一般只要输入历史的销售数据和财务数据,就可同时完成销售预测和财务预测。

2. 估计需要的资产和自发性的负债

通常,资产是销售量的函数,根据历史数据可以分析出该函数关系。根据预计销售量和资产销售函数,可以预测所需资产的总量。某些流动负债也是销售的函数,亦应预测负债的自发增长,这种增长可以减少企业外部融资的数额。

3. 估计收入、费用和保留盈余

假设收入和费用是销售的函数,可以根据销售数据估计收入和费用,并确定净收益。净收益和股利支付率共同决定保留盈余所能提供的资金数额。

4. 估计所需筹资额

根据预计资产总量,减去已有的资金来源、负债的自发增长和内部提供的资金来源便可得出外部融资的需求。

9.1.4 财务预测的一般方法

财务预测一般有定性财务预测和定量财务预测两种方法。

定性财务预测是通过判断事物所具有的各种属性进行预测的方法,它是建立在经验判断、逻辑思维和逻辑推理基础之上的，主要特点是利用直观的材料，依靠个人的经验的综合分析，对事物的未来状况进行预测。

定量财务预测是通过分析事物各项因素、属性的数量关系进行预测的方法。它的主要特点是根据历史数据找出其内在规律，运用连贯性原则和类推性原则，通过数学运算对事物未来状况进行数量预测。

上述两类方法并不是相互孤立的，在进行财务预测时，经常要综合运用。

9.2 资金需要量预测

资金的筹集是任何经营管理活动都必不可少的环节，无论是企业开办之初，还是进行持续的生产经营，都会产生相应的资金需求。因此，对资金的筹集、对资金需要量的预测和规划在经营管理中有着重要的意义。

资金需要量预测，是以预测期企业生产经营规模的发展和资金利用效果的提高为依据，在分析历史资料、技术经济条件的发展规划的基础上，运用相应的财务预测方法，对预测期资金需要量进行科学的预计和推测。

9.2.1 资金需要量预测的意义

1. 资金需要量预测是企业制订融资计划的基础

由于资金筹集的方式和渠道受筹资对象、筹资范围、筹资时间、筹资方式、筹资成本等因素的影响，筹资存在一定的客观风险。在筹资的过程中，一般要遵循足量而不过量的原则，注重收益与成本的比较，确定合理的资金结构，降低成本和风险。因此，恰当的融资计划，能够为企业融资的实现奠定良好的基础，而合理的资金需要量预测，为企业制订融资计划提供依据。

2. 资金需要量预测有助于改善企业的投资决策

企业的投资决策是否恰当，直接影响到投资收益和筹资成本，对企业的持续经营和发展有着决定性的影响。企业的筹资量应根据投资的对象和规模遵循适度的原则，因此，合理的资金需要量预测对保证资金供应、改善企业的投资决策起到了重要的作用。

9.2.2 资金需要量预测的步骤

1. 销售预测

销售预测是企业财务预测的起点。销售预测本身不是财务管理的职能，但它是财务预测的基础，销售预测完成后才能开始财务预测。因此，企业资金需要量的预测也应当以销售预测为基础。

2. 估计需要的资产

资产通常是销售量的函数，根据历史数据可以分析出该函数关系。根据预计销售量和资产销售函数,可以预测所需资产的总量。某些流动负债也是销售的函数,相应的也可以预测负债的自发增长率,这种增长可以减少企业外部融资的数额。

3. 估计收入、费用和留存收益

收入和费用与销售额之间也存在一定的函数关系,因此,可以根据销售额估计收入和费用,并确定净利润。净利润和股利支付率,共同决定了留存收益所能提供的资金数额。

4. 估计所需要的追加资金需要量,确定外部融资数额

根据预计资产总量,减去已有的资金来源、负债的自发增长和内部提供的留存收益,得出应追加的资金需要量,以此为基础进一步确定所需的外部融资数额。

9.2.3 资金需要量预测的方法

1. 销售百分比法

销售百分比法是根据销售与资产负债表、利润表项目之间的比例关系,来预测企业资金需要量的一种方法。

销售百分比法的主要优点是能为财务管理提供短期预计的财务报表,以适应外部筹资的需要,且易于使用。但这种方法也有缺点,倘若有关销售百分比与实际不符,据此进行的预测就会形成错误的结果。因此,在有关因素发生变动的情况下,必须相应地调整原有的销售百分比。

运用销售百分比法,一般借助于预计利润表和预计资产负债表。通过预计利润表预测企业留用利润这种内部资本来源的增加额;通过预计资产负债表预测企业资本需要总额和外部筹资的增加额。

(1) 预计利润表。

预计利润表实质是计算预计年度留存收益的增加额,其主要步骤为:①根据基期利润表,求出各项目与销售收入之间的比例关系。②根据预计年度销售收入、各项目与收入的比例关系,求出预计年度利润表。③根据预计年度净利润和股利支付率,求出预计年度留存收益增加额。具体公式如下。

预计年度增加的留存收益
= (预计销售收入 − 预计各项成本费用) × (1 − 所得税税率) × (1 − 股利支付率)
= 预计销售收入 × 销售净利润率 × 留存收益率
= 预计销售收入 × 销售净利润率 × (1 − 股利支付率) (9 − 1)

[例 9 − 1] 甲公司采用销货百分比法预测资金需要量,预计 2010 年的销售收入为 7 200 万元,预计销售成本、营业费用、管理费用、财务费用占销售收入的百分比分别为 78%、1.2%、14.6%、0.7%,适用企业所得税税率为 33%。若甲

公司 2010 年计划股利支付率为 60%，则该公司 2010 年留存收益的增加额应为多少？

留存收益的增加额 = 7 200 × (1 − 78% − 1.2% − 14.6% − 0.7%) × (1 − 33%) × (1 − 60%) = 106.128 （万元）

（2）预计资产负债表。

预计资产负债表实质是计算预计年度资产、负债的变动金额，包括敏感项目和非敏感项目两类。敏感性项目是指随着销售收入变动的资产、负债项目，如库存现金、应收账款、存货、应付账款、应付职工薪酬、应交税费等；非敏感性项目是指不随着销售收入变动的资产、负债项目，如固定资产、长期股权投资、短期借款、应付债券、实收资本、留存收益等。

预计资产负债表的主要步骤为：①根据基期资产负债表，求出各敏感项目与销售收入之间的比例关系。②根据预计年度销售收入、各敏感项目与收入的比例关系，求出预计年度资产、负债变动金额。

预计年度增加的资产 = 预计年度销售增加额 × 基期敏感资产占基期销售收入的百分比 (9 − 2)

预计年度增加的负债 = 预计年度销售增加额 × 基期敏感负债占基期销售收入的百分比 (9 − 3)

[例 9 − 2] 乙公司 2010 年的敏感资产和敏感负债总额分别为 1 600 万元和 800 万元，实现销售收入 5 000 万元。公司预计 2011 年的销售收入将增长 20%，留存收益将增加 40 万元。则该公司采用销售百分比法预测 2011 年的追加资金需要量为多少？

追加资金需要量 = 5 000 × 20% × (1 600/5 000 − 800/5 000) − 40 = 120（万元）

2. 回归分析预测法

资金需要量的回归分析预测法是假定资金需要量与销售额之间存在线性关系，然后根据历史资料，用最小二乘法确定回归直线方程的参数，利用直线方程预测资金需要量的一种方法。

其预测模型为

$$y = a + bx \qquad (9 − 4)$$

式中，y 为资金需要量；x 为销售额；a 为固定的资金需要量（即不随销售额增加而变化的资金需要量）；b 为变动资金率（即每增加 1 元的销售额需要增加的资金）。

参数 a、b 的公式为：

$$\begin{cases} na + b\sum x = \sum y \\ a\sum x + b\sum x^2 = \sum xy \end{cases}$$

$$b = \frac{\sum x \sum y - n\sum xy}{(\sum x)^2 - n\sum x^2}$$

$$a = \bar{y} - b\bar{x}$$

$$\bar{x} = \frac{1}{n}\sum x$$

$$\bar{y} = \frac{1}{n}\sum y$$

式中，$\bar{x}$ 和 $\bar{y}$ 为 x 和 y 的平均值。

[例9-3] 某企业 2005—2010 年 6 年的销售额及资金需要量如表 9-1 所示，该企业的生产较稳定，若 2010 年企业计划销售额为 500 万元，要求利用回归分析预测法预测企业 2010 年资金需要量。

表 9-1 2005—2010 年销售额及资金需要量统计表　　　　　　　　万元

年份	2005	2006	2007	2008	2009	2010
销售额（x）	380	460	400	480	520	560
资金需要量（y）	200	240	220	250	280	290

利用回归分析法，假设资金需要量（y）与销售额（x）之间存在线形关系，代入式（9-4）可以计算得出

$$b = 0.49 \quad a = 18$$

即

$$y = 18 + 0.49x$$

当 2011 年的销售额为 500 万元时，资金需要量为

$$y = 18 + 0.49 \times 500 = 263（万元）$$

9.3 销售预测

财务预测的起点是销售预测。在企业经营预测中，销售预测是处于先导地位的。在"以销定产"的方式下，对企业产品销售的预测对于其他预测（产品成本预测、利润预测以及资金需要量的预测）起着决定性的作用。销售预测是运用一定的方法，分析影响企业销售变化的各种因素，测算出企业在未来一段时间内的销售量及变化趋势。如果销售预测与实际情况偏差很大，会造成对企业极为不利的后果。如果销售预测过于乐观，筹集了大量资金购买设备和扩大生产，会导致企业的厂房、设备和存货的大量闲置，这意味着企业的周转率很低，利润率和

净资产报酬率下降。搞好销售预测不仅有利于提高企业经营决策的科学性，而且使企业经营目标落到实处，真正与民众的需要和社会的发展相适应。也便于企业以销定产，使企业的产品生产避免盲目性，使产品的供、产、销密切衔接，从而大大提高企业的经营效益。因此，准确的销售预测对财务预测影响重大，并且对企业的发展也至关重要。

9.3.1 销售预测的步骤

一般来说，销售预测有如下 5 个步骤。

（1）制定预测规划。销售预测是一项复杂的工作，应有重点地选择预测对象，拟定预测规划，组织人力和安排时间，才能有效地完成预测工作。

（2）收集和整理数据资料。影响销售的因素很多，包括外部因素和内部因素。外部因素主要有国内外的政治和经济环境、政策监管条件、行业内的竞争情况等，内部因素有产品质量、产品价格、服务质量、生产能力、营销策略等。为了准确地预测销售情况，需要充分了解各种因素，收集相关数据和信息，并对资料进行分类和整理。

（3）进行分析预测。在进行预测时，应根据不同的对象和内容，选择合适的方法进行定性分析和定量预测，以得到更为准确的结果。

（4）判断预测误差。由于实际中存在很多不确定因素，预测无法完全消除偏差，所以在做出预测后还要估计可能的误差范围。尤其要针对重要的不确定因素进行敏感性分析，了解可能出现的各种情形下的销售情况。

（5）评价预测效果。这是在事后进行的评价，将预测的结果与实际发生的情况进行比较，分析出现差异的原因，以便在下期的预测中进行修正。这个步骤使得销售预测和财务预测作为一个动态的循环过程。

9.3.2 销售预测的方法

进行销售预测的方法有很多，销售预测的基本方法包括定性分析和定量分析两大类。

1. 定性销售预测

销售的定性预测分析法是指主要依靠预测人员的实践经验和知识以及主观分析判断能力，在考虑环境因素对经营影响的情况下，对事物的性质和发展趋势进行预测的分析方法。

定性销售预测分析一般分为判断分析法和调查分析法两大类。判断分析法是指，由各销售人员根据直觉进行预估，再由销售经理加以综合，从而得出企业总体销售预测（量或额）的一种销售预测方法。这种方法一般适用于不便直接向顾客进行调查的公司。调查分析法是指通过对有代表性的消费意向调查，了解市场的需求变化趋势，进行销售预测的一种方法。凡是顾客数量有限，调查费用不高，客户意向比较明确并不会轻易改变的产品销售企业，均可采用这种预测方法。

采用定性预测分析法应该注意：①选择具有普遍性和代表性的客户进行调查。②选择相对简单并且能够让客户乐于接受的调查方法。③获取数据时要遵循去伪存真、去粗取精的处理原则。

2. 定量销售预测

定量销售预测是指，主要采用应用数学方法，对与销售有关的各种经济数值信息进行科学加工，并建立数学模型，充分结识各有关变量之间的规律性联系，并作出相应预测结论的一种销售预测方法。定量销售预测具体方法包括趋势分析法、因果预测分析法、季节预测分析法和购买力指数法。

1）趋势分析法

（1）算术平均法。算术平均法是求出过去若干时期销售额的算术平均数作为计划销售额的预测数的一种预测方法，其计算公式为

$$计划预测销售额 = \sum 各期销售额 \div 期数 \qquad (9-5)$$

[例9-4] 南岗公司2006—2010年销售额统计如下表9-2所示。

表9-2 2006—2010年销售额统计表   万元

年 份	2006	2007	2008	2009	2010
销售额	580	560	610	600	630

要求：运用平均法对南岗公司2011年的销售额进行预测。

2011年销售额预测数 = (580 + 560 + 610 + 600 + 630) ÷ 5 = 596（万元）

运用算术平均法进行预测，方法简单，计算简便。但是往往忽略了远近期实际销售额对计划预测数的不同影响，结果一般误差较大，一般只适用于常年销售情况较稳定的企业。

（2）移动平均法。移动平均法是一种改良的算术平均法，是根据近期数据对预测值影响较大，而远期数据对预测值影响较小的原理，按照时间顺序，逐渐移动，依次计算出包含一定项数的时间序列平均数，形成一个平均数时间序列，并据此进行预测。其计算公式为

$$计划预测销售额 = 最后移动期销售额平均数$$
$$= \sum 最后移动期销售额 \div n 期 \qquad (9-6)$$

例如：依据表9-2数据，运用移动平均法对南岗公司2011年的销售额进行预测，若 $n = 3$，则利用2008 - 2010最后3年的销售额计算：

2011年销售额预测数 = (610 + 600 + 630) ÷ 3 = 613.33（万元）

按照移动平均法的原理，若预测 2012 年销售额，则利用 2009—2011 年的销售额平均计算。

（3）加权移动平均法。加权移动平均法是在移动平均法的基础上，根据不同时期的数据对预测值的影响程度，分别给予不同的权数，然后再进行平均移动以预测未来值。一般来说，对较近的数据给予较大的权数，对较远的数据给予较小的权数，来弥补移动平均法的不足。其计算公式为

$$\text{计划预测销售额} = \frac{\text{所选期数内历史数据与权数的乘积之和}}{\text{所选历史数的权数之和}} \qquad (9-7)$$

例如：依据表 9-2 数据，运用加权移动平均法对南岗公司 2011 年的销售额进行预测，若移动期为 3，权数分别为 1、2、3，则：

2011 年销售额预测数 = $(610 \times 1 + 600 \times 2 + 630 \times 3) \div (1 + 2 + 3)$
= 616.67（万元）

加权移动平均法较移动平均法而言，更能够真实反映时间序列的发展规律。但是由于权数的确定没有相对统一的标准，所以在确定权数时需要全面考虑各种影响因素，对权数进行反复比较，而这也是加权移动平均法最关键的问题。

（4）指数平滑法。指数平滑法是通过导入平滑系数（也称为加权因子），计算出销售预测数的一种方法。原则上，平滑系数的取值要求大于 0 而小于 1，一般取值为 0.3~0.7。其计算公式为

计划预测销售额 = 平滑系数 × 上期实际销售额 + (1 - 平滑系数) × 上期预测销售额
$$(9-8)$$

指数平滑法与加权移动平均法颇为相似，可以排除在实际销售中所包含的偶然因素的影响，由于只设定平滑系数一个权数，该方法更为简便、灵活，但在确定平滑系数时受一定的主观因素的影响。平滑系数越大，则近期实际销售额对预测值的影响越大；平滑系数越小，则近期实际销售额对预测值的影响越小。一般情况下，对销售额进行长期预测时，选用较小的平滑系数；对销售额进行短期预测时，采用较大的平滑系数。

2）因果预测分析法

（1）直线回归分析法。直线回归分析法在前述资金需要量预测中已有介绍，是根据企业过去若干期业务量和资金占用的实际销售历史资料，确定可以反映销售变动趋势的一条直线，建立直线回归方程，进而计算计划期销售预测数的方法。

直线回归方程为：$y = a + bx$ $\qquad (9-9)$

如果销售量（y）与影响其结果的因素（x）满足直线回归方程的线性关系，就可以采用直线回归法进行销售预测。

其中，

$$a = \frac{\sum x^2 \sum y - \sum x \sum xy}{n \sum x^2 - (\sum x)^2}$$

$$b = \frac{n\sum xy - \sum x \sum y}{n\sum x^2 - (\sum x)^2}$$

另有也可以在先求出 b 后，a 再这样求解：

$$a = \frac{\sum y - b\sum x}{n}$$

回归直线法在理论上比较健全，计算结果精确，但是，计算过程比较繁琐。如果使用计算机的回归分析程序来计算回归系数，这个缺点则可以较好地克服。

（2）多元回归法。多元回归法是指通过对两个或两个以上的自变量与一个因变量之间存在的线性关系，建立模型进行预测的方法。

实际上，销售的发展和变化取决于多个影响因素的情况，也就是一个因变量和几个自变量有依存关系，而且有时几个影响因素主次难以区分，或者有的因素虽属次要，但也不能忽略。例如，某商品的销售量既与人口增长的变化相关，也与商品价格变化相关，这时采用回归直线法是难以预测的，需要采用多元回归法进行预测。

多元回归法回归模型的一般公式为

$$y = a + b_1x_1 + b_2x_2 + b_3x_3 + \cdots + b_nx_n \qquad (9-10)$$

多元回归法的基本原理和步骤与回归直线法没有原则上的区别，大体相同。

（3）对数直线法。对数直线法也称指数曲线法，是在因变量 y 和自变量 x 满足方程 $y = ab^x$ 的指数函数关系时所采用的预测方法。这种方法适用于销售量大致按比率变动的情况。

$$y_t = ab^x \qquad (9-11)$$

两边同时取对数得

$$\lg y_t = \lg a + x' \lg b$$

接下来的求法与回归法相同求 $\lg a$，$\lg b$。

3）季节性预测分析

季节预测分析法是在上述预测方法的基础上，通过销售额每年重复出现的周期性季节变动指数，预测其季节性变动趋势。这种方法可以用来反映销售额的季节性变动特征。具体步骤如下：先收集历年（通常至少 3 年）各月份或各季度的统计资料，求出各年同月份或同季度的平均数（用 P 表示），然后求出历年间所有月份或季度的平均数（用 M 表示），再计算出各月份或各季度的季节指数（用 T 表示），即 $T = (P \div m) \times 100\%$，再根据未来年度的全年趋势预测数，求出各月份或各季度的平均趋势预测数，最后乘以相应季节指数，即得出未来年度内各月份和各季度包含季节变动的预测值。

$$\text{计划预测销售额} = \text{平均趋势预测值} \times \text{季节指数} \qquad (9-12)$$

这种方法必须建立在前面讲到的预测方法（得出的预测值）基础之上，乘以季节指数得出预测结果。

4）购买力指数法

购买力指数是指某地区市场上某类商品的购买力占整个市场购买力的百分比。购买力指数法就是企业按照各地区购买力指数，将自己的销售潜量总额分配到各个地区市场的一种预测方法。

购买力指数预测模型为

$$B_i = a_i y_i + b_i r_i + c_i p_i \qquad (9-13)$$

式中，B_i 为 i 地区购买力占全国总购买力的百分比；y_i 为 i 地区可支配的个人收入占全国零售额的百分比；p_i 为 i 地区人口占全国人口的百分比；a_i，b_i，c_i 为上述 3 个因素相应的权数。

购买力指数法，是在其他预测方法的基础上，把预测的销售总量分配给各地区市场的一种方法。

9.4 成本预测

成本预测是指运用一定的科学方法，对未来成本水平及其变化趋势作出科学的估计。通过成本预测，掌握未来的成本水平及其变动趋势，有助于减少决策的盲目性，使经营管理者易于选择最优方案，作出正确决策。

9.4.1 成本预测的内容

成本预测包括 6 个方面的内容。

（1）新建和扩建企业低成本预测，预测本企业的目标成本水平及其实现目标成本的可能性。

（2）在新的条件下对原有产品的成本预测。

（3）新产品的成本预测，预测企业改变经营方向后，新投产产品的成本水平及在市场经济中的竞争力。

（4）确定技术措施方案的成本预测，预测企业劳动生产率提高幅度对企业产品成本水平的影响。

（5）社会宏观经济因素发展变化对企业成本水平的影响。

（6）预测企业内部经营管理加强对企业成本水平的影响。

9.4.2 成本预测的步骤

从预测的期限来看，成本预测可分为长期预测（3 年、5 年）和短期预测（月、季、年）。比较普遍的是在编制年度成本计划时预测年度成本计划指标。成本预测通常可按以下 4 个步骤进行。

（1）确定预测的目标。针对企业现存的实际情况提出一个目标成本草案。

（2）收集和分析信息资料。采用各种专门方法，预测本企业在当前实际情况下成本可能达到的水平，并算出预测成本与目标成本的差距。

（3）分析各因素影响，提出各种降低成本的方案。动员企业内部一切潜力，拟定出降低成本的各种可行性方案，力求缩小预算成本与目标成本的差距。

（4）分析预测误差，修正预测结果。对降低成本的各种可行性方案进行技术经济分析，从中选出经济效益最佳的降低成本方案，并据以制定正式的目标成本，做出成本的最优决策。

9.4.3 成本预测的方法

成本预测的方法有很多，主要包括定性分析法和定量分析法两大类。

1. 定性分析法

成本预测的定性分析法，是由成本核算方面的专业人员根据个人实践经验和专业知识，依靠逻辑思维及综合分析能力，对成本可能达到的水平和发展趋势作出推断。主要包括专家会议法，德尔菲法和主观概率法等。

（1）专家会议法。专家会议法是指根据规定的原则选定一定数量的专家，按照一定的方式组织专家会议，发挥专家集体的智慧结构效应，对预测对象未来的发展趋势及状况，作出判断的方法。专家会议有助于专家们交换意见，通过互相启发，可以弥补个人意见的不足；通过内外信息的交流与反馈，产生"思维共振"，进而将产生的创造性思维活动集中于预测对象，在较短时间内得到富有成效的创造性成果，为决策提供预测依据。但是，专家会议也有不足之处，如有时心理因素影响较大、易屈服于权威或大多数人意见、易受劝说性意见的影响、不愿意轻易改变自己已经发表过的意见等。

（2）德尔菲法。德尔菲法是为了克服专家会议法的缺点而产生的一种专家预测方法。在预测过程中，专家彼此互不相识、互不往来，这就克服了在专家会议法中经常发生的专家们不能充分发表意见、权威人物的意见左右其他人的意见等弊病。各位专家能真正充分地发表自己的预测意见。德尔菲法能发挥专家会议法的优点，即能充分发挥各位专家的作用，集思广益，准确性高；能把各位专家意见的分歧点表达出来，取各家之长，避各家之短。同时，德尔菲法又能避免专家会议法的缺点，权威人士的意见影响他人的意见；有些专家碍于情面，不愿意发表与其他人不同的意见；出于自尊心而不愿意修改自己原来不全面的意见。德尔菲法的主要缺点是过程比较复杂，花费时间较长。

（3）主观概率法。主观概率法是市场趋势分析者对市场趋势分析事件发生的概率（即可能性大小）做出主观估计，或者说对事件变化动态的一种心理评价，然后计算它的平均值，以此作为市场趋势分析事件的结论的一种定性市场趋势分析方法。主观概率法一般和其他经验判断法结合运用。主观概率是一种心理评价，判断中具有明显的主观性。对同一事件，不同人对其发生的概率判断是不同的。主观概率的测定因人而异,受人的心理影响较大,谁的判断更接近实际,主要取决于市场趋势分析者的经验、知识水平和对市场趋势分析对象的把握程度。在实际中,主观概率与客观概率的区别是相对的,因为任何主观概率总带有客观性。市场趋势分析者的经验和其他活信息是市场客观情况的具体反映,因此不能把主观概率看成为纯主观的东西。另一方面,任何客观概率在测定过程中也难免带有主观因素,因为实际工作中所取得的数据资料很难达到(大数)规律的要求。所以,在现实中,既无纯客观概率,又无纯主观概率。

2. 定量分析法

成本预测的定量分析法,是利用历史成本资料以及成本与其影响因素之间的数量关系,通过一定的数字模型来推测、计算未来成本水平。

定量分析法主要包括高低点法、加权平均法和回归分析法。

(1) 高低点法。高低点法是求出一定时期历史资料中最高业务量的总成本与最低业务量的总成本之差(Δx)与最高最低业务量之差(Δy)的比值,确定为单位变动成本 b;然后再计算固定总成本额 a 的方法。

其计算公式为

$$y = a + bx$$
$$\Delta y = b \times \Delta x$$
$$b = \Delta y / \Delta x \qquad (9-14)$$

再以 b 的值代入高点(H)或低点(L)业务量的成本方程式即可求得 a。

$$a = y_H - bx_H \quad 或 \quad a = y_i - bx_i$$

b 与 a 的值求得后,再代入计划期(P)的总成本方程式即可预测出计划期的产品总成本和单位成本。

预测计划期产品总成本 ($y_p = a + bx_p$)

预测计划期产品单位成本 $= \dfrac{y_p}{x_p}$

[**例 9 - 5**] 南岗公司 1~6 月份的成本与业务量的资料如表 9-3,计算单位变动成为是多少?

表 9-3 南岗公司 1~6 月份成本与业务量

月份	业务量/件	总成本/元
1	552	745
2	761	850
3	535	702.7
4	655	882
5	754	965
6	882	1 015

在过去的成本资料中找到业务量最高（882）的最高总成本（1 015），和业务量最低（535）的最低总成本（702.7）计算单位变动成本 b。

$$单位变动成本(b) = \frac{1\,015 - 702.7}{882 - 535} = 0.9(元)$$

[**例 9 – 6**] 假如南岗公司只生产一种产品，从它最近一年的历史成本数据中获悉该公司产量最高的月份为 12 月，共生产 10 000 件，其总成本为 250 000 元。若计划年度一月份的产量为 20 000 件，预测其总成本与单位成本各为多少？

上述有关资料如表 9 – 4 所示。

表 9 – 4　南岗公司高点、低点对应业务量与总成本

摘要	高点（12 月份）	低点（4 月份）	差异（Δ）
业务量（x）/件	10 000	6 000	$\Delta x = 4\,000$
总成本（y）/元	370 000	250 000	$\Delta y = 120\,000$

$$b = \Delta y/\Delta x = \frac{120\,000}{4\,000} = 30\ （元）$$

代入高点：$a = y_H - bx_H = 370\,000 - (30 \times 10\,000) = 70\,000$（元）

代入低点：$a = y_L - bx_L = 250\,000 - (30 \times 6\,000) = 70\,000$（元）

预测计划年度一月份产品的总成本 $= a + bx_p = 70\,000 + (30 \times 20\,000) = 670\,000$（元）

预测计划年度一月份产品的单位成本 $= \dfrac{y_p}{x_p} = \dfrac{670\,000}{20\,000} = 33.5$（元）

（2）加权平均法。加权平均法是根据过去若干时期的固定成本总额及单位变动成本的历史资料，按其距计划期逾近，对计划期的影响逾大，故所加权数就应大些；反之距离计划期越远，对计划期影响较小，所加权数就应越小。它的计算公式如。

因为 $y = a + bx$

$$预测计划期间总成本（y）= \frac{\sum aw}{\sum w} + \frac{\sum bw}{\sum w}x \qquad (9-15)$$

式中，w 为权数。

此法适用于企业的历史成本资料具有详细的固定成本总额与单位变动成本的数据，否则就只能采用上述的高低点法，或后面即将介绍的回归分析法。

（3）回归分析法。回归分析法，或称回归直线法，是研究变量之间相互关系的一种数理统计方法。它是先从变量的资料中，找出变量之间的内在联系，加以模型化，形成经验公式，即回归方程 $y = a + bx$。运用这个方程，根据自变量的变化来预测变量的数值。方程中的两个常数 a、b 可以用式（9 – 16）

计算。

$$a = \frac{\sum y - b \sum x}{n} \qquad b = \frac{n \sum xy - \sum x \sum y}{n \sum x^2 - (\sum x)^2} \qquad (9-16)$$

[**例 9 – 7**] 八一工厂是一家生产小型机器设备的加工厂,该厂所生产的一种小型机器在 2010 年 1~5 月的产量和单位成本如表 9 – 4 所示,该年 6 月份计划产量为 40 台,试利用回归分析法预测 6 月份该产品的总成本和单位成本。

表 9 – 5　回归分析法计算表

月份	产量 x/台	总成本 y/元	xy/元	x^2
1	10	6 000	60 000	100
2	40	12 000	480 000	1 600
3	30	13 500	405 000	900
4	20	11 000	220 000	400
5	50	20 000	1000 000	2 500
n = 5	$\sum x = 150$	$\sum y = 62\ 500$	$\sum xy = 2\ 165\ 000$	$\sum x^2 = 5\ 500$

根据上述资料按照公式计算过程如表 9 – 6 所示。

表 9 – 6　计算进程

月份	产量/台	总成本/元
1	10	6 000
2	40	12 000
3	30	13 500
4	20	11 000
5	50	20 000

将表中的有关数据代入上述回归分析法计算公式,分别计算 b 和 a 的值。

$$b = \frac{n \sum xy - \sum x \sum y}{n \sum x^2 - (\sum x)^2} = 290(元)$$

$$a = \frac{\sum y - b \sum x}{n} = 3\ 800(元)$$

6 月份该产品的总成本（y）= a + bx = 3 800 + 290 × 40 = 15 400（元）
6 月份该产品的单位成本 = 15 400 ÷ 40 = 385（元）

9.5 利润预测

利润预测是按照企业经营目标的要求，在销售预测的基础上，根据企业未来发展目标和其他相关资料，对企业未来应当达到和可望实现的利润水平及其变动趋势作出的科学预计和测算。它主要是指对企业目标利润的预测。

企业的利润包括营业利润、投资净收益、营业外收支净额3部分，所以利润的预测也包括营业利润的预测、投资净收益的预测和营业外收支净额的预测。在利润总额中，通常营业利润所占的比重最大，是利润预测的重点，其余两部分可以用较为简便的方法进行预测。

9.5.1 利润预测的意义

搞好企业的利润预测，不仅有利于企业合理规划目标利润，在激烈的市场竞争中求得生存并不断发展，而且有利于企业加强利润管理，寻求增加盈利的有效途径。

1. 利润预测是提高企业经济效益的重要手段

搞好利润预测，能够将企业管理各方面的积极性广泛调动起来，将生产经营各环节的潜力充分挖掘出来，从而达到改善经营管理、增加收入、节约开支、提高企业经济效益的目的，使整个企业的总体目标建立在坚实可行的基础之上。

2. 利润预测是实现企业经营目标的重要环节

目标利润是企业在未来一定时期内所要实现的利润指标，它是企业经营活动必须要考虑的重要战略目标之一。目标利润预测是根据企业经营目标的要求，在市场预测基础上，根据企业的实际情况，采用相应的预测方法合理地测定目标利润的过程。科学合理的利润预测，有利于规划好企业的经营目标。

3. 利润预测是加强利润管理的重要措施

影响利润变动的因素是多方面的，如销售量、价格、成本费用、相关税费等。通过利润预测，认真分析各因素的影响方向和影响程度，有利于加强企业在生产经营过程中的利润管理，寻求增加盈利的途径。

9.5.2 利润预测的内容

利润预测主要包括营业收入预测、费用预测和目标利润预测3个方面的内容。

1. 营业收入预测

营业收入预测是指以市场调查研究为基础，运用一定的方法，结合企业历史销售资料和市场供求状况及发展趋势，对企业未来一定期间的可以实现的营业收入进行预计和测算。

2. （成本）费用预测

（成本）费用预测就是根据有关资料和数据，结合企业未来发展前景和趋势，采用一定的方法，对未来一定时期成本费用水平和目标成本费用进行预计和测算。搞好费用预测，对于挖掘降低费用的潜力，科学地编制费用计划，正确进行经营决策，提高经济效益具有重要意义。

根据成本的习性，可以将成本分为固定成本和变动成本。固定成本是指与商品产销数量没有直接联系，在一定时期和一定产销数量范围内其发生总额保持相对稳定不变的成本。变动成本是指其发生额随商品产销数量的增减变化而相应变动的成本。

3. 目标利润预测

目标利润预测是指按照一定方法预计并确定未来企业在利润方面应当达到的奋斗目标的过程。目标利润预测是利润预测的核心。目标利润预测的根本目的就是，在考虑到企业生存发展对利润的需求的基础上，充分考虑企业的主客观条件，提出未来一定期间从事生产经营活动应实现的利润目标。

9.5.3 利润预测的方法

利润预测的方法主要有本量利分析法、相关比率法和因素分析法。

1. 本量利分析法

本量利分析法是根据有关产品的产销数量、销售价格、变动成本和固定成本等因素同利润之间的相互关系，通过分析计量而确定企业目标利润的一种方法。

（1）本量利成本分析的基本公式。为了进行本量利分析，需要将总成本分解为固定成本与变动成本，其方法有个别成本分解法和总成本分解法。

A. 个别成本分解法。个别成本分解法是根据会计明细账逐项查找固定成本和变动成本，然后分别进行汇总确定固定成本与变动成本的一种方法。

B. 总成本分解法（高低点法、变动成本率分解法）。总成本分解法所考虑的相关因素之间的关系可以用下列基本公式来反映。

变动成本率 =（高点总成本 − 低点总成本）/（高点销售收入 − 低点销售收入）

（9 − 17）

$$变动成本 = 销售收入 \times 变动成本率 \qquad (9-18)$$

$$固定成本 = 总成本 - 变动成本 \qquad (9-19)$$

[例 9 − 8] 假设公司上期销售收入 5 000 万元，总成本 4 800 万元，本期收入 6 000 万元，总成本 5 400 万元，则变动成本率为多少？本年变动成本为多少？本年固定成本为多少？

$$变动成本率 =（5\,400 - 4\,800）\div（6\,000 - 5\,000）= 60\%$$

$$本年变动成本 = 6\,000 \times 60\% = 3\,600（万元）$$

$$本年固定成本 = 6\,000 - 3\,600 = 2\,400（万元）$$

（2）边际贡献方程式。边际贡献是指销售收入减去变动成本后的余额，边际贡献是运用盈亏分析原理，进行产品生产决策的一个十分重要指标。通常，边际贡献又称为"边际利润"或"贡献毛益"等。

边际贡献一般可分为单位产品的边际贡献和全部产品的边际贡献，其计算方法如下。

$$\text{单位产品边际贡献} = \text{销售单价} - \text{单位变动成本}$$
$$= \text{边际贡献总额} \div \text{销售量} \tag{9-20}$$
$$\text{全部产品边际贡献} = \text{全部产品的销售收入} - \text{全部产品的变动成本}$$
$$= \text{单位边际贡献} \times \text{销售量} \tag{9-21}$$
$$\text{边际贡献率} = \text{边际贡献总额} \div \text{销售收入总额} \times 100\%$$
$$= \text{单位边际贡献} \div \text{销售单价} \times 100\% \tag{9-22}$$

很显然，边际贡献越大越好，在定价决策中，必首先保证边际贡献不为负数，其次应考虑，全部产品的边际贡献应足以弥补固定成本，并仍有一定的积余。而在特殊定价中，边际贡献保持正数是接受与否的底线。

[例9-9] 假设企业预计下年产品销量为10 000件，单位变动成本60元，单价100元，固定成本总额200 000元。要求领用边际贡献预测下年度产品的销售利润。

全部产品边际贡献 = 100 × 10 000 - 60 × 10 000 = 400 000（元）
预测下年度产品销售利润 = 400 000 - 200 000 = 200 000（元）

（3）盈亏临界分析。盈亏临界点也称为保本点、损益平衡点，它是指企业处于不亏不赚、即利润总额为零的状态。

表示盈亏临界点的方法有两种：一是用实物数量来表示，即盈亏临界点销售量（或保本点的销售量、保本量）；二是用货币金额来表示，即盈亏临界点的销售额（或保本点的销售额、保本额）。

盈亏临界点销售量的计算公式为

$$\text{盈亏临界点销售量} = \text{固定成本总额} / (\text{单位产品销售价格} - \text{单位变动成本})$$
$$= \text{固定成本总额} / \text{单位边际贡献} \tag{9-23}$$

公式（9-23）适用于产销单一产品的企业。

[例9-10] 企业某产品售价100元，单位变动成本50元，固定成本总额25 000元，计算该产品盈亏临界点销量是多收？

产品盈亏临界点销售量 = 25 000/（100 - 50）= 500（件）

（4）目标利润预测。运用本量利分析法预测目标利润的公式如下。

利润预测值 =（销售收入预测值 - 盈亏临界点销售收入） -（销售收入预测值 -
　　　　　盈亏临界点销售收入）× 变动成本率
　　　　=（销售收入预测值 - 盈亏临界点销售收入）×（1 - 变动成本率）
　　　　=（销售收入预测值 - 盈亏临界点销售收入）× 边际贡献率　　（9 - 24）
　　还可以这样计算利润预测值。
利润预测值 = 销售收入预测值 - 变动成本 - 固定成本
　　　　=（单价 - 单位变动成本）× 预计销售量 - 固定成本
　　　　= 单位边际贡献 × 预计销售量 - 固定成本
　　　　= 边际贡献总额 - 固定成本
　　　　= 销售收入预测值 × 边际贡献率 - 固定成本
　　　　= 销售收入预测值 ×（1 - 变动成本率）- 固定成本　　　　　（9 - 25）

[例 9 - 11] 假设企业计划年度产品的销售价格为每件 100 元，固定成本总额为 375 000 元，变动成本率为 25%，则盈亏临界点销售量为多少件？

　　　　盈亏临界点销售额 = 固定成本总额/（1 - 变动成本率）
　　　　　　　　　　　　= 375 000/（1 - 25%）= 500 000（元）
　　　　盈亏临界点销售额 = 盈亏临界点销售量 × 单价
　　　　盈亏临界点销售量 = 盈亏临界点销售额/单价 = 500 000/100 = 5 000（件）

2. 相关比率法

相关比率法是利用利润（营业利润）指标与其他经济指标之间的内在比例关系，来预测目标利润的一种方法。由于销售利润（营业利润）与产品销售收入、产品成本和企业资金总量有着密切的关系，常用的相关比率主要有销售收入利润率、资金利润率、利润增长率法等。

　　　　利润 = 预计销售收入 × 销售收入利润率
　　　　利润 = 预计平均资金占用额 × 资金利润率
　　　　利润 = 上年度实际利润总额 ×（1 + 预计利润增长率）

（1）销售额比例增加法。销售额比例增加法是以上年度实际销售利润与下年度销售预计增长为依据计算目标利润的方法。该方法假定利润额与销售额同步增长，其计算公式（9 - 26）

　　　　目标利润 =（下年度预计销售收入总额 ÷ 上年度实际销售收入总额）×
　　　　　　　　　上年度实际利润总额
　　　　目标利润 = 下年度预计销售收入总额 × 下年度销售收入利润率　（9 - 26）

式中，销售收入利润率一般以基期数为依据，并考虑到计划期有关变动因素加以确定，也可以根据同行业的平均先进水平来确定。

（2）资金利润率法。资金利润率法是根据企业上年度的实际资金占用情况，

结合下年度的预定投资和资金利润率，确定下年度目标利润总额的方法，其计算公式为

目标利润 =（上年度实际占用资金总额 + 下年度预计增加投资总额）× 预计资金利润率

目标利润 = 预计资金平均占用额 × 资金利润率　　　　　　　　　　(9 – 27)

（3）利润增长率法。利润增长率预测法是根据上年度已经达到的利润水平及近期若干年（通常为近 3 年）利润增长率的变动趋势、幅度与影响利润的有关情况在下年度可能发生的变动情况，首先确定一个相应的预计利润增长率，然后确定下年度利润总额的方法，其计算公式为

目标利润 = 上年度实际利润总额 ×（1 + 预计利润增长率）(9 – 28)

（4）成本利润率法。成本利润率法是利用销售利润与销售成本之间的比例关系进行利润预测。其计算公式为

目标利润 = 预计营业成本 × 核定的成本利润率

成本利润率 = 利润 / 成本　　　　　　　　　　　　　　　　　　(9 – 29)

3. 因素分析法

因素分析法是在基期利润水平的基础上，根据计划期间影响利润变动的各项因素，预测出企业计划期间的利润总额。因素分析法是以本量利分析法的基本原理为基础。影响利润变动的各项因素有：销售量、销售价格、变动成本、固定成本总额和所得税率等，其计算公式为

计划期利润 = 基期利润 ± 计划期各种因素的变动而增加或减少的利润

(9 – 30)

【本章小结】

财务预测是根据财务活动的历史资料，考虑现实的要求和条件，对企业未来的财务活动和财务成果作出科学可预计和测算。它是财务管理的环节之一。其主要任务在于：测算各项生产经营方案的经济效益，为决策提供可靠的依据，预计财务收支的发展变化情况，以确定经营目标，测定各项定额和标准，为编制计划、分解计划指标服务。财务预测环节主要包括明确预测目标、搜集相关资料、建立预测模型、确定财务预测结果等步骤。

进行预测的目的，是体现财务管理的事先性，即帮助财务人员认识和控制未来的不确定性，使对未来的无知降到最低限度，使财务计划的预期目标同可能变化的周围环境和经济条件保持一致，并对财务计划的实施效果做到心中有数。

财务预测对于提高公司经营管理水平和经济效益有着十分重要的作用。具体表现在几个方面：①财务预测是进行经营决策的重要依据。②财务预测是公司合理安排收支，提高资金使用效益的。③财务预测是提高公司管理水平的重要

手段。

财务预测一般有定性财务预测和定量财务预测两种方法。定性财务预测是通过判断事物所具有的各种属性进行预测的方法，它是建立在经验判断、逻辑思维和逻辑推理基础之上的，主要特点是利用直观的材料，依靠个人的经验的综合分析，对事物未来状况进行预测。定量财务预测是通过分析事物各项因素、属性的数量关系进行预测的方法。它的主要特点是根据历史数据找出其内在规律、运用连贯性原则和类推性原则，通过数学运算对事物未来状况进行数量预测。

财务预测包括资金需要量预测、销售预测、成本预测和利润预测。

【练习题】

1. 名词解释

（1）财务预测。

（2）资金需要量预测。

（3）销售预测。

（4）成本预测。

（5）利润预测。

2. 选择题

（1）全面预测的起点是（　　）。

A. 预计各项经营资产和经营负债

B. 预测销售收入

C. 预计资产负债表

D. 预计利润表

（2）下列关于财务预测的说法中，不正确的是（　　）。

A. 狭义的财务预测仅指编制预计财务报表

B. 广义的财务预测包括编制全部的以及财务报表

C. 财务预测有助于改善投资决策

D. 财务预测的结果并非仅仅是一个资金需要量数字，还包括对未来各种可能前景的认识和思考

（3）（　　）是一种可持续的增长方式。

A. 完全依靠内部资金增长

B. 主要依靠外部资金增长

C. 主要依靠内部资金增长

D. 平衡增长

（4）采用销售百分率法预测资金需要量时，下列项目中被视为不随销售收入的变动而变动的是（　　）。

A. 现金　　　　B. 应付账款　　　C. 存货　　　　D. 公司债券

（5）根据销售成本、销售量与利润3者之间的内在联系预测销售收入的方法是（　　）。

A. 因果分析法　　　　　　　B. 时间序列法
C. 结构分析法　　　　　　　D. 本量利分析法

3. 判断题

（1）财务预测的起点是资金需要量预测。　　　　　　　　　　　　（　　）

（2）销售百分比法是根据销售与资产负债表、利润表项目之间的比例关系，来预测企业资金需要量的一种方法。　　　　　　　　　　　　　　　　（　　）

（3）通常边际贡献是指产品边际贡献，即销售收入减去生产制造过程中的变动成本和销售、管理费中的变动费用之后的差额。　　　　　　　　（　　）

（4）企业按照销售百分率法预测出来的资金需要量，是企业在未来一定时期资金需要量的增量。　　　　　　　　　　　　　　　　　　　　　（　　）

（5）成本预测的方法主要包括定性分析法和定量分析法两大类。（　　）

4. 计算分析综合题

（1）某企业2010年12月31日的资产负债表（简表）如表9-7所示：

表9-7　资产负债表（简表）

2010年12月31日　　　　　　　　　　　　　　　　　　　　　　　　万元

资产	期末数	负债及所有者权益	期末数
货币资金	300	应付账款	300
应收账款净额	900	应付票据	600
存货	1 800	长期借款	2 700
固定资产净值	2 100	实收资本	1 200
无形资产	300	留存收益	600
资产总计	5 400	负债及所有者权益总计	5 400

该企业2004年的主营业务收入净额为6 000万元，主营业务净利率为10%，净利润的50%分配给投资者。预计2005年主营业务收入净额比上年增长25%，为此需要增加固定资产200万元，增加无形资产100万元，根据有关情况分析，企业流动资产项目和流动负债项目将随主营业务收入同比例增减。假定该企业2005年的主营业务净利率和利润分配政策与上年保持一致，该年度长期借款不发生变化；2005年年末固定资产净值和无形资产合计为2 700万元。2005年企业需要增加对外筹集的资金由投资者增加投入解决。

要求：①计算2011年需要增加的营运资金额。②预测2011年需要增加对外筹集的资金额（不考虑计提法定盈余公积的因素；以前年度的留存收益均已有指定用途)。③预测 2011 年末的流动资产额、流动负债额、资产总额、负债总额和所有者权益总额。

(2) 已知某公司 2010 年销售收入为 20 000 万元,销售净利润率为 12%,净利润的 60% 分配给投资者。2010 年 12 月 31 日的资产负债表(简表)如表 9-8 所示。

表 9-8 资产负债表(简表)

2010 年 12 月 31 日　　　　　　　　　　　　　　　　　　　　　　　　　万元

资产	期末余额	负债及所有者权益	期末余额
货币资金	1 000	应付账款	1 000
应收账款净额	3 000	应付票据	2 000
存货	6 000	长期借款	9 000
固定资产净值	7 000	实收资本	4 000
无形资产	1 000	留存收益	2 000
资产总计	18 000	负债与所有者权益总计	18 000

该公司 2011 年计划销售收入比上年增长 30%,为实现这一目标,公司需新增设备一台,价值 148 万元。据历年财务数据分析,公司流动资产与流动负债随销售额同比率增减。公司如需对外筹资,可按面值发行票面年利率为 10%、期限为 10 年、每年年末付息的公司债券解决。假定该公司 2011 年的销售净利率和利润分配政策与上年保持一致,公司债券的发行费用可忽略不计,适用的企业所得税税率为 25%。

要求:①计算 2011 年公司需增加的营运资金。②预测 2011 年需要对外筹集的资金量。

第10章

财务决策

【学习目的】

(1) 了解财务决策的重要作用及意义。

(2) 理解各种不同股利政策的发放方法及优缺点。

(3) 掌握筹资决策、投资决策、营运资金及股利决策中各项最佳决策方案选择的计算方法。

【引导性案例】

张先生的投资决策

张先生有一份固定的工作,为了能够将自己的40万元的储蓄存款获得更大的效益,张先生准备加盟席殊书屋开一家书店。经过一段时间的选址考察张先生在市内预选了两个位置做比较分析。一个位置是在大型生活区的当街门面,面积为60平方米,每平方米租金50元,租金为每月初支付,租赁时间可一次签3年,另外收取押金10 000元;另一个位置是在本市内最繁华的一家商场,与商场经理商谈的条件是商场划出100平方米的位置做书屋销售场,商场按书屋每月销售额的16%收取费用作为租金,销售款由商场统一收取,每月结算一次,划款时间为销售的下月底之前通过转账支付。合同每年一签,如果在签订合同当年不能达到80万元的年销售收入则应该补足实际营业额与这80万元差额部分的扣点比率,否则予以退场。

而这两个位置相比而言各有利弊。一般而言只要条件允许,多数情况下投资者都愿意将加盟店设立在商场,这是因为选择商场做书店加盟店场所与选择街铺开加盟店相比有以下几个优势。

（1）商场里的消费者购买力比较强，人气比较旺，正常情况下销售的业绩要好过在生活区开设加盟店的业绩。

（2）商场的购物环境比较好，有利于提高书店的档次。

（3）商场是按经销商每月营业额的扣点数作为商场的租金的，如果是淡季，则支付的租金也相对会比较少，这可以减轻投资者资金上的压力。

（4）商场活动比较多，书店可以借助商场的一些活动提升业绩和名气。

（5）商场采用统一收银，所以基本上不存在收银上的漏洞。

但在商场开加盟店也存在很大的缺陷，最主要的缺陷是由于采用商场统一收款方式，结款往往不能及时。根据商场给张先生开出的进场条件可以看出，商场的压款时间相当于两个月，这对张先生来说将是个不小的资金压力（在商场开加盟店时，下月结算划款是现在商场普遍的做法，这一点相当多的投资者在做投资预算时都忽视了，从而导致了最后投资的失败）。而如果是在街铺开书店加盟店，全部是由经销商自己收钱，不存在压款问题。

在商场开加盟店的第二个缺陷是扣点方式在销售好的情况下，意味着经销商多付出了租金。例如，假设商场的扣点数是16%，当张先生月营业收入为70 000元，商场将按70 000元的16%收取11 200元的租金，而当书店的营业额大幅度上升，比如营业收入为150 000元时，则意味着张先生要交给商场24 000元的租金。街铺就不存在这个问题，在街铺里开加盟店的租金一般是固定不变的，只要营业收入超过盈亏临界点，超过部分的毛利基本上就是经销商的利润。

第三个缺陷是商场对经销商的业绩有保底业绩要求，且合同是一年一签。商场开给张先生的进场条件之一是每年业绩必须达到80万元的营业收入，如果在签订合同当年不能达到80万元的年营业收入则应该补足实际营业额与这80万元差额部分的扣点数，否则予以退场。

例如，假设张先生签合同当年实际营业收入为50万元，按16%的扣点数计算，张先生在各月已经交给商场合计8万元的租金，但由于在一年的营业期间内，张先生的书店并没有达到80万元的营业收入要求，所以张先生仍然需要向商场补交4.8万元的租金。另外，由于合同是一年一签，如果业绩不好则商场可能不会与张先生续签合同，这将导致原先支出的装修和购置设备等投资款将不能收回，这些是张先生选择方案时要考虑的因素。还有哪些因素是张先生在做决定前需要考虑的？如果他的40万元储蓄不够开书店需要另筹一部分资金来实施他的投资，那这部分钱应该如何募集会比较合算呢？带着这些问题来学习本章的内容。

10.1 财务决策概述

财务决策是指企业在营运的过程中，根据财务目标的总体要求，对若干个未来财务活动备选方案进行分析并从中选取最优方案。如果只有一个备选方案，则也需要分析以决定是否采用该方案。只有确定了效果好并切实可行的方案，财务活动才能取得好的效益，完成企业价值最大化的财务管理目标。因此财务决策是整个财务管理的核心。本章将主要介绍企业的筹资活动、投资活动、资金营运管理活动以及股利政策等方面的决策。

10.2 筹资决策

筹资活动指的是企业根据其生产经营、对外投资以及调整资本结构等需要，通过金融市场等渠道，获取其所需要资金的一种经济行为。一般来说，企业可以通过权益资本和债权资本两种方式募集其所需要的资金。债券资本的利息部分企业可以从其利润中支付并在税前扣除，而权益资本的股利部分不能在税前扣除。因此，相对于权益资本来说，债券资本筹资的耗费要低于权益资本。但是支付利息属于企业必须承担的义务，而对于股利企业没有必须支付的义务，如果企业通过债券资本筹资的话则要负担比权益资本更高的风险。企业在筹资的过程中应根据自身的情况选择合适的筹资方法。本节主要介绍比较资金成本法及比较公司价值法。

10.2.1 比较资金成本法

比较资金成本法是指公司在进行筹资决策分析时，通过比较在权益资本及债券资本等不同资金结构下的资金总成本数，确定资金总成本最低的一个资金结构为最佳资金结构。这种方法通常是在企业把资金总成本降为最低作为筹资目标的情况时采用。

利用比较资金成本法进行筹资决策分析时，如果新筹集的资金是用于新建独立项目的投资，则只需比较采用不同筹资方案筹集到的边际资金的成本；如果新筹集的资金是用于原有项目的改建或追加投资，则需比较采用不同筹资方案筹集到的边际资金加上原有投入资金的总成本。

10.2.2 比较公司价值法

比较公司价值法是指公司在进行筹资决策分析时，通过比较不同资金结构下的公司价值的大小，确定公司价值最大的一个资金结构为最佳资金结构。这种方法通常是在企业把公司价值最大化作为筹资目标的情况时采用。

公司价值的计算公式为

$$V = D + E$$
$$V = R \times (1-T)/K_d + (EBIT - I) \times (1-T)/K_e \quad (10-1)$$

式中，V 为公司价值；D 为债权资金价值；E 为股权资金价值；$EBIT$ 为息税前收益；R 为债权资金利息；T 为所得税税率；K_d 为债权资金成本；K_e 为股权资金成本。

根据公式（10-1）计算出来的公司价值是债权资金价值和股权资金价值的总和，是债权人和股权人共同拥有的价值。

如果债权资金的账面价值等于它的市场价值时，可以采用加权平均法计算企业的资本总成本，其计算公式为

$$W = K_d \times \frac{D}{D+E} \times (1-T) + K_e \times \frac{E}{E+D} \qquad (10-2)$$

式中，W 为加权平均资本成本；K_d 为债权资金成本；$\frac{D}{D+E}$ 为债券资金占总资金的比重；T 为所得税税率；K_e 为股权资金成本；$\frac{E}{E+D}$ 为股权资金占总资金的比重。

10.3 投资决策

企业在衡量一个项目投资的可行性时，首要考虑的因素就是该项目积累净现金流量的能力。净现金流量即现金流出量与现金流入量的差额，主要是通过折现评价法与非折现平均法这两种方法来计算。

10.3.1 折现评价法

折现评价法是将货币的时间价值考虑在内的一种评价方法，又可以称作折现现金流量法，主要包括净现值、现值指数和内含报酬率。

1. 净现值法（NPV）

净现值法是指将投资项目期内的各年现金净流量按照一定的折现率折算到第一年初的价值之和。当存在若干个项目备选时，选择 NPV 高的项目；如果只有一个备选项目时，且 NPV 大于或等于 0 时，则项目可行。

其计算公式为

$$NPV = CF_1/(1+r) + CF_2/(1+r)^2 + \cdots + CF_n/(1+r)^n - CF_0 \qquad (10-2)$$

式中，NPV 为净现值；CF_0 为项目的初始投资；CF_1 为第一年的净现金流量；CF_n 为第 n 年的现金流量；r 为折现率

[例 10-1] 甲乙两个投资方案投资期限内各年的净现金流量表如表 10-1，已知企业的资本成本（折现率）为 10%，利用净现值法判断甲乙两个方案的可行性，

如果都可行，企业应该选择哪个方案？

表 10-1　甲乙两个投资方案投资期限的净现金流量

年份	0	1	2	3	4	5
甲	(10 000)	2 000	2 000	3 000	3 000	5 000
乙	(11 000)	3 000	3 000	3 000	4 000	3 000

甲方案：
$$NPV = 2\,000/1.1 + 2\,000/1.1^2 + 3\,000/1.1^3 + 3\,000/1.1^4 + 5\,000/1.1^5 - 10\,000$$
$$= 879(元)$$

乙方案：
$$NPV = 3\,000/1.1 + 3\,000/1.1^2 + 3\,000/1.1^3 + 4\,000/1.1^4 + 3\,000/1.1^5 - 11\,000$$
$$= 1055(元)$$

因为甲乙两个方案的净现值都大于零，所以这两个方案都可以接受。但是乙方案的净现值大于甲方案，应该选择乙方案。

2. 现值指数（PI）

现值指数又称为获利指数，反映的是一个项目的净现值占投资额的比重。它是一个相对指标无法直接反映出项目的实际收益额。

计算公式（10-3）
$$PI = \frac{NPV}{CFO} \qquad (10-3)$$

如例 10-1，甲方案的 PI 为
$$PI_甲 = 879/10\,000 = 8.79\%$$

乙方案的 PI 为
$$PI_乙 = 1055/11\,000 = 9.59\%$$

3. 内含报酬率（IRR）

内含报酬率是指能够使一个项目的净现值为零的折现率。其计算公式为（10-4）
$$NPV = 0 = \sum (CF_t - CF_O)/(1 + IRR)^n - C \qquad (10-4)$$

式中，CF_t 为每期现金流入量；CF_O 为每期现金流出量；IRR 为所求的内含报酬率。

关于内含报酬率的计算，如果在没有专门的计算软件时，通常采用逐步测试法来计算 IRR。其基本步骤为：首先估计一个折现率来计算项目的净现值，如果净现值为正数则项目本身的回报率大于所估计的折现率则应提高折现率；反之如果净现值为负数则应降低折现率。

10.3.2　非折现评价法

与折现评价法相反，非折现评价法则不考虑货币的时间价值。主要包括回收期法和平均会计收益率法。这些方法的特点是计算方法简单易懂。

1. 回收期法（PP）

回收期法衡量的是一个项目的回收期限，回收的年限越短则方案越佳。其计算公式（10-5）

回收期 = 累计净现金流量出现正数的年份 - 1 + 上年未收回的投资/当年的现金净流入量　　　　　　　　　　　　　　　　（10-5）

[例10-2] 某项目的现金流量如表10-2所示

表10-2　某项目的现金流量　　　　　　　　　　　　元

年份	0	1	2	3	4	5
现金流量	(10 000)	2 000	2 000	3 000	2 500	5 000
累计净流量	(10 000)	(8 000)	(6 000)	(3 000)	(500)	4 500

回收期 = 5 - 1 + 500/5 000 = 4.1 年

2. 平均会计收益率法（AAR）

平均会计收益率是年平均净收益占投资额的比重。一般情况下在计算时直接采用企业财务报表上的每年的税后利润的平均值除以最初的投资额。在得出AAR后，将企业设定的目标收益率与AAR进行比较，如果目标更高则该项目将被放弃，反而反之。

[例10-3] 某企业财务报表上的税后利润第1~3年分别为10 000元，20 000元，30 000元；现有一项目需要投资10万元，企业设定的目标会计收益率为15%，问该项目是否可行？

平均收益 = (10 000 + 20 000 + 30 000)/3 = 20 000(元)
AAR = 20 000/100 000 = 20%

因为公司的目标收益率15%小于该项目的收益率，所以该项目被接受。

10.4　营运资金管理决策

营运资金指的是企业维持其日常经营需要的资金，一般情况下指的是一个企业的净流动资产，即流动资产减流动负债的余额。营运资金的管理主要包括现金、应收账款、存货的管理等。

10.4.1　现金管理决策

此处的现金指的是广义上的现金，包括库存现金、银行存款以及相关的票据等。企业在持有现金的同时也会支付一些成本，例如，丧失这些现金的再投资收益以及负担相应的管理现金的费用的持有成本，用现金购进有价证券及转让有价证券换取现金时支付的手续费的转换成本等。因此现金的持有量并不是越多越好，而要确定一个最佳的持有量，即使现金管理相关的总成本最低。

假设除持有成本及转换成本外无其他成本发生，最佳现金持有量的计算公式为

$$Q = \sqrt{\frac{2TF}{R}} \quad (10-6)$$

式中，Q 最佳现金持有量；T 为一个周期内现金总需求量；F 为每次转换有价证券的固定成本；R 为有价证券利息率。

在最佳现金持有量下的最低现金管理相关总成本（TC）为

$$TC = \sqrt{2TFR} \quad (10-7)$$

[例 10-4] 甲企业预计全年需要现金 400 万元，现金与有价证券之间的转换成本为 400 元/次，有价证券的年利率为 8%，则该企业：

最佳现金持有量 $Q = \sqrt{2 \times 4000000 \times 400 / 0.08} = 200000$（元）

最低现金管理相关总成本 $TC = \sqrt{2 \times 4000000 \times 400 \times 0.08} = 16000$（元）

10.4.2 应收账款管理决策

应收账款的管理决策又称信用政策，主要是通过信用标准、信用条件以及收账政策 3 个方面来实施。

1. 信用标准

信用标准是指企业同意向其顾客提供商业信用，例如赊销等经济活动而提出的最低基本要求。在一般情况下，会以其预期的坏账损失率作为判定的标准。如果一个企业的信用标准较严，只对信誉好、能够及时还款、坏账损失率低的顾客予以赊销，则会减少坏账损失，但有可能会不利于企业扩大销售额，甚至会导致销售额的减少；反之，如果信用标准较宽，虽然在一定程度上会增加销售额，但同时如果顾客不能及时还款则会相应增加坏账损失。企业应根据具体情况进行权衡。

2. 信用条件

信用条件是指企业要求顾客支付赊销账款的条件，包括信用期限、折扣期限和现金折扣。信用期限是企业为顾客规定的最长还款时间。折扣期限是为顾客规定的可享受现金折扣的还款时间，如果顾客在规定的时间内还款则可享受到一定的折扣，但是如果还款时间超过折扣期限则无法享受到该折扣。现金折扣是在顾客提前付款时给予的优惠。提供比较优惠的信用条件能增加销售量，但也会带来

额外的负担,如会增加应收账款的机会成本、坏账成本、现金折扣成本等。

3. 收账政策

收账政策是指顾客违反信用条件时,企业所采取的收账策略。企业如果采用较积极的收账政策,可能会减少应收账款投资,减少坏账损失,但会增加收账成本。如果采用比较消极的收账政策,则可能会增加应收账款投资,增加坏账损失,但会减少相应的收账费用。

10.4.3　存货管理决策

企业在持有一定数量的存货同时,也会付出相应的成本,其主要包括以下几项。

1. 采购成本

采购成本由买价及购买时发生的运杂费等构成。一般情况下,采购成本与采购的数量呈正比,但是也有的企业为了扩大销售量在采购到一定批量的情况时给予一定的折扣。

2. 订货成本

订货成本是指在订购商品的过程中所发生的成本。订货成本一般与订货的数量无关,而与订货的次数有关。企业要想降低订货成本,每次需要大批量采购,以减少订货次数。

3. 储存成本

储存成本是指在物资储存过程中发生的搬运费、仓储费、保险费以及仓库保管人员的工资费用等。一定时期内的储存成本等于该期内存货平均量乘以单位储存成本。企业需通过小批量采购减少储存数量来降低其储存成本。同时,由于物资存储过多,存储时间过长会导致变质或毁损,给企业带来一定的损失;另一方面如果物资储存过少不能满足生产和销售需要也会造成相应的损失。

当采购成本一定时,订货成本与储存成本的总和最低时则存货管理处于最佳的状态。其计算公式为

$$TC = \sqrt{2AFC}; \quad Q = \sqrt{\frac{2AF}{C}}; \quad \frac{A}{Q} = \sqrt{\frac{AC}{2F}} \qquad (10-8)$$

式中,TC 为总成本;A 为全年需求量,Q 为每批订货量,F 为每批订货成本;C 为每件存货的年储存成本;$\frac{A}{Q}$ 为订货批数。

[例10-5] 某公司全年需要 A 材料 1 000 吨,每次订货的成本为 200 元,每吨材料的年储存成本为 20 元,求该公司存货的最佳管理状态。

每批订货量 $Q = \sqrt{\dfrac{2AF}{C}} = \sqrt{\dfrac{2 \times 1\,000 \times 200}{20}} = 141$(吨)

订货批数 $\dfrac{A}{Q} = \sqrt{\dfrac{AC}{2F}} = \sqrt{\dfrac{1\,000 \times 20}{2 \times 200}} = 7$

总成本 $TC = \sqrt{2AFC} = \sqrt{2 \times 1\,000 \times 200 \times 20} = 2\,828$（元）

以上为企业在采购时无折扣的情况，实际情况中，对于大批量的采购在价格上能得到一定的优惠。因此，在这种情况下存货的采购成本则应考虑在内了。

如上例的数据，如果所需的材料每吨为50元，且每次订货超过200吨将得到3%的折扣，则每批应订多少货？

在这种情况下就需要按照最佳订货量以及折扣订货量分别计算3种成本的总数。

按最佳订货量计算，则

总成本 = 订货成本 + 储存成本 + 采购成本
$= \dfrac{1\,000}{141} \times 200 + \dfrac{141}{2} \times 20 + 1\,000 \times 50 = 52\,828$（元）

按折扣订货量则每批至少订购200吨，则

总成本 = 订货成本 + 储存成本 + 采购成本
$= \dfrac{1\,000}{200} \times 200 + \dfrac{200}{2} \times 20 + 1\,000 \times 50 \times (1 - 3\%) = 51\,500$（元）

因此，当订货量为200吨时总成本最低。

10.5 股利决策

股利是公司制企业从其净利润中按一定比例提取的分配给股东的利润。该比例通常会以各股东持有股份的数额为依据，每位股东分得的股利与其持有的该企业的股份数成正比。

10.5.1 股利支付方式

在股份制有限公司，有多种支付股利的方式有多种，主要的有以下几种。

1. 现金股利

现金股利是股份有限公司以现金的形式发放给股东的股利。企业的股利政策及其经营业绩决定了现金股利发放的金额。在支付现金股利时，企业必须具备两个基本条件：第一，要有足够的未指明用途的留存收益；第二，在这些未指明用途的留存收益中要有足够的现金。

2. 股票股利

股票股利是公司以股票的形式发放股利，即分配方案中的送股。这种股利方式对企业来说，没有现金流出，而只是增加了流通在市场上的普通股数量。

3. 财产股利

财产股利又被称作实物股利，是企业以现金之外的其他资产支付给股东的股利。例如，企业所持有的其他企业的有价证券或企业的其他固定资产。

4. 负债股利

负债股利是公司以其负债向股东支付的股利，如应付票据和债券等。这种股利通常是在公司出现资金短缺、资金周转困难的情况下，迫不得已采用的一种形式。

10.5.2 影响股利政策的因素

1. 法律约束

资本保全原则。资本保全是指公司应保证其资本完整，不能用资本支付股利。如，上市公司不能用在资本市场上募集到的资金来发放股利，而只能从当期利润或累计留用的未分配利润中支付股利。该限制可以保证权益资本能够支付债务资本。

企业累计的约束。按照我国《公司法》的规定，企业当期的净利润应首先满足企业累积的法律要求，然后再支付股利。换句话说，企业当期的净利润在进行分配时，首先要弥补以前年度的亏损，再按规定提取一定比例的盈余公积，如果需要企业还可提取任意盈余公积，然后再以本期的剩余利润，加上以前年度累积的未分配利润的总额来发放股利。

2. 契约性因素

当公司通过银行贷款、发行债券或优先股及租赁合约等形式向外部筹集资金时，往往会因借款方的要求，接受一些约束公司派息行为的限制性条款。例如，只有在企业具有稳定的偿债能力即其流动比率和其他安全比率超过规定的最小值后，才可向股东派发股利。优先股的契约通常也会要求在支付累积的优先股股利之前，企业不得支付普通股股利。

3. 企业内部因素

变现能力。变现能力是影响企业股利政策的一个重要因素。企业资金灵活周转是维持企业的日常生产经营正常进行的必要条件。企业现金股利的分配自然不能危及到其自身资金的灵活周转。如果企业拥有充足的现金，资产有较强的变现能力，则可以支付较多现金股利。如果企业因扩充或偿债等其他因素已消耗大量现金，资产的变现能力降低，企业则需慎重考虑其支付现金股利的额度。

筹资能力。一个企业如果具有较强的筹资能力，则可考虑发放较高现金股利，并可以使用再筹集资金来满足企业经营对货币资金的需求；反之，则要考虑保留更多的资金用于日常的生产经营或偿还将要到期的债务。通常情况下，规模大、盈利多的大企业能较容易地筹集到所需资金，因此，他们较倾向于多支付现金股利；而创办时间短、规模小、风险大的中小企业，通常需要经营一段时间以后，才能较顺利地取得外部资金，因而往往在其发展的初始阶段会倾向于限制现金股利的支付。

4. 股东因素

股权控制权的要求。如果企业过量支付现金股利，会使得其内部的可用利润减少。当有新的项目需要新增资金时，企业只能通过增发新的普通股股票以募集所需资金，因此，现有股东的控股权就有可能被新增的股权稀释。第二，随着新增普通股的发行，会增加流通在市场上的普通股股数，在企业盈利一定的情况下，新增股票数会导致普通股的每股收利和每股市场价格下降，从而影响现有的股东的利益。

低税负与稳定收入的要求。企业股东的利益需求大概有两类：一类是希望企业能够即期支付稳定的股利以享受到企业当前的利益；另一类是希望企业多留存用于未来的经营发展而少发放股利，在少缴个人所得税的同时在未来还可以获得可观的利益。因此，企业应考虑到其股东结构，了解他们的利益需求以采取相应的股利政策。

10.5.3 股利政策

股利政策的一个核心内容就是确定股利发放率。在实践中可供企业选择的股利政策主要有剩余股利政策、固定或稳步增长股利政策、固定股利发放率政策以及低正常股利加额外股利政策等，企业可以根据自身条件比较各个政策的优缺点以选择适合自身发展的政策。

1. 剩余股利政策

采用剩余股利政策，就是将公司税后的未分配利润扣除用作内部融资以供投资的部分后，再将剩余的利润用于向股东分配股利。采用这一股利政策，企业可以按照其目标或最佳的资本结构，计算出投资所需要的股东权益资本额，先从可供分配的净利润中留用，然后将剩余的净利润作为现金股利予以分配。因此该项政策便于企业对其未来的经营管理进行控制和规划。

[例10-6] 某公司2010年提取法定盈余公积后的净利润为200万元，2011年新的投资预算所需要的资本总额为100万元，在目标资本结构中股东权益资本比重为60%。按照目标资本结构的要求，求公司在2010年度可以用于支付的股利。

$$股利 = 200 - (60\% \times 100) = 140（万元）$$

由计算结果可知，该公司2011年需要100万元新资本，其中，需要为新投资筹措股东权益资本60万元，债务资本40万元。由于该公司2010年预计的可供分配净利润为200万元，所以扣除需要增加的股东权益资本后，仍有140万元剩余利润可供向股东分配股利。

2. 固定或稳步增长股利政策

固定或稳步增长股利政策是指企业将每年发放的股利固定在某一水平上并在一定时期内保持不变，只有当企业确信其未来利润将会有明显地提高时，才会增加年度的股利发放额。在通货膨胀的情况下，大多数企业的盈利会随之提高，投资者会要求企业发放足够的股利以抵消通货膨胀的不良影响。因此，股利发放额也需要与通货膨胀的程度保持一致。如此，原本采用固定股利政策的企业则会向稳步增长的股利政策转化。

3. 固定股利发放率政策

固定股利发放率政策是指公司按照一个固定不变的比率发放股利，支付给股东的绝对金额随企业盈利的多少发生相应的变化。在盈利高的年份股东获得的股利就多；反之，盈利低的年份，股东获得的股利数额就会减少。在使用固定股利发放率时要注意一点就是当企业盈利不稳定时，采用这一政策会使各年度的股利发放额反差比较大，容易给投资者造成企业经营业绩不良的影响使股东投资信心动摇，造成股票价格上下波动从而增加资本成本。

4. 低正常股利加额外股利政策

低正常股利加额外股利政策指的是企业每年只固定发放一部分数额较低的股利而在其经营业绩较好的年份，在之前固定的股利之上再支付额外的股利。因此，在公司盈利较少或需要大量资金用于投资时，维持较低但正常的股利，能满足股东最基本的回报要求；当盈利有较大增幅时，适当地增发股利，可以增强股东对公司的信心稳定股票价格。另一方面还可以保持企业正常而稳定的股利记录，向投资者传递有关公司当前和未来经营业绩良好的信息。这种股利政策可以使依赖股利收入的股东在各年能得到比较稳定的基本收入，因此对投资者有很强的吸引力。

【本章小结】

财务决策是指企业在营运的过程中，根据财务目标的总体要求，对若干个未来财务活动备选方案进行分析并从中选取最优方案。如果只有一个备选方案，则也需要分析以决定是否采用该方案。只有确定了效果好并切实可行的方案，财务活动才能取得好的效益，完成企业价值最大化的财务管理目标。因此财务决策是整个财务管理的核心。

筹资活动指的是企业根据其生产经营、对外投资以及调整资本结构等需要，通过金融市场等渠道，获取其所需要资金的一种经济行为。一般来说，企业可以通过权益资本和债权资本两种方式募集其所需要的资金。

投资决策是指企业在衡量一个项目投资的可行性时，首要考虑的因素就是该项目积累净现金流量的能力。净现金流量即现金流出量与现金流入量的差额，主要是通过折现评价法与非折现平均法这两种方法来计算。

营运资金指的是企业维持其日常经营需要的资金，一般情况下指的是一个企业的净流动资产，即流动资产减流动负债的余额。

股利是公司制企业从其净利润中按一定比例提取的分配给股东的利润。该比例通常会以各股东持有股份的数额为依据，每位股东分得的股利与其持有的该企业的股份数成正比。股利政策的一个核心内容就是确定股利发放率。在实践中可供企业选择的股利政策主要有剩余股利政策、固定或稳步增长股利政策、固定股利发放率政策以及低正常股利加额外股利政策等，企业可以根据自身条件比较各个政策的优缺点以选择适合自身发展的政策。

【练习题】

1. 名词解释

（1）财务决策。
（2）平均会计收益率。
（3）存货订货成本。
（4）现金股利。
（5）剩余股利政策。

2. 选择题

（1）相对于发行股票而言，发行债券筹资的优点是（　　）。
A. 筹资风险小　　B. 限制条件少　　C. 筹资额度大　　D. 资金成本低

（2）某企业计划投资10万元建一条生产线，预计投资后每年可获利2.5万元，则投资回收期为（　　）。
A. 3 年　　　　B. 4 年　　　　C. 5 年　　　　D. 6 年

（3）企业在确定为应付紧急情况而持有的现金数额时，不需考虑的因素是（　　）。
A. 企业愿意承担风险的程度　　　　B. 企业临时举债的能力
C. 市场投资机会的多少　　　　　　D. 企业对现金流量预测

（4）在其他因素不变的情况下，企业采用积极的收账政策，可能导致的后果是（　　）。
A. 坏账损失增加　　　　　　　　　B. 应收账款投资增加
C. 收账费用增加　　　　　　　　　D. 平均收账期延长

（5）按照剩余股利政策，假定某公司目标资金结构为自有资金与借入资金之比为3∶2，该公司下一年度计划投资700万元，今年年末实现的净利润为1 000万元，股利分配时，应从税后净利润中保留（　　）万元用于投资需要，再将剩余利润发放股利。

A. 700　　　　　B. 360　　　　　C. 280　　　　　D. 420

3. 判断题

（1）超过筹资突破点筹集资金，只要维持现有的资本结构，其资金成本就不会增加。（　）

（2）一般情况下，使某投资方案的净现值小于零的折现率，一定高于该投资方案的内含报酬率。（　）

（3）在规定的时间内提前偿付货款的客户可按销售收入的一定比例享受现金折扣，折扣比例越高，越能及时收回货款，减少坏账损失，所以企业应将现金折扣比例订得越高越好。（　）

（4）本期净利润弥补亏损、提取各种公积金后，即为可供股东分配的利润。（　）

（5）低正常股利加额外股利政策是在一般情况下，企业每年只发放固定的、数额较低的股利；但在业绩好的年份，除了按期支付固定股利外再加付额外的股利，对投资者有很强的吸引力，因此企业可以长期采用此项股利政策。（　）

4. 计算题

（1）某企业年度需要甲材料 40 000 千克，该材料的采购成本为 150 元/千克，年度储存成本为 15 元/千克，平均每次进货费用为 30 元。

请问：甲材料的经济进货批量，经济进货批量下的相关总成本以及最佳进货批次。

（2）某公司 2010 年拟投资 1 000 万元购买一台设备以扩大生产能力，该公司目标资本结构为自有资金占 80%，借入资金占 20%。该公司 2011 年度的税后利润为 1 000 万元，一直以来实行固定股利政策，每年分配股利 300 万元。

要求：①如果继续执行固定股利政策，2011 年该公司需从外部筹集资金的数额。②如果该公司计划 2010 年实行剩余股利政策，则可向股东分配多少股利。

第11章

财务预算

【学习目的】

(1) 了解经营预算编制程序的同时,掌握经营预算的编制方法。
(2) 了解经营预算与财务预算关系的同时,掌握财务预算编制方法。
(3) 掌握预算编制的改进方法。

【引导性案例】

1. 案例背景

L公司是一家规模中等的中外合资制造型家电企业,合资双方股东在各自国家都具有一定的知名度,公司成立于1998年,经过2009年股东增资,注册资本变更为8 000万美元,目前年销售额在12亿元左右,公司产品在国内的市场占有率很高,公司目前供、产、销都处于较为稳定的状态。L公司目前在职员工1 200人左右,公司的会计部门与财务部门是彼此独立的。公司实行全面预算管理多年,公司于2002年开始运行ERP系统,公司的所有活动都可在ERP系统上反映。

2. L公司全面预算的编制

L公司的全面预算主要包括:营业预算、资本支出预算、财务预算3个模块。L公司营业预算包括:销售预算、生产预算、材料费用预算、人工费用预算、制造费用预算、库存预算、期间费用预算等。其资本支出预算主要指设备的维修保养投资、固定资产构建、在建工程投资等投资预算。财务预算指:财务费用预算、利润预算、现金流量预算、预计损益表、预计资产负债表、预计现金流量表等。

L公司全面预算的编制采取自上而下和自下而上相结合的方法,即通过预算管理委员会自上而下地统领各部门进行预算的编制,同时各部门自下而上地进行预算的编制、反馈与修正,直至最终预算结果汇总至预算管理委员会,形成全公司的最终全面预算结果。这种方式同时兼顾了横向与纵向的协调、沟通，体现了全面预算管理集权和分权的统一。

每年8月份，L公司财务部门（预算管理委员会）召开全公司各部门管理者参加的公司预算编制动员会，告知各部门领导预算编制工作即将展开，明确了预算编制工作的流程、要求、进度、期限等信息，同时明确了各部门负责的预算编制项目。基本每个部门都有需要编制的预算项目，一块是本部门日常发生的各项支出（成本或费用），另一块是公司多个部门都会发生的但由本部门主管的支出项目，如人事部门负责的公司人员费用、物流部门负责的公司运输费用、采购部门负责的公司材料费用等。

会议结束后，各部门按照各自负责的预算编制项目，先收集、整理各自所需的本年1~7月的实际数据；同时结合公司1~7月的经营状况以及本年的预算指标，预测本年8~12月的相关数据。这样，就可以得到本年1~12月的数据，各部门以本年全年的数据为参考，结合第二年的市场分析，采取相应的预算编制方法，编制第二年全年的销售、生产、投资、费用等各项预算。其中，销售预算需要首先编制，由于是跨国公司，L公司来年的销售总预算是海外母公司制定的，销售部门主要是在总预算的基础上编制具体的销量和单价预算。预算编制过程中，销售预算可以进行微调，此时，其他与销售预算相关性较大的预算项目也要及时做相应调整。

9月份财务部门收集一次预算的反馈资料，对数据进行加工整理后，形成L公司的一次预算。针对一次预算的结果，财务部门进行各项财务分析，如分析成本率、费用率、材料费率、利润率等指标，分析后可得出1次预算中需要修改的项目。财务部门领导把1次预算数据及其分析结果向CEO报告，CEO结合公司实际运营状况及未来发展规划对1次预算提出修改意见。

财务部门再次与相关部门沟通，把需要修改的预算项目的信息反馈给相关部门，督促各部门进行1次预算数据的调整。各相关部门在10月上旬将调整过的预算项目报送给财务部门，财务部门对本次收集到的数据进行加工、整理后，即形成L公司的2次预算结果。同样，财务部门对2次预算结果进行分析、评价，并再次向CEO报告，CEO再次提出修改意见。

财务部门再次与相关部门沟通，再次向各相关部门明确需要调整的项目，各部门再次按期将调整完后的数据报送财务部门……反复这样的流程，于是形成L公司的3次预算乃至4次预算，直至形成最终的预算结果。在12月中旬，L公司结束来年预算的编制工作。

近几年来，随着经济的快速发展和企业管理水平的不断提高，企业也越来越认识到财务预算管理的重要性和科学性，许多大企业开始进行财务预算管理，财务预算管理在企业管理中的地位也越来越重要。那财务预算的基本原理是什么？在企业管理的扮演什么样的角色？如何编制适合企业自己的财务预算？

11.1 财务预算概述

预算是经法定程序审核批准的国家年度集中性财政收支计划。它规定国家财政收入的来源和数量、财政支出的各项用途和数量，反映着整个国家政策、政府活动的范围和方向。同时预算还指企业或个人未来的一定时期内经营、资本、财务等各方面的收入、支出、现金流的总体计划。它将各种经济活动用货币的形式表现出来。每一个责任中心都有一个预算，它是为执行本中心的任务和完成财务目标所需各种资财的财务计划。预算包含的内容不仅仅是预测，它还涉及到有计划地巧妙处理。

企业为了实现战略规划和经营目标，需要对公司的经营活动、投资活动和财务活动进行监督与控制以便了解公司战略实施情况，通过预算量化的方式进行合理的规划、预测，并以预算为准绳，对执行过程和结果进行控制、调整、分析、考评。这样的管理活动是一个全员、全业务、全过程的管理体系，是为数不多的几个能把组织的所有关键问题融合于一个体系的管控方法之一，是实现战略目标、提升经营绩效、实现企业内控的有力工具，也是企业防范风险、应对危机的法宝。这就需要企业编制全面预算，全面预算是根据企业目标所编制的经营、资本、财务等年度收支总体计划，包括特种决策预算、日常业务预算与财务预算3大类内容。

财务预算是一系列专门反映企业未来一定预算期内预计财务状况和经营成果，以及现金收支等价值指标的各种预算的总称，具体包括现金预算、财务费用预算、预计利润表、预计利润分配表和预计资产负债表等内容。财务预算具有规划、沟通和协调、资源分配、营运控制和绩效评估的功能。

财务预算作为全面预算体系中的最后环节，可以从价值方面总括地反映经营期决策预算与业务预算的结果，因此，它在全面预算体系中占有举足轻重的地位。在现代企业财务管理中，财务预算全面、综合地协调、规划企业内部各部门、各层次的经济关系与职能，使之统一服从于未来经营总体目标的要求；同时，财务预算又能使决策目标具体化、系统化和定量化，能够明确规定企业有关生产经营人员各自职责及相应的奋斗目标，做到人人事先心中有数。

通过财务预算，可以建立评价企业财务状况的标准。将实际数与预算数对比，可及时发现问题和调整偏差，使企业的经济活动按预定的目标进行，从而实现企业的财务目标。

11.2 预算编制方法

11.2.1 固定预算方法与弹性预算方法

预算编制方法按其业务量基础的数量特征不同，可分固定预算方法和弹性预算方法两大类。

固定预算亦称"静态预算",这是按照预算期可实现的某一固定业务量规模来编制预算的方法。固定预算一般适用于业务量比较固定或者变化很小的企业。固定预算在当今市变化万千的市场经济条件下适用性有所欠缺,但是,固定预算作为财务预算常规编制方法依然受到企业界的重用。固定预算是很多人学习预算编制方法的首选,固定预算在预算编制方法中处于基础地位。

弹性预算是固定预算的对称,它是以预算期可预见的不同业务量水平为基础,反映不同情况的一种预算编制方法。由于这种方法在业务量的确定上做出了机动调整的准备,从而使各项具体预算随之保持相应的弹性,故称为弹性预算或变动预算。

将固定预算与弹性预算的特点与适用性作了如下对比,如表 11-1 所示。

表 11-1 固定预算与弹性预算

	特点	适用场合
固定预算 (静态预算)	过于机械呆板,可比性差	适用于业务量比较稳定的企业或营利组织
弹性预算 (变动预算)	预算范围宽,可比性强	适用于所有与业务量有关的各种预算,主要用于编制弹性成本费用预算和弹性利润预算

在产销一定的情况下,一般认为,销售预算是预算编制的起点。根据企业的发展战略进行长期销售的预测;再根据长期销售预算,结合当前企业状况及市场条件,预算年度销售量,进入固定预算的具体工作程序中。固定预算编制方法将在本章的财务预算编制中进行举例说明。弹性预算是为克服固定预算无法准确地预见未来成本可能达到的程度和发展趋势这一缺陷而产生的,它主要适用于弹性成本预算和弹性利润的预算。

而弹性成本预算主要指生产费用弹性预算和管理费用弹性预算。编制弹性成本(费用)预算的主要方法一般有两种:列表法和公式法,其优点见表 10-2。

表 11-2 弹性成本(费用)预算编制方法

方法	编制要点	优点	缺点
列表法	用列表的方式,在相关范围内每隔一定业务量计算相关数值预算	便于预算的控制和考核	工作量较大,适用面较窄
公式法	确定 $y=a+bx$ 中的 a 和 b 来编制弹性成本预算,y、a、b 分别表示预算成本、固定成本预算数、单位变动成本预算数	在一定范围内不受业务量影响;工作量小	不能直接查出特定业务量下的总成本预算额,分解成本比较麻烦,且有一定误差

弹性预算就是根据业务量的多少,列出几个不同水平的费用预算,根据企业的具体情况,可以每隔一定的比例列出一个不同水平的预算,而编制成本费用弹

性预算表。实际执行时，就可以根据实际经营管理水平与业务量，对照相应的费用预算进行控制。这种弹性预算是随着业务量的变动而变动的预算，不存在执行时需要有追加预算的手续。而且弹性预算技术要求在预算制订过程中考虑多种因素的影响，因此可导致预算更为精确弹性成本预算。

用列表法来举例说明弹性成本（费用）预算的编制。

[例11-1] 假设A公司按照预计的不同产量，建立了弹性成本预算表，见表11-3。

表11-3 弹性成本预算表　　　　　　　　　　　　　　元

成本项目	单位变动成本	预计生产量		
		520件	550件	600件
变动成本：				
直接材料	60	31 200	33 000	36 000
直接人工	30	15 600	16 500	18 000
变动性制造费用	10	5 200	5 500	6 000
变动成本合计	100	52 000	55 000	60 000
固定性制造费用		8 000	8 000	8 000
生产成本合计		60 000	63 000	68 000

弹性利润预算是以预算期内各种可能实现的销售收入作为计量基础，扣除相应的成本，从而分别确定不同销售收入水平下可能实现的利润。下面运用公式法编制弹性利润预算进行举例说明，如表11-4所示。

表11-4 弹性利润预算　　　　　　　　　　　　　　元

利润计算项目＼相关产销量	520件	550件	600件
单位产品售价	200	200	200
销售收入减：销售成本	104 000	110 000	120 000
毛利减：期间费用	50 000	50 000	50 000
利润总额	54 000	60 000	70 000
减：所得税（25%）	13 500	15 000	17 500
净利润	40 500	45 000	52 500

11.2.2 增量预算方法与零基预算方法

编制成本费用预算的方法按其出发点的特征不同，可分为增量预算方法和零基预算方法两大类。

零基预算是区别于传统的增量预算而设计的一种编制费用预算的方法。在实行零基预算时,要对所有的预算支出以零位基底,从实际需要与可能出发,逐项审议各种费用开支的必要性、合理性以及开支数额应当界定的严格界限,最终确定预算。零基预算制度是由美国德州仪器公司于20世纪70年代首创的,其基本精神在于,在每一个预算年度对每项费用都予以重新检查,而且必须以当前公司的需求和发展现状作为检查基础。

零基预算打破了以调整上年度预算指标来规划本年度预算指标的限制,因而具有合理、有效、节约使用经费的优点。但由于这种预算编制需要投入较大的预算工作量,而且又会产生因预算编制人员的主观愿望不同或评价结论不同而引起相关部门间的矛盾,因此,零基预算在实际推行上阻力较大,需要企业高层领导的强有力支持。

零基预算的基本操作步骤包括以下3点。

(1) 各部门提出完成目标任务的业务活动和各项费用的需用数额。

(2) 预算编制机构对此进行成本—效益分析,做出各项费用开支合理性判断,并提出零基管理理念下的预算指标草案。

(3) 企业预算编制机构组织各项预算执行部门对零基预算草案进行可行性论证。修改零基预算草案,提交企业决策机构最后批准。

在编制零基费用预算的3个步骤中,第二个步骤的"成本—效益"分析是处理和解决各相关部门争夺经费矛盾的关键。

[例11-1] 假设A公司对销售及管理费用采用零基预算的编制方法,公司按照利润控制目标所确定销售及管理费用控制为40 000元,而经过预算编制部门与执行部分之间反研究,认为必须保障的费用金额是:工资费、保险费、租赁费等一共18 000元。另外可变动的费用,广告费6 000元、运输费6 000元、办公费20 000元合计为32 000元。

解决剩余经费22 000元(40 000~18 000元)与经费要求32 000元之间的矛盾,可以按照成本效益分析模式进行。A公司通过以往广告费、运输费、办公费的成本效益分析,计算出成本效益比例,如表11-5。

表11-5 成本效益比率分配表　　　　　　　　　　元

项目	每年平均费用发生额 I	每年平均收益获得额 II	成本费用效益比 III = II / I
广告费	5 000	10 000	2
运输费	6 000	12 000	2
办公费	15 000	90 000	6

$$广告费分配金额 = 32\,000 \times \frac{2}{2+2+6} = 6\,400（元）$$

$$运输费分配金额 = 32\,000 \times \frac{2}{2+2+6} = 6\,400（元）$$

$$运输费分配金额 = 32\,000 \times \frac{2}{2+2+6} = 19\,200（元）$$

增量预算方法，又称调整预算方法，是指以基期成本费用水平为基础，结合预算期业务量水平及有关影响成本因素的未来变动情况，通过调整有关原有费用项目而编制预算的一种方法。这是一种传统的预算方法。

增量预算法隐含了3个假设：现有的业务活动是企业必须的、原有的各项开支都是合理的且增加费用预算是值得的。增量预算基本上都是从前一期的预算推演出来的，每一个预算期间开始时，都采用上一期的预算作为参考点，而且只有那些要求增加预算的申请才会得到审查。然而，这个特征可能产生一些问题。

当管理层希望用预算来控制成本或提高效率时，增量预算的缺陷显得更加严重。事实上，增量预算最容易掩盖低效率和浪费。其中，最普遍的问题就是，在典型的增量预算中，原有的开支项一般很难砍掉，即使其中的一些项目已没有设立的必要了。这是因为在编制新年度的预算时，会首先参看上一期的资金是怎样分配的，然后部门管理者再加上对新活动的预算要求和通货膨胀率，而最高管理层往往只审查那些增加的部分，对于原有的各项拨款是否都应该继续很少考虑，结果是某些活动分配到的资金远远超过其实际的需要。

当然这种方法用起来比较简单，省时省力，主要适用于在计划期由于某些采购项目的实现而应相应增加的支出项目。如预算单位计划在预算年度上采购或拍卖小汽车，从而引起的相关小车燃修费、保险费等采购项目支出预算的增减。

11.2.3 定期预算方法与滚动预算方法

编制预算的方法按其预算期的时间特征不同，可分为定期预算方法和滚动预算方法两大类。

预算通常是定期（如1年）编制的，这主要是为了预算年度与会计决算年度一致。但是这种定期预算也会造成以下问题：①编制预算时往往由于时间的原因，使其缺乏预测性，这使预算指标在执行过程中缺乏可参照性；②预算执行过程中发生各种无法逆转的变化，从而使已制定的预算失去作用；③在预算执行过程中，管理者或多或少会局限于预算期内活动，这不利于长远稳定的发展。

滚动预算又称连续预算或永续预算，是指在编制预算时，将预算期与会计年度脱离开，随着预算的执行不断延伸补充预算，逐期向后滚动，使预算期能始终保持为一个固定期间的一种预算编制方法，如图11-1所示。

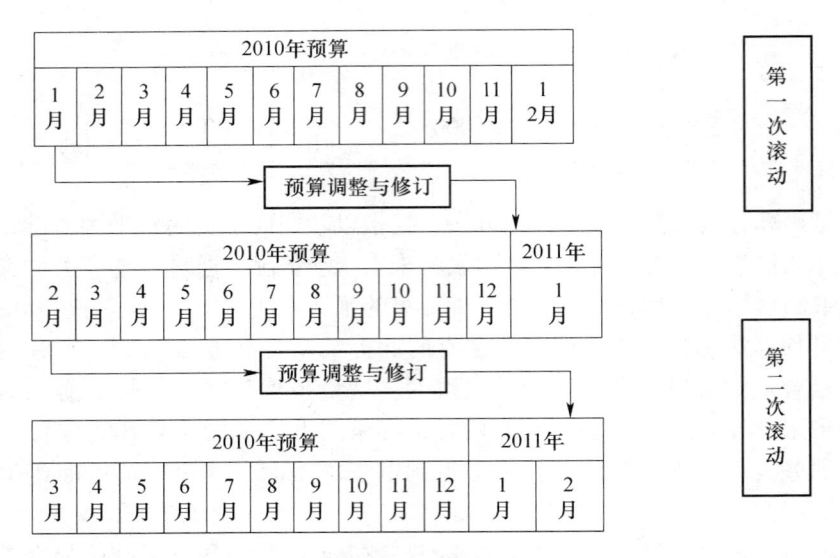

图 11-1 滚动预算示意图

将原定的预算结果不断地进行修改,但是这种不断地更新和修改正是滚动预算要做的事情,也是它优于普通年度预算之处。这是因为,预算有两大作用,考核和计划。作为考核,沿用正式的预算是正常的,但作为计划和资源配置的重要工具,预算是前一年制订的,到实际执行时,情况可能已经变化,原来的假设可能已不适用,所以要有最新的预测来指导经营决策,滚动预算起的就是这个作用。但滚动预算一般不太会作为更新的考核指标,以确保在目标设置上预算的权威性。所以滚动预算做的事不是不断地修改目标,而是不断地修改预测的结果,以指导最新的决策。

滚动预算能保持预算的完整性、继续性,从动态预算中把握企业的未来;能使各级管理人员始终保持对未来一定时期的生产经营活动作周详的考虑和全盘规划,保证企业的各项工作有条不紊地进行。由于预算能随时间的推进不断加以调整和修订,滚动预算能使预算与实际情况更相适应,有利于充分发挥预算的指导和控制作用。采用滚动预算的方法,预算编制工作比较繁重,为了适当简化预算的编制工作,也可采用按季度滚动编制预算;滚动预算有利于管理人员对预算资料作经常性的分析研究,并根据当前的执行情况及时加以修订,保证企业的经营管理工作稳定而有秩序地进行。

11.3 财务预算的编制

11.3.1 编制财务预算的准备及编制流程

根据企业的经营目标,科学合理地规划、预计及测算未来经营成果、现金流量增减变动和财务状况,并以财务会计报告的形式将有关数据系统地加以反映的工作流程,称为财务预算编制。财务预算一般由预算损益表、预算现金流量表和预算资产负债表组成。财务预算的期间一般为一年,并与企业的会计年度保持一致,以便于在实际的经营过程中,对财务预算执行情况进行监督、检查、分析。编制财务预算的准备工作大致可分为以下 4 步。

第一步,确定财务预算的目标。财务预算要以企业经营目标为前提。企业经营目标包括:利润目标以及为实现这一目标的相关目标,如销售收入目标、成本控制目标、费用控制目标等。对相关的经营目标及财务预算指标,要进行综合分析及平衡。

第二步,资料的搜集。在编制财务预算以前,搜集编制财务预算有关的资料。要充分搜集企业内部及外部的历史资料,掌握目前的经营及财务状况以及未来发展趋势等相关资料,并对资料采用时间数列分析及比率分析的方法,研究分析企业对各项资产运作的程度及运转效率,判断有关经济指标及数据的增减变动趋势及相互间的依存关系,测算出可能实现的预算值。

第三步,汇总企业业务方面的预算。企业各部门编制的各项业务预算,如销售预算、生产预算、成本费用预算、材料、低值易耗品采购预算,直接人工预算等,是编制财务预算的重要依据。在编制财务预算前,应将汇总的各项业务预算的数据及经济指标,加以整理、分析,经相互勾稽确认后,作为财务预算各表的有关预算数。

第四步,财务预算的编制程序。编制财务预算,首先以销售预算的销售收入为起点,以现金流量的平衡为条件,最终通过预算损益表及资产负债表综合反映企业的经营成果及财务状况。财务预算的一系列报表及数据,环环紧扣、相互关联、互相补充形成了一个完整的体系。

从财务理论的角度上看,财务预算包括现金预算和财务报表预算两部分,财务预算在全面预算中发挥综合和协调的作用。但是,由于财务预算的编制大部分以经营预算、资本预算的编制为基础,在实务中往往保持着紧密的联系和数据上的勾稽关系,因此常规的财务预算编制流程和方法就需要联系经营预算。为了比较全面地介绍财务预算的编制,接下来的章节就包含了经营预算的部分具体内容。图 11-2 揭示了常规的财务编制流程和内容。

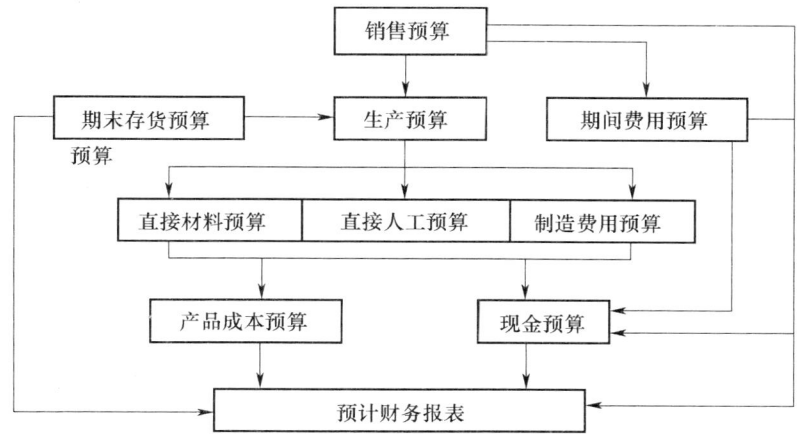

图 11-2 常规财务预算的内容和编制流程

11.3.2 财务预算表的编制

1. 销售预算

销售预算是预算编制工作的起点,其他预算都是要以销售预算作为编制基础。销售预算要确定预算期各种产品的销售量、销售单价,并根据不同产品的销售量和销售单价计算出各种产品销售收入及销售总额。

为了配合现金预算的编制,销售预算中通常包括预算期内不同季度(或月)的现金收入的计算。下面用固定预算编制方法来说明财务预算表的编制。

企业销售预算的表格设计一般需要确定两个基本数据:①销售收入。②当期现金收入。很多企业都运用赊销的手段来争取更多的客户扩大市场份额,这就不可避免地要产生一定的应收账款。因此当期实现的销售收入与当期收到的现金往往是不相同,这就需要根据以往的经验确定赊销比例和应收账款回收期。

[例 11-7] B 公司的各项预算按照季度来编制,各季度的销售实现额有 50% 是赊销,而上一季度的应收账款都可以在随后的季度内全额收回。这样 B 公司销售预算表格的设计及数量关系见表 11-7。

表 11-7 销售预算表　　　　　　　　　　　　　　　　元

项目 \ 季度		1	2	3	4	全年
预计销售量/件		300	200	180	320	1 000
预计单位收件		200	200	200	200	200
预计销售收入		60 000	40 000	36 000	64 000	200 000
预计现金收入	期初应收款余额	20 000				20 000
	1 季度销售	30 000	30 000			60 000
	2 季度销售		20 000	20 000		40 000
	3 季度销售			18 000	18 000	36 000
	4 季度销售				32 000	32 000
	现金收入合计	50 000	50 000	38 000	50 000	188 000
期末应收账款余额						32 000

表 11-7 中的预计销售收入为编制预计损益表提供了数据;现金收入合计为编制现金预算表提供数据;期末应收账款余额为编制资产负债表提供数据,预计销售量为编制生产预算提供数据。

2. 生产预算

生产预算要根据销售预算所确定的销售量，结合期初和期末的产品存量，按以下计算方式分别计算出各种产品的生产量。

$$预算生产量 = 预计销售量 + 预期期末存量 - 预计期初存量 \quad (11-1)$$

生产预算需要确定各月预计生产量，这需要两个数据：①预计销售量。②预计期末存货。按季度来编制预算，上一季度期末存货量等于当前季度期初存货量。销售预算编制后，这里需要确定的是预计存货量，假设期末存货是下一季度销售量的10%，而这里的期末存货又是资产负债表所需要的数据。B公司生产预算表格的设计及数据关系见表11-8。

表11-8　生产预算表　　　　　　　　　　　　　件

摘要＼季度	1	2	3	4	全年
预计销售量	300	200	180	320	1 000
加：预计期末存货	20	18	32	30	30
减：预计期初存货	15	20	18	32	15
预计生产量	305	198	194	318	1 015

3. 直接材料

直接材料预算是根据生产预算为基础编制的，直接材料采购预算数量与单位产品材料耗用量、预计材料期初存量及预计生产量相关，具体计算公式如下。

预算直接材料需用量 = 预算生产量 × 单位产品材料耗用量

预算直接材料采购量 = 预算直接材料好用量 + 预计期末存量 - 预计期初存量

$$预算直接材料采购额 = 预算直接材料采购量 \times 材料计划单价 \quad (11-2)$$

表11-9主要为了确定预计采购金额，但是在现实采购中往往不是全额付现的，采购过程中会形成一定的应付账款。应付账款比例的大小视情况而定，这主要取决于公司在交易中所处的地位。但总的来说，一年内总采购金额相差不会很大，假设B公司采取全额付现采购，所以表中没有涉及应付账款项目。

表11-9　直接材料预算　　　　　　　　　　　　元

项目＼季度	1	2	3	4	全年
预计生产量	350	198	194	318	1 015
单耗/kg	10	10	10	10	10
生产需用量	3 050	1 980	1 940	3 180	10 150
加：预计期末存量	205	220	250	260	260
减：预计期初存量	200	205	220	250	200
预计采购量	3 055	1 995	1 970	3 190	10 210
单价	2	2	2	2	2
预计采购金额	6 110	3 900	3 960	6 380	20 420

4. 直接人工预算

直接人工预算也是根据生产预算编制的,直接人工费用预算总额由预算生产量、单位产量工时及单位工时人工费决定的,其计算指标和计算方式如下。

$$直接人工预算 = 预算生产量 \times 单位产量工时 \times 单位工时人工费 \quad (11-3)$$

直接人工预算也是根据生产预算表提供的数据和企业相关定额工时、小时工资率指标而编制的,如表11-10所示。由于工资费用不允许延期支付,因此当前工资必然是现金支出,不需设置预计现金支出。

表 11-10　直接人工预算表　　　　　　　　　　　　　　　　　　元

季度 摘要	1	2	3	4	全年
预计生产量	350	198	184	318	1 015
单位产量工时	5	5	5	5	5
单位工时人工费	2	2	2	2	2
人工总成本	3 050	1 980	1 840	3 180	10 150

5. 制造费用预算

制造费用预算通常按照变动性制造费用、固定性制造费用两部分分别编制。变动性制造费用预算的编制要以生产预算为基础,一般按照间接人工、间接材料、水电费、修理费等明细项目分别计算确定。当企业具有完善的标准成本资料时,利用具体明细项目的单位产品的标准成本乘上预算生产量,就可以得出相应的变动性制造费用相关项目的预算指标,如表11-11所示。例如,间接人工、间接材料、修理费预算指标的计算方式如下。

$$预算间接人工 = 预算生产量 \times 单位产品间接人工标准成本$$
$$预算间接材料 = 预算生产量 \times 单位产品间接材料标准成本$$
$$预计水电费 = 预算生产量 \times 单位产品水电标准成本 \quad (11-4)$$

表 11-11　制造费用预算表　　　　　　　　　　　　　　　　　　元

季度 项目	1	2	3	4	全年
固定性制造费用					
折旧费	400	400	400	400	1 600
人员工资	600	600	600	600	24 000
保险费	100	100	100	100	400
财产税	100	100	100	100	400
合计	1 200	1 200	1 200	1 200	4 800

续表

项目＼季度	1	2	3	4	全年
变动性制造费用					
人工费	710	396	368	636	2 030
材料费	710	396	368	636	2 030
水电费	305	198	184	318	1 015
合计	1 525	990	920	1 590	5 075
总合计	2 725	2 190	2 120	2 790	9 875
减：折旧费	400	400	400	400	1 600
现金支出	2 325	1 790	1 720	2 390	8 275

在一定条件下，固定性制造费用的发生与预算生产量无关，需要逐项进行预测和计算。为了便于编制现金预算，需要在固定性制造费用中预计出当期的现金支出（简单的方法就是从固定性制造费用中扣除折旧额、摊销额等）；而变动性制造费用一般都属于当期的现金支出。

表11-11在编制中的假设是，变动性制造费用中的人工费、材料费都是按照当期预计生产量乘上相关的成本标准2元而确定的；水电费则是按照当期预计生产量乘上相关的费用标准1元而确定的。在实际生产中还有其他费用，为了简化核算和计算方便，只选取了几项且为整数，例外固定性制造费用也假设各季度相等。

6．产品成本预算

产品成本预算是确定预算期单位产品生产成本、生产成本总额、期末存货成本以及销货成本的预算。产品成本预算在编制中需要利用生产预算、直接材料预算、直接人工预算、制造费用预算以及预计期初存货所提供的资料数据。通常情况下，预算销货成本的计算公式为

预算销货成本＝预算生产成本＋期初存货成本－期末存货成本　　（11－5）

产品成本预算是根据生产预算表、直接材料预算、直接人工预算表、制造费用预算填制并计算的。鉴于篇幅的原因，这里不再赘述，大家可以尝试着自己去编织产品成本预算表。

7．期间费用预算

期间费用包括的内容比较复杂，这也是预算编制中灵活性较强的部分，本着严格预算管理的要求，通常采取的原则和方法如下。

（1）销售费用预算需要在销售预算的基础上，考虑预算期完成销售预算所采取的行动方案，以及对以往实际发生的销售费的分析，逐项逐笔落实。

（2）管理费用预算需要在保证企业各项必要经费开支的基础上，考虑企业所能

够承受的能力，本着节约的原则逐项逐笔落实。

（3）财务费用预算应当根据预算期的融资计划等，按照利率、汇率的预期逐项落实。期间费用预算也是现金预算中的必要内容。

8. 现金预算

现金预算是预算期现金收入与现金支出的安排与平衡的预算。现金预算由6部分组成：①期初现金存量。②本期现金收入。③本期现金支出。④现金多余与不足。⑤资金融通。⑥期末现金存量。

现金预算各个组成部分的相互关系为

现金多余与不足 = 期初现金存量 + 本期现金收入 − 本期现金支出

期末现金存量 = 现金多余与不足 ± 资金融通　　　　　　　　　　（11 − 6）

现金预算的编制必须以经营预算和资本预算为基础，吸纳进预算所反映的内容为企业财务活动的组织和控制提供了重要依据。

9. 预计财务报表

预计财务报表是财务预算的特有表达方式，是对经营预算、资本预算、现金预算的总结。预计财务报表与实际财务报表的作用截然不同，企业定期编报的实际财务报表主要是为了向外部报表使用者提供他们所关注的财务信息，对企业财务人员而言，这是一项法律规定的强制性工作；而预计财务报表主要是为企业财务管理服务，对投资者、债权人以及税务机关并没有利用价值。预计财务报表的编制，体现了财务管理工作的主观能动性，是控制企业资金、成本、利润和资产配置的重要手段。

（1）预计损益表。预计损益表亦称损益表预算，它主要利用已经编制的经营预算，按照损益表固有格式综合揭示预算的财务成果。

（2）预计资产负债表。预计资产负债表亦称资产负债表预算，它主要利用预算期期初实际资产负债表和现金预算、预计损益表、资产预算的相关资料，按照资产负债表的固有格式反映预算期末的资产、负债、所有者权益状况。

（3）预计现金流量表。预计现金流量表是否编制可以根据企业的管理需要而确定，由于现金预算已经揭示了预算期预计的财务现金流量，因此，许多企业不再重复编制预计现金流量表。但是，一些管理要求比较严格的企业，还是愿意按照现金流量表的固有格式，以总括反映不同形式的现金流量预算，从而保证预计财务报表的系统性。

预计财务报表编制的成功，标志着企业财务预算编制工作已经完成。为了检验预计财务报表的编制质量，可以对企业预测资金需求量时所编制的预计财务报表的相关数据，通过比较，检查是否存在问题，以便于及时调整。

【本章小结】

财务预算是一系列专门反映企业未来一定预算期内预计财务状况和经营成

果，以及现金收支等价值指标的各种预算的总称，具体包括现金预算、财务费用预算、预计利润表、预计利润分配表和预计资产负债表等内容。

编制预算的方法按其业务量基础的数量特征不同，可分固定预算方法和弹性预算方法两大类。编制成本费用预算的方法按其出发点的特征不同，可分为增量预算方法和零基预算方法两大类。编制预算的方法按其预算期的时间特征不同，可分为定期预算方法和滚动预算方法两大类。

根据企业的经营目标，科学合理地规划、预计及测算未来经营成果、现金流量增减变动和财务状况，并以财务会计报告的形式将有关数据系统地加以反映的工作流程，称为财务预算编制。

财务预算的常规编制流程和方法是结合经营预算，并按照固定预算的编制方式进行的财务预算编制。其工作步骤为：①销售预算。②生产预算。③直接材料、直接人工、制造费用预算。④产品成本预算。⑤期间费用预算。⑥损益表预算。⑦现金预算（财务报表预算）。掌握各种预算表的填制是本章学习的重点。

【练习题】

1. 单项选择题

（1）在成本习性分析基础上，分别按一系列可能达到的预计业务量水平编制的能适应多种情况的预算是指（　　）。

A. 固定预算　　　B. 弹性预算　　　C. 增量预算　　　D. 滚动预算

（2）下列各项中，其预算期不与会计年度挂钩的预算方法是（　　）。

A. 弹性预算　　　B. 零基预算　　　C. 滚动预算　　　D. 固定预算

（3）直接材料预算的主要编制基础是（　　）。

A. 销售预算　　　B. 现金预算　　　C. 生产预算　　　D. 产品成本预算

（4）某企业每季度销售收入中，本季度收到现金60%，另外的40%要到下季度才能收到现金，若预算年度的第4季度销售收入为40 000元，则预计资产负债表中年末应收账款项目金额为（　　）元。

A. 16 000　　　B. 24 000　　　C. 40 000　　　D. 20 000

（5）全面预算的起点是（　　）。

A. 销售预算　　　B. 生产预算　　　C. 材料预算　　　D. 生产成本预算

（6）在成本习性分析的基础上，分别按一系列可能达到的预计业务量水平编制的能适应多种情况的预算是指（　　）。

A. 定期预算　　　B. 弹性预算　　　C. 零基预算　　　D. 固定预算

（7）编制生产预算时，关键是能正确地确定（　　）。

A. 销售价格　　　B. 销售数量　　　C. 期初存货量　　　D. 期末存货量

(8) 在编制预算的实质中，能够克服定期预算缺陷的方法是（　　）。
A. 弹性预算　　　B. 零基预算　　　C. 滚动预算　　　D. 责任预算

2. 多项选择题

(1) 产品成本预算，是（　　）预算的汇总。
A. 生产　　　　　　　　　　B. 直接材料采购与消耗
C. 直接人工　　　　　　　　D. 制造费用

(2) 与生产预算有直接联系的预算有（　　）。
A. 直接材料预算　　　　　　B. 变动制造费用预算
C. 销售及管理费用预算　　　D. 直接人工预算

(3) 编制弹性成本预算的方法包括（　　）。
A. 公式法　　　B. 列表法　　　C. 因素法　　　D. 百分比法

(4) 按公式法编制弹性成本预算的缺点有（　　）。
A. 逐项分解成本比较麻烦
B. 不能直接查出特定业务量下的总成本预算额
C. 有一定误差
D. 在一定范围内受业务量波动的影响。

(5) 下列各项中，属于滚动预算优点的有（　　）。
A. 远期指导性　　B. 稳定性　　C. 连续性　　D. 完整性

3. 判断题

(1) 在编制零基预算时，应以企业现有的费用水平为基础。（　　）
(2) 属于编制全面预算的出发点和日常业务预算的基础的是销售预算。（　　）
(3) 定期预算与弹性预算相对应，固定预算与滚动预算相对应。（　　）
(4) 销售预算是唯一以实物量指标来编制的预算。（　　）
(5) 在编制弹性成本预算时，业务量的选择只能选择历史上最高的业务量。（　　）

4. 综合题

东方公司 2010 年有关预算资料如下：

(1) 预计该公司 1~5 月份的销售收入分别为 600 万元、700 万元、800 万元、900 万元、1 000 万元，每月销售中，当月收到现金 40%，下月收到现金 60%。

(2) 各月材料采购成本按下一个月销售收入的 60% 计算，所购材料款于当月支付现金 50%，下月支付现金 50%。

(3) 预计该企业 2~4 月份制造费用分别为 66 万元、70 万元、78 万元，每月生产设备的折旧费为 10 万元。

(4) 2 月份将购置固定资产需现金 200 万元。

（5）预计该企业在现金不足时，向银行借款为10万元的倍数，现金有剩余时归还借款（为10万的倍数），借款在期初，还款在期末，借款利率为12%。

（6）预计该企业各月现金余额最低为70万元。其他资料如表11-12。

表11-12　企业各月资金情况　　　　　　　　　　　万元

月份	2	3	4
期初现金余额	70		
经营现金收入			
材料采购支出			
直接工资支出	50	55	60
制造费用支出			
预交所得税			90
购置固定资产			
现金余额			
向银行借款			
归还银行借款			
支付借款利息			
期末现金余额			

要求：完成东方公司2~4月现金预算的编制工作。

第12章

财务控制

【学习目的】

(1) 了解财务控制的概念、种类。
(2) 了解成本控制的含义及种类。
(3) 理解责任中心的不同种类的划分及区别。
(4) 掌握责任中心业绩评价的方法。
(5) 掌握标准成本控制下成本差异的分析。

【引导性案例】

早上9点钟,某快递公司公司财务王经理手持文件夹准时来到CEO的办公室汇报,对于这位新到任的CEO,王经理虽然不太了解,但他并不担心。这个物流公司近年的经营业绩每年都保持着30%以上的增幅,他自信地认为这几年的财务工作做得也很不错,看到CEO对着财务分析报告不断点头,王经理心里更加肯定了自己的工作。

"从报告上来看,公司的业绩不错,正处于快速增长时期,但是我有一个问题。"CEO突然问道,"我想知道,快递员从国贸取一个银行的快件寄到厦门,这个单子的真实成本多少?"

王经理有些诧异,还是第一次有人问这样的问题,一时不知如何回答。"我们公司共有多少家分公司?"CEO又问。

"90多家。"王经理回答说。

"各分公司的盈利情况如何?"

"我们目前的成本核算方法都是以分公司为单位,按分公司归集成本费用,然后得到公司的总成本。至于分公司的盈利,因为一直以来我们都关注公司的整体业绩,没有做这方面的工作。"无法让领导满意,王经理有些沮丧。

"如果我们不能算出每个单子的真实成本,也不能很好地计算各分公司的成本,这将使公司进行盈利能力分析、产品定价决策、路径优化分析等计划受到限制。"

"这个,这个……"王经理有些不知所措。

"改革迫在眉睫,我们必须尽快找到合适的成本管理方法。你去想想办法!"CEO的语气很肯定。

成本计算方法需要变革。

回到办公室后,接到任务的王经理召开了财务部门紧急会议。他向大家讲述了公司目前成本管理遇到的难题,并组织大家积极讨论。大家一致认为,分析该快递公司所面临的难题应该与其业务特点相结合,从而寻求解决的方法。

该快递公司客户的业务内容是以航空运输方式为主,1~2天送达的包裹、货物的国内门到门快递服务或称桌到桌服务,即首先由发件人在需要时通过电话等方式通知快递公司,快递公司接到通知后派人上门取件,然后将所有收到的快件集中到一起,根据其目的地分拣、整理、制单、报关、发往世界各地。到达目的地后,再由当地的分公司办理清关、提货手续,并派人送至收件人手中。在这期间,客户可依靠快递公司的电脑网络随时对快件(主要指包裹)的位置进行查询。快件送达之后,也可以及时通过电脑网络将消息反馈给发件人。具体包括标准快递服务和定制化服务。其快递业务的运作具有如下特点。

(1) 快递公司的运作需要一个庞大的服务网络支撑。针对每单具体业务,快递公司都需要由两个以上分支机构分工协作完成。每个分支机构既会替其他作业点中转或派送,也会让对方为其提供同样的服务。

(2) 产品复杂多样,影响因素较多。客户、运输路线、货物类型和运输时限都是对产品的送达有影响的重要因素。

(3) 高额的间接费用。除了包装材料成本可以直接追溯外,基本上所有的费用都是间接费用。

由于快递业务具有上述特点,传统的成本核算方法在该公司遇到了很大的困难。在传统的成本核算方法中,快递公司只能按分公司、子公司归集成本费用,然后得到公司的总成本。对于公司进行盈利能力分析、产品定价决策所需要的产品成本、客户成本等信息,在传统成本计算方法下,财务部门便无能为力了。

为此,需要一套能解决问题的成本核算方法和成本管理工具,来解决如何把高额的间接费用准确分配到复杂多样的产品、如何把多个分支机构的成本串联为产品的成本、如何衡量单一产品和客户的盈利性等,以便于公司进行成本管理。

那么,如果你是该快递公司的财务经理,你觉得该公司应该采用什么成本管理和控制的方法更能适应目前的管理要求呢?除此之外还有哪些别的成本控制方法呢?

作为一家企业,成本控制仅仅是财务控制的一部分。那到底什么是财务控制呢？财务控制又有哪些方法呢？它和成本控制是什么关系？通过本章的学习，将会为大家回答上述问题。

12.1 财务控制概述

12.1.1 财务控制的概念及特征

控制是指对客观事物进行约束和调节，使之按照设定的目标和轨迹运行的过程。财务控制是指依照财务预算和有关制度，对财务活动施加影响或进行调节，确保企业及其内部机构和人员全面落实及实现财务预算的过程。

财务控制具有以下特征。

（1）价值控制。财务控制对象是以实现财务预算为目标的财务活动，它是企业财务管理的重要内容，财务管理以资金运动为主线，以价值管理为特征，决定了财务控制必须实行价值控制。

（2）综合控制。财务控制以价值为手段，可以将不同部门、不同层次和不同岗位的各种业务活动综合起来，实行目标控制。

（3）现金流量控制。企业的财务活动归根结底反映的是企业的资金运动。企业日常的财务活动表现为组织现金流量的过程，为此，财务控制重点应放在现金流量状况的控制上，通过现金预算、现金流量表等保证企业资金活动的顺利进行。

12.1.2 财务控制的作用

财务控制与财务预测、决策、预算和分析等环节共同构成财务管理的循环。其中，财务控制是财务管理循环的关键环节，它对实现财务管理目标具有保证作用。一般来说，财务预测、财务决策和财务预算是为财务控制指明方向、提供依据和进行规划；而财务控制则是保证目标、设想、规划的具体落实。没有控制，任何预测、决策和预算都是无意义的。由于财务控制是借助货币手段对生产经营活动所实施的控制，具有连续性和全面性，它在企业经营控制系统中处于一种特殊的地位，起着保证、促进、监督和协调等重要作用。

12.1.3 财务控制的种类

（1）按照财务控制的内容，可分为一般控制和应用控制两类。一般控制，是指对企业财务活动赖以进行的内部环境所实施的总体控制，包括组织控制、人员控制、财务预算、业绩评价、财务记录等内容；应用控制，是指作用于企业财务活动的具体控制，包括业务处理程序中的批准与授权、审核与复核以及为保证资产安全而采取的限制措施等控制。

（2）按照财务控制的时序，可分为事前控制、事中控制和事后控制3类。事前控制，是指企业为预防财务资源质和量发生偏差，而在行为发生之前所实施的控制；事中控制，是指财务活动发生过程中所进行的控制；事后控制，是指对财务活动的结果进行的分析、评价。

12.2 财务控制的方法

建立责任中心、编制和执行责任预算、考核和监控责任预算的执行情况是企业实行财务控制的一种有效的方法，所以又称之为责任中心财务控制。

12.2.1 责任中心的含义与特征

企业为了实行有效地内部协调和控制，通常都按照统一领导、分级管理的原则，在其内部合理划分责任单位，明确各责任单位应承担的经济责任、应有的权力和利益，促使各责任单位各尽其职、各负其责。责任中心就是具有一定的管理权限，并承担相应经济责任的企业内部单位。

责任中心通常具有以下特征。

（1）责任中心是一个责、权、利相统一的实体。每一个责任中心都要对一定的财务指标的完成情况负责任。同时，责任中心被赋予与其所承担责任的范围和大小相适应的权力，并规定相应的业绩考核标准和利益分配标准。

（2）责任中心具有承担经济责任的条件。它有两方面的含义：一是责任中心要有履行经济责任中各条款的行为能力，二是责任中心一旦不能履行经济责任，能对其后果承担责任。

（3）责任中心所承担的责任和行使的权力都是可控的。每个责任中心只能对其责权范围内可控的成本、收入、利润和投资负责，在责任预算和业绩考评中也只应包括他们能控制的项目。可控是相对于不可控而言的，不同的责任层次，其可控的范围并不一样。一般而言，责任层次越高，其可控范围也就越大。

（4）责任中心具有独立核算、业绩评价的能力。责任中心的独立核算是实施权、责、利统一的基本条件。只有独立核算，工作业绩才可能得到正确评价。因此，只有既分清责任又能进行独立核算的企业内部单位，才是真正意义上的责任中心。

12.2.2 责任中心的类型和考核指标

根据企业内部责任单位的权责范围及业务活动的特点不同，责任中心一般可分为成本中心、利润中心和投资中心3大类。

1. 成本中心

1）成本中心的含义

成本中心是指对成本或费用承担责任的责任中心。成本中心往往没有收入，其职责是用一定的成本去完成规定的具体任务，一般包括产品生产的生产部门、提供劳务的部门和有一定费用控制指标的企业管理部门。

成本中心是责任中心中应用最为广泛的一种责任中心形式。任何发生成本的责任领域，都可以确定为成本中心，上至企业，下至车间、工段、班组，甚至个人都可以划分为成本中心。成本中心的规模不一，一个成本中心可以由若干个更小的成本中心组成，因而在企业可以形成一个逐级控制，并层层负责的成本中心体系。

2）成本中心的类型

广义的成本中心有两种类型：标准成本中心和费用中心。

标准成本中心是以实际产出量为基础，并按标准成本进行成本控制的成本中心，制造业工厂、车间、工段、班组等是典型的标准成本中心。在产品生产中，这类成本中心的投入与产出有着明确的函数对应关系，它不仅能够计量产品产出的实际数量，而且每个产品因有明确的原材料、人工和制造费用的数量标准和价格标准，从而对生产过程实施有效的弹性成本控制。实际上，任何一项重复性活动，只要能够计量产出的实际数量，并且能够建立起投入与产出之间的函数关系，都可以作为标准成本中心。

费用中心是指产出物不能以财务指标衡量，或者投入与产出之间没有密切关系的有费用发生的单位，通常包括一般行政管理部门、研究开发部门及某些销售部门。一般行政管理部门的产出难以度量，研究开发和销售活动的投入量与产出量没有密切的联系。费用中心的费用控制应重在预算总额的审批上。

3）成本中心的特征

（1）成本中心只考核成本费用而不考核收益。一般而言，成本中心没有经营权和销售权，其工作成果不会形成可以用货币计量的收入。例如，某一生产车间生产的产品只是成品的某一个部件不合格，无法单独出售。因而不可能计量其货币收入。有的成本中心可能有少量收入，但这种收入少，且其投入与产出之间不存在密切的对应关系，因而，这些收入不作为主要的考核内容，也不必计算这些货币收入。总之，以货币形式计量投入，不以货币形式计量产出，是成本中心的基本特征。

（2）成本中心只对可控成本负责。

凡是责任中心能够控制其发生及其数量的成本成为可控成本。作为可控成本必须同时具备以下条件。

第一，责任中心能够通过一定的方式预知成本的发生。

第二，责任中心能够对发生的成本进行计量。

第三，责任中心能够通过自己的行为对这些成本加以调节和控制。

第四，责任中心可以将这些成本的责任分解落实。

凡不能同时满足上述条件的成本就是不可控成本。对于特定成本中心来说，它不应当承担不可控成本的相应责任。成本的可控性与不可控性是相对而言的，这和责任中心所处管理层次的高低、管理权限及控制范围的大小有直接关系。

首先，同一成本项目，受到责任中心层次高低影响其可控性不同。就整个企业而言，所有的成本都是可控成本；而对于企业内部的各部门、车间、工段、班组和个人来讲，则既有其各自的可控成本又有其各自的不可控成本。有些成本对于较高层次的责任中心来说属于可控成本，而对于其下属的较低层次的责任中心来讲，可能就是不可控成本，比如，车间主任的工资，尽管要计入产品成本，但不是车间的可控成本，而他的上级则可以控制。反之，属于较低层次责任中心的可控成本，则一定是其所属较高层次责任中心的可控成本。至于下级责任中心的某项不可控成本对于上一级的责任中心来说，就有两种可能，要么仍然属于不可控成本，要么是可控成本。

其次，成本的可控性要受到管理权限和控制范围的约束。同一成本项目，对于某一责任中心来讲是可控成本，而对于处在同一层次的另一责任中心来讲却是不可控成本。比如广告费，对于销售部门是可控的，但对于生产部门却是不可控的；又如直接材料的价格差异对于采购部门来说是可控的，但对于生产耗用部门却是不可控的。

最后，成本的可控性要联系时间范围考虑。一般说来，在消耗或支付的当期成本是可控的，一旦消耗或支付就不再可控了。如折旧费、租赁费等成本是过去决策的结果，这在添置设备和签定租约时是可控的，而使用设备或执行契约时就无法控制了。成本的可控性是一个动态概念，随着时间推移，成本的可控性还会随企业管理条件的变化而变化。如某成本中心管理人员工资过去是不可控成本，但随着用工制度的改革，该责任中心既能决定工资水平，又能决定用工人数，则管理人员工资成本就转化为可控成本了。

另外，成本不仅可以按可控性分类，也可以按其他标准分类。

一般来讲，一个成本中心的变动成本大都是可控成本，固定成本大都是不可控成本。直接成本大都是可控成本，间接成本大都是不可控成本。但实际上也并非如此，需要结合有关情况具体分析，如广告费、科研开发费、教育培训费等酌量性固定成本是可控的。某个成本中心所使用的固定资产的折旧费是直接成本，但不是可控成本。

4）成本中心考核指标

成本中心的考核指标主要采用相对指标和比较指标，包括成本（费用）变动额和变动率两个指标，计算公式如下：

成本（费用）变动额 = 实际责任成本（或费用） - 预算责任成本（或费用）

成本（费用）变动率 = 成本（费用）变动额／预算责任成本（费用）× 100%

$$(12-1)$$

在进行成本中心指标考核时，如果预算产量与实际产量不一致时，应按弹性

预算的方法先行调整预算指标,然后再按上述指标进行计算。调整时应注意:

$$预算责任成本(费用) = 实际产量 × 单位预算责任成本 \quad (12-2)$$

[例 12-1] 某企业内部一车间为成本中心,生产甲产品,预算产量为 4 000 件,单位成本 100 元;实际产量 5 000 件,单位成本 95 元。

要求:计算该成本中心的成本变动额和变动率。

解:成本变动额 = 95 × 5 000 − 100 × 5 000 = − 25 000(元)

成本变动率 = − 25 000/(100 × 5 000) = − 5%

2. 利润中心

1) 利润中心的含义

利润中心是既要对成本负责、对收入负责,又要对利润负责的责任中心。它是处于比成本中心高一层次的责任中心,其权利和责任都相对较大。利润中心通常是那些具有产品或劳务生产经营决策权的部门。

2) 利润中心类型

利润中心分为自然利润中心和人为利润中心两种。

自然利润中心是指能直接对外销售产品或提供劳务取得收入而给企业带来收益的利润中心。这类责任中心一般具有产品销售权、价格制定权、材料采购权和生产决策权,具有很大的独立性。

人为利润中心是不能直接对外销售产品或提供劳务,只能在企业内部各责任中心之间按照内部转移价格相互提供产品或劳务而形成的利润中心。大多数成本中心都可以转化为人为利润中心。这类责任中心一般也具有相对独立的经营管理权,即能够自主决定本利润中心生产的产品品种、产品产量、作业方法、人员调配和资金使用等。但这些部门提供的产品或劳务主要在企业内部转移,很少对外销售。

3) 利润中心考核指标

利润中心的考核指标为利润,通过比较一定期间实际实现的利润与责任预算所确定的利润,可以评价其责任中心的业绩。但由于成本计算方式不同,各利润中心的利润指标的表现形式也不相同。

(1) 利润中心只计算可控成本,不计算不可控成本。这种方式主要适合于共同成本难以合理分摊的情况。按这种方式计算出的盈利不是通常意义上的利润,而是相当于"边际贡献总额"。企业各利润中心的"边际贡献总额"之和,减去未分配的共同成本,经过调整后才是企业的利润总额。采用这种成本计算方式的"利润中心",实质上已不是完整和原来意义上利润中心,而是边际贡献总额。人为利润中心适合采取这种计算方式。

利润中心边际贡献总额 = 该利润中心销售收入总额 − 该利润中心变动成本总额

利润中心负责人可控利润总额 = 该利润中心负责人边际贡献总额 − 该利润中

心负责人可控固定成本

利润中心可控利润总额 = 该利润中心负责人可控利润总额 - 该利润中心负责人不可控固定成本

因此，公司利润总额 = 该利润中心可控利润总额之和 - 公司不可分摊的公司管理费用、财务费用等

（2）利润中心不仅计算可控成本，也计算不可控成本。这种方式主要适合于共同成本易于合理分摊或不存在共同成本分摊的情况。这种利润中心在计算时，如果采用变动成本法，应先计算出边际贡献，再减去固定成本，才是税前利润；如果完全采用完全成本法，利润中心可以直接计算出税前利润。各利润中心的税前利润之和，就是整个企业的利润总额。自然利润中心适合采用这种计算方式。

[例12-2] 某企业的某部门（利润中心）的有关资料如下。

部门销售收入100万元，部门销售产品的变动生产成本和变动性销售费用74万元，部门可控固定成本6万元，部门不可控固定成本8万元，分配的公司管理费用5万元。

该部门的各级利润考核指标分别是：

（1）部门边际贡献 = 100 - 74 = 26（万元）
（2）部门经理可控利润 = 26 - 6 = 20（万元）
（3）部门可控利润 = 20 - 8 = 12（万元）
（4）部门税前利润 = 12 - 5 = 7（万元）

3. 投资中心

投资中心是指既要对成本、利润负责，又要对投资效果负责的责任中心。投资中心与利润中心的主要区别是：利润中心没有投资决策权，需要在企业确定投资方向后组织具体的经营；而投资中心则不仅在产品生产和销售上享有较大的自主权，而且具有投资决策权，能够相对独立地运用其所掌握的资金，有权购置或处理固定资产，扩大或削减现有的生产能力。

投资中心是最高层次的责任中心，它具有最大的决策权，也承担最大的责任。一般而言，大型集团所属的子公司、分公司、事业部往往都是投资中心。

投资中心拥有投资决策权和经营决策权，同时各投资中心在资产和权益方面应划分清楚，以便准确地算出各投资中心的经济效益，对其进行正确的评价和考核。

1）投资中心的考核指标

投资中心评价与考核的内容是利润及投资效果，反映投资效果的指标主要是投资报酬率和剩余收益。

（1）投资报酬率是投资中心所获得的利润占投资额（或经营资产）的比率，

可以反映投资中心的综合盈利能力。其计算公式为

$$投资报酬率 = 利润(或营业利润)/投资额(或经营资产) \times 100\%$$
$$= 销售收入/投资额 \times 成本费用/销售收入 \times 利润/费用$$
$$= 资本周转率 \times 销售成本率 \times 成本利润率 \quad (12-3)$$

式中,投资额(或经营资产)应按平均投资额(或平均经营资产)计算。

投资报酬率是个相对数正指标,数值越大越好。

目前,有许多企业采用投资报酬率作为评价投资中心业绩的指标。该指标的优点是:投资报酬率能反映投资中心的综合盈利能力,且由于剔除了因投资额不同而导致的利润差异的不可比因素,因而具有横向可比性,有利于判断各投资中心经营业绩的优劣;此外,投资利润率可作为选择投资机会的依据,有利于优化资源配置。

这一评价指标的不足之处是缺乏全局观念。当一个投资项目的投资报酬率低于某投资中心的投资报酬率而高于整个企业的投资报酬率时,虽然企业希望接受这个投资项目,但该投资中心可能拒绝它;当一个投资项目的投资报酬率高于该投资中心的投资报酬率而低于整个企业的投资报酬率时,该投资中心可能只考虑自己的利益而接受它,而不顾企业整体利益是否受到损害。

假设某个部门现有资产 200 万元,年净利润 44 万元,投资报酬率为 22%。部门经理目前面临一个投资报酬率为 17% 的投资机会,投资额为 50 万元,每年净利 8.5 万元。企业投资报酬率为 15%。尽管对整个企业来说,由于该项目投资报酬率高于企业投资报酬率应当利用这个投资机会,但是它却使这个部门的投资报酬率由过去的 22% 下降到 21%。

$$投资报酬率 = (44+8.5)/(200+50) = 21\%$$

同样道理,当情况与此相反,假设该部门现有一项资产价值 50 万元,每年获利 8.5 万元,投资报酬率 17%,该部门经理却愿意放弃该项资产,以提高部门的投资报酬率。

$$投资报酬率 = (44-8.5)/(200-50) = 23.67\%$$

当使用投资报酬率作为业绩评价标准时,部门经理可以通过加大公式分子或减少公式的分母来提高这个比率。这样做,会失去不是最有利但可以扩大企业总净利的项目。从引导部门经理采取与企业总体利益一致的决策来看,投资报酬率并不是一个很好的指标。

因此为了使投资中心的局部目标与企业的总体目标保持一致,弥补投资报酬率这一指标的不足,还可以采用剩余收益指标来评价、考核投资中心的业绩。

(2)剩余收益是指投资中心获得的利润扣减投资额按预期最低投资报酬率计算的投资报酬后的余额。其计算公式为

$$剩余收益 = 利润 - 投资额 \times 预期最低投资报酬率$$
$$剩余收益 = 投资额(投资利润率 - 预期最低投资报酬率) \quad (12-4)$$

以剩余收益作为投资中心经营业绩评价指标，各投资中心只要投资利润率大于预期最低投资报酬率，即剩余收益大于零，该项投资项目就是可行的。剩余收益是个绝对数正指标，这个指标越大，说明投资效果越好。

[例12-3] 某企业有若干个投资中心，平均投资报酬率为15%，其中甲投资中心的投资报酬率为20%，该中心的经营资产平均余额为150万元。预算期甲投资中心有一追加投资的机会，投资额为100万元，预计利润为16万元。投资报酬率为16%。

要求：①假定预算期甲投资中心接受了上述投资项目，分别用投资报酬率和剩余收益指标来评价考核甲投资中心追加投资后的工作业绩。②分别从整个企业和甲投资中心的角度，说明是否应当接受这一追加投资项目。

解：①甲投资中心接受投资后的评价指标分别为

$$投资报酬率 = (150 \times 20\% + 16)/(150 + 100) = 18.40\%$$

$$剩余收益 = 16 - 100 \times 15\% = 1(万元)$$

从投资报酬率指标看，甲投资中心接受投资后的投资报酬率为18.40%，低于该中心原有的投资报酬率20%，追加投资使甲投资中心的投资报酬率指标降低了。从剩余收益指标看，甲投资中心接受投资后可增加剩余收益1万元，大于零，表明追加投资使甲投资中心可行。

②如果从整个企业的角度看，该追加投资项目的投资报酬率为16%，高于企业的投资报酬率15%；剩余收益为1万元，大于零。结论是：无论从哪个指标看，企业都应当接受该项追加投资。

如果从甲投资中心看，该追加投资项目的投资报酬率为16%，低于该中心的投资报酬率20%，若仅用这个指标来考核投资中心的业绩，则甲投资中心不会接受这项追加投资（因为这将导致甲投资中心的投资报酬率指标由20%降低为18.40%）；但若以剩余收益指标来考核投资中心的业绩，则甲投资中心会因为剩余收益增加了1万元，而愿意接受该项追加投资。

通过例12-3可以看出，利用剩余收益指标考核投资中心的工作业绩，能使个别投资中心的局部利益与企业整体利益达到一致，避免投资中心本位主义倾向。

需要注意的是，以剩余收益作为评价指标，所采用的投资报酬率的高低对剩余收益的影响很大，通常应以整个企业的平均投资报酬率作为最低报酬率。

12.2.3 责任预算、责任报告与业绩考核

1. 责任预算

1）责任预算的含义

责任预算是以责任中心为对象，以其可控的成本、收入和利润等为内容编制

的预算。责任预算是责任中心努力的目标,也是考核责任中心工作业绩的标准。它可以将责任目标量化,使责任中心工作起来更加具体,同时也可以作为企业总预算的补充。

责任预算由各种指标组成,这些指标包括主要责任指标和其他责任指标,本章前面所涉及的考核指标都是各个责任中心的主要责任指标,这些指标都是根据各个责任中心特有的权利、义务和责任而建立的,反映了各种不同类型的责任中心之间的责任和义务的区别,是必须保证实现的指标。其他责任指标是根据企业其他奋斗目标分解得到的,或是为保证主要责任指标的完成而必须完成的责任指标。

2)责任预算的编制

责任预算编制的目的在于将责任中心的经济责任量化、具体化。编制程序有如下两种。

一种是在总预算的基础上,从责任中心的角度,对总预算进行层层分解,从而形成责任中心的具体预算。这种自上而下、指标层层分解的方式是比较常用的方式之一。其优点是各责任中心目标与企业总目标上下一致,便于统一指挥和协调;不足之处是可能会抑制各责任中心工资的积极性与创造性。

另一种是采取自上而下的方式,即各个责任中心首先根据自身情况编制预算指标,然后层层汇总,最后由企业的专门管理机构进行汇总和调整,从而建立企业总预算。这种方式的优点是有利于发挥各责任中心的积极性,并考虑了责任中心的实际能力;其缺陷在于各责任中心往往只从自身角度考虑问题,造成各责任中心之间协调比较困难,工作难度加大,影响预算的质量和编制时效。

责任预算的编制程序与企业组织机构设置和经营管理方式有着密切关系,组织机构设置和经营管理方式不同,责任预算的编制程序也有着较大差异。

[例12-4] 某公司的组织机构形式如图12-1所示。这是一个采用分权管理组织形式的企业,各成本中心发生的成本费用均为可控成本,该公司责任预算的简化形式如表12-1~表12-5所示。

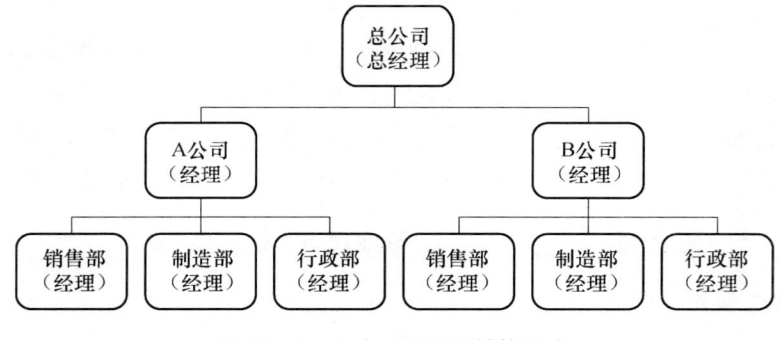

图12-1 A公司的组织结构形式

表 12-1 总公司责任预算

2008 年　　　　　　　　　　　　　　　　　　万元

责任中心	项目	责任预算	责任人
	营业利润		
利润中心	A 公司	20 000	A 公司经理
利润中心	B 公司	15 000	B 公司经理
利润中心	合计	35 000	总公司经理

表 12-2 A 公司责任预算

2008 年　　　　　　　　　　　　　　　　　　万元

责任中心	项目	责任预算	责任人
收入中心	销售部	46 000	销售部经理
	可控成本		
成本中心	制造部	17 000	制造部经理
	行政部	4 000	行政部经理
	销售部	5 000	销售部经理
	合计	26 000	A 公司经理
利润中心	营业利润	20 000	A 公司经理

表 12-3 A 公司销售部责任预算

2008 年　　　　　　　　　　　　　　　　　　万元

责任中心	项目	责任预算	责任人
收入中心	东北地区	15 000	责任人 A
收入中心	东南地区	17 000	责任人 B
收入中心	西南地区	8 000	责任人 C
收入中心	西北地区	6 000	责任人 D
收入中心	合计	46 000	销售部经理

表 12-4 A 公司制造部责任预算

2008 年　　　　　　　　　　　　　　　　　　万元

成本中心	项目	责任预算	责任人
一车间	变动成本		一车间负责人
	直接材料	5 000	
	直接人工	3 500	
	变动制造费用	1 000	
	小计	9 500	
	固定成本		
	固定制造费用	300	
	小计	9 800	

续表

成本中心	项目	责任预算	责任人
二车间	变动成本		二车间负责人
	直接材料	3 500	
	直接人工	2 400	
	变动制造费用	600	
	小计	6 500	
	固定成本		
	固定制造费用	300	
	小计	6 800	
制造部	制造部其他费用	400	制造部经理
	总计	17 000	

表 12-5 A 公司行政部及销售部责任预算

2008 年   万元

成本中心	项目	责任预算	责任人
行政部	工资费用	1 600	行政部经理
	折旧	1 300	
	办公费	500	
	保险费	600	
	合计	4 000	
销售部	工资费用	2 500	销售部经理
	办公费	700	
	广告费	1 500	
	其他	300	
	合计	5 000	

2. 责任报告

责任报告又称业绩报告，它是根据责任会计记录编制的反应责任预算时间执行情况的会计报告。责任报告的形式主要有报表、数据分析和文字说明等。将责任报告的实际履行情况及产生的差异用报表予以列示，是责任报告的基本形式。在揭示差异时，还必须对重点差异予以定量分析和定性分析。通过定量分析了解差异产生的程度，通过定性分析找出差异产生的原因并提出改进意见。

随着企业管理层次的不同，责任报告的侧重点应有所不同。层次越低，责任报告越详细；层次越高，责任报告越概括。责任报告在全面反映责任中心预算执行情况的同时，应突出重点，将差异突出的部分重点反映，使报告的使用者能将注意力集中到少数严重脱离预算的因素或项目上来。

由于责任中心是逐级设置的，责任报告也应逐级编制。

[**例 12 - 5**] 以上述公司为例，将其责任报告的简略形式列表，如表 12 - 6 ~ 表 12 - 8 所示。

表 12 - 6　成本中心责任报告

2008 年　　　　　　　　　　　　　　　　　　　　　　万元

项目	预算	实际	超支（节约）
A 公司第一车间可控成本			
变动成本			
直接材料	5 000	5 500	500
直接人工	3 500	3 200	(300)
变动制造费用	1 000	1 100	100
变动成本合计	9 500	9 800	300
固定成本			
固定制造费用	300	250	(50)
合计	9 800	10 050	250
A 公司制造部可控成本			
第一车间			
变动成本	9 500	9 800	300
固定成本	300	250	(50)
小计	9 800	10 050	250
第二车间			
变动成本	6 500	6 600	100
固定成本	300	250	(50)
小计	6 800	6 850	50
制造部其他费用	400	500	100
合计	17 000	17 400	400
A 公司可控成本			
制造部	17 000	17 400	400
行政部	4 000	3 800	(200)
销售部	5 000	4 900	(100)
总计	26 000	26 100	100

表 12-7 利润中心责任报告

2008 年　　　　　　　　　　　　　　　　　万元

项目	预算	实际	超支（节约）
A 公司销售收入			
东北地区	15 000	16 000	1 000
东南地区	17 000	16 000	（1 000）
西南地区	8 000	8 500	500
西北地区	6 000	5 900	100
小计	46 000	46 400	400
A 公司变动成本			
第一车间	9 500	9 800	300
第二车间	6 500	6 600	100
小计	16 000	16 400	400
A 公司贡献毛利总额	30 000	30 000	0
A 公司固定成本			
制造部			
第一车间	300	250	（50）
第二车间	300	250	（50）
制造部其他费用	400	500	100
小计	1 000	1 000	0
行政部	4 000	3 800	（200）
销售部	5 000	4 900	（100）
总计	10 000	9 700	（300）
A 公司利润	20 000	20 300	300
总公司利润			
A 公司利润	20 000	20 300	300
B 公司利润	15 000	16 000	1 000
合计	35 000	36 300	1 300

表 12-8 投资中心责任报告

2008 年　　　　　　　　　　　　　　　　　万元

项目	预算	实际	超支（节约）
A 公司利润	20 000	20 300	300
B 公司利润	15 000	16 000	1 000
小计	35 000	36 300	1 300
总公司所得税（25%）	8 750	9 075	325
合计	26 250	27 225	975
净资产平均占用额	119 000	98 591	（20 409）
投资利润率	22.06%	27.61%	5.55%
行业平均最低报酬率	15%	18%	3%
剩余收益	8 400	9 478.62	1 078.62

3. 业绩考核

业绩考核是责任会计的重要过程。它通常是以责任报告为依据，分析、评价各责任中心责任管理的实际执行情况，查明原因，找出差距，借以考核各责任中心的工资成果，并根据业绩考核结果进行经济和其他方式的奖惩，促使各责任中心及时纠正行业偏差，完成自己所负的责任。

责任中心的业绩考核有狭义和广义之分。狭义的业绩考核仅指对各责任中心的价值指标，如成本、收入、利润等完成情况进行考核。广义的业绩考核，除了上述内容外，还包括对各责任中心的非价值指标的完成情况进行考核。责任中心的业绩考核可分为年终考核和日常考核。年终考核通常是指一个年度终了（或预算期结束）时对责任预算执行结果的考核，目的在于进行奖惩和为下一个年度（或下一个预算期）编制预算提供依据。日常考核是指在年度（或预算期）内对责任预算执行过程的考核，目的在于通过信息反馈，控制和调节责任预算的执行偏差，确保责任预算的落实。

成本中心是企业最基础的责任中心，在进行业绩考核是，只应对其可控成本负责。成本责任中心业绩考核的内容是将实际可控成本和责任成本进行比较，从而确定两者差异的性质、数额以及形成的原因，并根据差异分析的结果，对成本中心进行奖惩，以督促成本中心努力降低成本。

利润中心的业绩考核应以销售收入、贡献毛利及息税前利润为重点进行分析、评价。特别是应通过一定期间的实际利润与预测目标进行对比，分析差异及形成原因，对经营上存在的问题和取得的成绩进行全面公正的评价。此外，在自然利润中心，若不属于该中心的收入或成本，即使发生实际收付行为，均应在考核时予以剔除。

投资中心是企业最高一级的责任中心，其业绩考核的内容包括投资中心的成本、收入、利润及资金占用指标的完成情况，特别要注意考核投资利润率和剩余收益两项指标，将投资中心的实际数与预算数进行比较，分析差异，查明原因，进行奖惩。由于投资中心的层次高，管理范围广，内容复杂，考核时应更加仔细深入，清楚准确，责任落实具体，这样才可以达到考核的效果。

12.2.4 责任结算与核算

1. 内部转移价格

1）内部转移价格的含义

内部转移价格是指企业内部各责任中心之间转移中间产品或相互提供劳务，而发生内部结算和进行内部责任结转所使用的计价标准。例如，上道工序加工完成的产品转移到下道工序继续加工；辅助生产部门为基本生产车间提供劳务等，都是一个责任中心向另一个责任中心"出售"产品或提供劳务，都必须采用内部转移价格进行结算。又如，某工厂生产车间与材料采购部门是两个成本中心，若生产车间所耗用的原材料由于质量不符合原定标准，而发生的超过消耗定额的不利差异，也应由生产车间以内部转移价格结转给采购部门。

在任何企业中，各责任中心之间的相互结算，以及责任成本的转账业务都是经常发生的，它们都需要依赖一个公正、合理的内部转移价格作为计价的标准。由于内部转移价格对于提供产品或劳务的生产部门来说表示收入，对于使用这些产品或劳务的购买部门来说则表示成本，所以，这种内部转移价格有如下两个明显的特征。

（1）在内部转移价格一定的情况下，卖方（产品或劳务的提供方）必须不断改善经营管理，降低成本和费用，以其收入抵偿支出，取得更多利润。买方（产品或劳务的接受方）则必须在一定的购置成本下，千方百计降低再生产成本，提高产品或劳务的质量，争取较高的经济效益。

（2）内部转移价格所影响的买卖双方都存在于同一企业中，在其他条件不变的情况下，内部转移价格的变化会使买卖双方的收入或内部利润向相反方向变化，但就企业整体来看，内部转移价格无论怎样变化，企业总利润是不变的，变动的只是内部利润在各责任中心之间的分配份额。

2）内部转移价格种类

内部转移价格主要有市场价格、协商价格、双重价格和以"成本"作为内部转移价格4种。

（1）市场价格是根据产品或劳务的市场供应价格作为计价基础。以市场价格作为内部转移价格的责任中心，应该是独立核算的利润中心。通常是假定企业内部各责任中心都处于独立自主的状态，即有权决定生产的数量、出售或购买的对象及其相应的价格。在西方国家，通常认为市场价格是制定内部转移价格的最好依据。因为市场价格客观公正，对买卖双方无所偏袒，而且还能激励卖方努力改善经营管理，不断降低成本，在企业内部创造一种竞争的市场环境，让每个利润中心都成为名副其实的独立生产经营单位，以利于相互竞争，最终通过利润指标来考核和评价其工作成果。

在采用市价作为计价基础时，为了保证各责任中心的竞争建立在与企业的总目标相一致的基础上，企业内部的买卖双方一般应遵守以下的基本原则：第一，如果卖方愿意对内销售，且售价不高于市价时，买方有购买的义务，不得拒绝；第二，如果卖方售价高于市价，买方有改向外界市场购入的自由；第三，若卖方宁愿对外界销售，则应有不对内销售的权利。

然而，以市场价格作为内部转移价格的计价基础，也有其自身的局限性。这是因为企业内部相互转让的产品或提供的劳务，往往是本企业专门生产的，具有特定的规格，或需经过进一步加工才能出售的中间产品，因而往往没有相应的市价作为依据。

（2）协商价格，简称"议价"，它是指买卖双方以正常的市场价格为基础，定期共同协商，确定出一个双方都愿意接受的价格作为计价标准。成功的协商价格依赖于两个条件。第一，要有一个某种形式的外部市场，两个部门的经理可以自由地选择接受或是拒绝某一价格。如果根本没有可能从外部取得或销售中间产品，就会使一方处于垄断状态，这样的价格不是协商价格，而是垄断价格。第二，当价格协商的双方发生矛盾不能自行解决，或双方谈判可能导致企业非最优决策时，企业的高一级管理阶层要进行必要的干预，当然这种干预是有限的、得体的，不能使整个谈判变成上级领导裁决一切问题。

协商价格的上限是市价，下限是单位变动成本，具体价格应由买卖双方在其上下限范围内协商议定，这是由于：第一，外部售价一般包括销售费、广告费及运输费等，这是内部转移价格中所不包含的，因而内部转移价格会低于外部售价；第二，内部转移的中间产品一般数量较大，故单位成本较低；第三，售出单位大多拥有剩余生产能力，因而议价只需略高于单位变动成本就行。

采用协商价格的缺陷是：在双方协商过程中，不可避免地要花费很多人力、物力和时间，当买卖双方的负责人协商相持不下时，往往需要企业高层领导进行裁定。这样就丧失了分权管理的初衷，也很难发挥激励责任单位的作用。

（3）双重价格是由买卖双方分别采用不同的内部转移价格作为计价的基础。如对产品（半成品）的"出售"部门，可按协商的市场价格计价；而对"购买"部门，则按"出售"部门的单位变动成本计价；其差额由会计部门进行调整。西方国家采用的双重价格通常有两种形式：第一，双重市场价格，即当某种产品或劳务在市场上出现几种不同价格时，买方采用最低的市价，卖方则采用最高的市价；第二，双重转移价格。即卖方按市价或协议价作为计价基础，而买方则按卖方的单位变动成本作为计价基础。

采用双重价格的好处是：既可较好地满足买卖双方不同的需要，也便于激励双方在生产经营上充分发挥其主动性和积极性。

（4）成本转移价格就是以产品或劳务的成本作为内部转移价格，是制定转移价格的最简单方法。由于成本的概念不同，成本转移价格也有多种不同形式，它们对转移价格的制定、业绩评价将产生不同的影响。其中用途较为广泛的有3种。

标准成本法，即以各中间产品的标准成本作为内部转移价格。这种方法适用于成本中心产品（半成品）或劳务的转移，其最大优点是能将管理和核算工作结合起来。由于标准成本在制定时就已排除无效率的耗费，因此，以标准成本作为转移价格能促进企业内买卖双方改善生产经营，降低成本。其缺点是不一定使企业利益最大化，如中间产品标准成本为30元，单位变动成本24元，卖方有闲置生产能力，当买方只能接受26元以下的内部转移价格时，此法不能促成内部交易，从而使企业整体丧失一部分利益。

标准成本加成法，即根据产品（半成品）或劳务的标准成本加上一定的合理利润作为计价基础。当转移产品（半成品）或劳务涉及利润中心或投资中心时，可以将标准成本加利润作为转移价格，以分清双方责任。但利润的确定，难免带有主观随意性。

标准变动成本。它是以产品（半成品）或劳务的标准变动成本作为内部转移价格，符合成本习性，能够明确揭示成本与产量的关系，便于考核各责任中心的业绩，也利于经营决策。不足之处是产品（半成品）或劳务中不包含固定成本，不能鼓励企业内卖方进行技术革新，也不利于长期投资项目的决策。

2. 内部结算方式

企业内部各责任中心之间发生经济业务往来，需要按照一定的方式进行内部结算，按照内部对象不同，通常采用以下结算方法。

1）内部支票结算方式

内部支票结算方式是指由付款方签发内部支票通知内部银行从其账户中支付款项的方式。内部支票结算方式主要适用于收款、付款双方直接减免进行经济往来的业务结算。

2）转账通知单方式

转账通知单方式是由收款方根据有关原始凭证或业务活动证明签发转账通知单，通知内部银行将转账通知单转给付款方，让其付款的一种结算方式。这种结算方式适用于质量和价格较稳定的往来业务。它手续简便，结算及时，但因转账通知单是单向发出指令，若付款方有异议，则可能拒付。

3）内部货币结算方式

内部货币结算方式是使用内部银行发行的限于企业内部流通的货币（包括内部货币、资金本票、流通券、资金券等）进行内部往来结算的一种方式。

这种结算方式比银行支票结算方式更为直观，可强化各责任中心的价值观念、核算观念和经济责任观念。但是，它也带来携带不方便、清点麻烦、保管困难的问题。所以，一般情况下，小额零星往来业务以内部货币结算，大宗业务以内部银行支票结算。

3. 责任成本的内部结转

责任成本的内部结转又称责任转账，是指在生产经营过程中，对于因不同原因造成的各种经济损失，由应承担损失的责任中心对实际发生损失的责任中心结算责任和赔偿损失的过程。

企业内部责任中心在生产经营过程中，经常会出现发生责任成本的责任中心与应承担责任的责任中心不是同一个责任中心的情况。为划清界限，合理奖惩，就需要将这种责任成本相互划转。例如，生产车间所耗用的原材料损失是由供应部门购入不合格的材料所造成的，由此产生的材料成本的增加或废品损失，应由生产车间成本中心转给供应中心负担。

责任转账的目的是划清各责任中心的成本责任，使不应承担损失的责任中心在经济上得到合理的补偿，在责权上明确界限，为业绩考核、评价及奖惩奠定合理的基础。

责任转账的方式有直接的货币结算方式和内部银行转账方式，前者是以内部货币直接支付给损失方，后者只是在内部银行所设立的账户之间划转。

各责任中心在往来结算和责任转账过程中，有时因意见不一致而产生一些责、权、利不协调的纠纷。为此，企业应建立内部仲裁机构，从企业整体利益出发对这些纠纷作出裁决，以保证各责任中心正常、合理地使用权利，保证其权益不受侵犯。

12.3 成本控制

12.3.1 成本控制的含义

成本控制就是对企业生产经营过程中发生的各种耗费进行控制，它有广义和狭义之分。

狭义的成本控制也称成本的日常控制，主要是指对生产阶段产品成本的控制，即运用一定的方法将生产过程中构成产品成本的一切耗费限制在预先确定的计划成本范围内，然后通过分析实际成本与计划成本之间的差异，找出原因，采取对策以降低成本。

广义的成本控制就是成本经营，强调对企业生产经营的各个环节和方面进行全过程的控制。广义的成本控制包括成本预测、成本计划、成本日常控制、成本分析和考核等一系列环节。

12.3.2 成本控制的类型

（1）按照成本形成的过程可将成本控制分为：事前成本控制、事中成本控制和事后成本控制。

事前成本控制是指在投资前的设计、试制阶段，对影响成本的各有关因素进行事前控制。主要是确定成本目标、制定成本计划、明确成本归口分级管理及责任，目的在于防患于未然。

事中成本控制是指产品生产过程中，从安排生产、采购原辅材料、生产准备、生产，直到产品完工入库整个过程的成本控制。主要是对制造产品实际耗费的控制，包括材料耗费的控制、人工耗费的控制、制造费用的控制以及其他费用的控制。

事后成本控制是指完工后的成本控制。主要是根据事先确定的控制标准，对实际形成的成本进行控制、分析和评价，包括成本差异分析、确定责任归属，其目的是为未来的事前成本控制和事中成本控制打下基础。

（2）按照成本费用的构成可将成本控制分为生产成本控制和生产非成本控制。

生产成本控制是指控制生产过程中为制造产品而发生的成本，主要包括直接材料成本控制、直接人工成本控制和制造费用的成本控制。

非生产成本的控制是控制成本以外的非生产成本，主要包括销售费用的控制、管理费用的控制和财务费用的控制。

12.3.3 成本控制的基本方法——标准成本控制

1. 标准成本的含义

标准成本，是指运用技术测定等方法制定的，在有效的经营条件下应该实现的成本，是根据产品的耗费标准和耗费的标准价格预先计算的产品成本。

标准成本控制，是成本控制中应用最为广泛和有效的一种成本控制的方法，也称为标准成本制度、标准成本会计或标准成本法。它是以标准成本为基础，把实际发生的成本与标准成本进行对比，揭示成本差异形成的原因和责任，采取相应措施，实现对成本的有效控制。其中，标准成本的制定与成本的事先控制相联系，成本差异分析、确定责任归属、采取措施改进工作则与成本的事中和事后控制相联系。

2. 标准成本的制定

一般情况下，在制定标准成本时，企业可以根据自身的技术条件和经营水平，在以下类型中进行选择：一是理想标准成本，它是指在现有条件下所能达到的最优成本水平，即在资源无浪费、设备无故障、产品无废品、工时全有效的假设条件下而制定的成本标准；二是以历史平均成本作为标准成本，它是指过去较长时间内达到的成本的实际水平；三是正常标准成本，是指在正常情况下企业经过努力可以达到的成本标准，这一标准考虑了生产过程中不可避免的损失、故障和偏差。通常，正常标准成本大于理想标准成本，但小于历史平均成本。正常标准成本具有客观性、现实性、激励性和稳定性等特点，因此，被广泛地运用于下列具体的标准成本的制定过程中。

1）直接材料标准成本的制定

某单位产品耗用的直接材料的标准成本是由材料的用量标准和价格标准两项标准确定的。

材料的价格标准通常采用企业编制的计划价格，企业在制定计划价格时，通常是以订货合同的价格为基础，并考虑到将来各种变动情况按各种材料分别计算的。

材料的用量标准是指单位产品耗用原料及主要材料的数量的多少，通常也称为材料消耗定额。材料用量标准应根据企业产品的设计、生产和工艺的现状，结合企业的经营管理水平的情况和成本降低任务的要求，考虑材料在使用过程中发生的必要损耗，并按照产品的零部件来制定各种原料及主要材料的消耗定额。

因此，直接材料标准成本可利用下述公式计算。

$$\text{单位产品耗用的第 } i \text{ 种材料的标准成本} = \text{材料 } i \text{ 的价格标准} \times \text{材料 } i \text{ 的用量标准} \quad (12-5)$$

$$\text{单位产品直接材料的标准成本} = \sum \left[\text{材料 } i \text{ 的价格标准} \times \text{材料 } i \text{ 的用量标准}\right] \quad (12-6)$$

[例12-6] 假定某企业甲产品耗用 A、B、C 三种直接材料,其直接材料标准成本的计算如表12-9所示。

表12-9 甲产品直接材料标准成本

标准	材料 A	材料 B	材料 C
用量标准①	3 kg/件	6 kg/件	9 kg/件
价格标准②	45 元/kg	15 元/kg	30 元/kg
成本标准③ = ①×②	135 元/件	90 元/件	270 元/件
单位产品直接材料标准成本④ = Σ③	495 元		

2)直接人工标准成本的制定

直接人工成本是由直接人工的价格和直接人工的用量两项标准决定的。

直接人工的价格标准就是标准工资率,通常是由劳动工资部门根据用工情况制定,当采用计时工资时,标准工资率就是单位工时标准工资率,它是由标准工资总额与标准总工时的商来计算的,公式如下。

$$标准工资率 = 标准工资总额 / 标准总工时 \qquad (12-7)$$

人工用量标准,就是工时用量标准,也称工时消耗定额。它是指企业在现有的生产技术条件、工艺方法和技术水平基础上,考虑到提高劳动效率的要求,采用一定的方法,按照产品生产加工所经过的程序,确定单位产品所需耗用的生产工人工时数。在制定工时消耗定额时,还要考虑到生产工人必要的休息和生理上所需时间,以及机器的停工清理时间,使制定的工时消耗既合理又先进,从而达到成本控制的目的。

因此,直接人工的标准成本可按照下面的公式来计算。

$$单位产品直接人工标准成本 = 标准工资率 \times 工时用量标准 \qquad (12-8)$$

当采用计件工资时,标准工资率就是单位产品的标准计件工资单价,所以直接人工标准成本就是单位产品标准计件工资单价。

[例12-7] 仍按例12-6中的企业,甲产品直接人工标准成本的计算如表12-10所示。

表12-10 甲产品直接人工标准成本

项目	标准
月标准总工时①	15 600 小时
月标准总工资②	168 480 元
标准工资率③ = ②×①	10.08 元/小时
单位产品工时用量标准④	1.5 小时/件
直接人工标准成本⑤ = ④×③	16.20 元/件

3）制造费用标准成本的制定

制造费用的标准成本是由制造费用价格标准和制造费用用量标准两项因素决定的。

制造费用价格标准，也就是制造费用的分配率标准，其计算公式如下。

$$制造费用分配率标准 = 标准制造费用总额 / 标准总工时 \quad (12-9)$$

制造费用的用量标准，就是工时用量标准，其含义与直接工人用量标准相同。

因此，制造费用标准成本 = 工时用量标准 × 制造费用分配率标准。

成本按照其性态，分为变动成本和固定成本。前者随着产量的变动而变；后者相对固定，不随产量的变动而变动。所以，制定制造费用标准时，也应分别制定变动制造费用的成本标准和固定制造费用的成本标准。

[**例12-8**] 仍按例12-6中的企业，甲产品制造费用的标准成本的计算如表12-11所示。

表12-11　甲产品制造费用标准成本

项目	标准
月标准总工时①	15 600 小时
标准变动制造费用总额②	56 160 元
标准变动制造费用分配率③ = ② ÷ ①	3.6 元/小时
单位产品工时标准④	1.5 小时/件
变动制造费用标准成本⑤ = ④ × ③	5.4 元/件
标准固定制造费用总额⑥	187 200 元
标准固定制造费用分配率⑦ = ⑥ ÷ ①	12 元/小时
固定制造费用标准成本⑧ = ④ × ⑦	18 元/件
单位产品制造费用标准成本⑨ = ⑤ + ⑧	23.4 元

4）单位产品标准成本卡

制定了上述各项内容的标准成本后，企业通常要为每一个产品设置一张标准成本卡，并在该卡中分别列明各项成本的用量标准与价格标准，通过直接汇总的方法来求得单位产品的标准成本。

[**例12-9**] 根据例12-9、例12-10、例12-11中的各种有关资料，列示出甲产品标准成本卡，如表12-12所示。

表 12-12　甲产品标准成本卡

成本项目		用量标准	价格标准	单位标准成本/元
直接材料	A	3 kg/件	45 元/kg	135
	B	6 kg/件	15 元/kg	90
	C	9 kg/件	30 元/kg	270
	小计	…	…	495
直接人工		1.5 小时/件	10.8 元/小时	16.2
变动制造费用		1.5 小时/件	3.60 元/小时	5.40
固定制造费用		1.5 小时/件	12 元/小时	18
甲产品单位标准成本				534.60

3. 成本差异的含义和类型

1）成本差异的含义

在标准成本制度下，成本差异是指一定时期生产一定数量的产品所发生的实际成本与相关的标准成本之间的差额。

2）成本差异的类型

成本差异按照不同标准分为以下 3 种类型。

（1）用量差异与价格差异。用量差异是反映由于直接材料、直接人工和变动性制造费用等要素实际用量消耗与标准用量消耗不一致而产生的成本差异。其计算公式如下。

$$用量差异 = 标准价格 \times (实际产量下的实际用量 - 实际产量下的标准用量) \quad (12-10)$$

注意，此处的标准用量是总量概念，与标准成本制定过程中使用的"用量标准"不同，后者是单位产品的用量标准，是单位概念。

价格差异是反映由于直接材料、直接人工和变动性制造费用等要素实际价格水平与标准价格不一致而产生的成本差异。其计算公式如下。

$$价格差异 = (实际价格 - 标准价格) \times 实际产量下的实际用量 \quad (12-11)$$

式中，"标准价格"与标准成本制定过程中使用的"标准价格"相同，都属于单位概念。

（2）纯差异与混合差异。从理论上讲，任何一类差异在计算时都需要假定某个因素变动时其他因素固定在一定基础上不变。把其他因素固定在标准的基础上，所计算出的差异就是纯差异。与纯差异相对立的差异就是混合差异。混合差异又称联合差异，是指总差异扣除所有的纯差异后的剩余差异。

（3）有利差异与不利差异。成本差异按其数量特征可分为有利差异与不利差异。

有利差异是指因实际成本低于标准成本而形成的节约差。不利差异则指因实际成本高于标准成本而形成的超支差。但这里有利与不利是相对的，并不是有利差异越大越好。不能为了盲目追求成本的有利差异,而不惜以牺牲质量为代价。

4. 成本差异的计算和分析

在标准成本制度下,成本差异计算与分析是实现成本反馈控制的主要手段。凡实际成本大于标准成本或预算成本的称为超支差异;凡实际成本小于标准成本或预算成本的则称为节约差异。

1)直接材料成本差异的计算分析

直接材料成本差异是指在实际产量下直接材料实际总成本与实际产量下直接材料标准总成本之间的差额。它可分解为直接材料用量差异和直接材料价格差异两部分。有关计算公式如下。

直接材料成本差异
= 实际产量下的实际成本 − 实际产量下的标准成本
= 实际用量 × 实际价格 − 标准用量 × 标准价格
=(实际用量 − 标准用量)× 标准价格 +(实际价格 − 标准价格)× 实际用量
= 直接材料用量差异 + 直接材料价格差异　　　　　　　　(12 − 12)

(1)直接材料用量差异。直接材料用量差异是指由于材料实际用量与标准用量的不同而导致的差异,其计算公式如下。

直接材料用量差异 =(实际产量下实际用量 − 实际产量下标准用量)× 标准价格

(12 − 13)

直接材料用量差异的形成原因是多方面的,有生产部门原因,也有非生产部门的原因;工人用料的责任心强弱、工人技术状况、废品率的高低、设备工艺状况、材料质量状况、材规格的适应程度等都会导致材料用量的差异。材料用量差异的责任需要通过具体分析才能确定,但主要责任往往应由生产部门承担。

(2)直接材料价格差异。直接材料价格差异是指实际产量下,由于材料的实际价格与标准价格的不同而导致的差异,其计算公式如下。

直接材料价格差异 =(实际价格 − 标准价格)× 实际产量下实际用量

(12 − 14)

材料价格差异的形成受各种主客观因素的影响,较为复杂,如市场价格的变动、供货厂商变动、运输方式的变动,采购批量的变动等,都可以导致材料的价格差异。但由于它与采购部门的关系更为密切,所以其主要责任部门是采购部门。

[例 12 − 10]假定例 12 − 9 中企业本月设生产甲产品 8 000 件,领用 A 种材料 32 000 kg,其实际价格为每千克 40 元。根据该产品标准成本卡所列,该产品 A 材料的用量标准为 3 kg/件,标准价格为 45 元/kg,则其直接材料成本差异计算如下。

直接材料实际成本 = 32 000 × 40 = 1 280 000(元)
直接材料标准成本 = 8 000 × 3 × 45 = 1 080 000(元)
直接材料成本差异 = + 200 000(元)

其中：材料用量差异 =（32 000 - 8 000 × 3）× 45 = + 360 000（元）
材料价格差异 =（40 - 45）× 32 000 = - 160 000（元）

通过以上计算，可以看出，甲产品本月耗用 A 材料发生 200 000 元超支差异。由于生产部门耗用材料超过标准，导致超支 360 000 元，应该查明材料用量超标的具体原因，以便改进工作，节约材料耗费。从材料价格而言，由于从材料价格降低节约了 160 000 元，从而抵消了一部分由于材料超标耗用而形成的成本超支。这是材料采购部门的工作成绩，也应查明原因，以便巩固和发扬成绩。

2）直接人工成本差异的计算和分析

直接人工成本差异是指在实际产量下，直接人工实际成本与实际产量下直接人工标准成本之间的差异。可分解为直接人工效率差异和工资效率差异，计算公式如下。

直接人工成本差异 = 实际产量下的实际成本 - 实际产量下的标准成本
= 实际工时 × 实际工资率 - 标准工时 × 标准工资率
=（实际产量下实际工时 - 实际产量下标准工时）×
标准工资率 +（实际工资率 - 标准工资率）× 实际工时
= 直接人工效率差异 + 直接人工工资率差异　　　　（12 - 15）

（1）直接人工效率差异。直接人工的效率差异即直接人工的用量差异，由于在既定产量下的人工用量的多少，反映着效率的高低。所以，人工效率差异的计算公式如下。

直接人工效率差异 =（实际产量下实际人工工时 - 实际产量下标准人工工时）
× 标准工资率　　　　（12 - 16）

直接人工效率差异的形成原因是多方面的，工人技术状况、工作环境和设备条件的好坏等，都会影响效率的高低，但其主要责任部门还是在生产部门。

（2）直接人工工资率差异。工资率差异即直接人工的价格差异。人工的价格表现为小时工资率，其计算公式如下。

工资率差异 =（实际工资率 - 标准工资率）× 实际产量下实际人工工时

工资率差异的形成原因也比较复杂，工资制度的变动、工人的升降级、加班或临时工的增减等，都将导致工资率差异。一般而言，这种差异的责任不在生产部门，劳动人事部门更应对其承担责任。

[例 12 - 11] 假定例 12 - 10 中企业本月甲产品实际生产 8 000 件，用工 10 000 小时，实际应付直接人工工资 110 000 元。根据甲产品标准成本卡所列，该产品工时标准为 1.5 小时/件，标准工资率为 10.80 元/小时，工资标准为 16.20 元/件。其直接人工成本差异计算如下。

直接人工成本差异 = 110 000 - 8 000 × 16.20 = - 19 600（元）

其中，直接人工效率差异 =（10 000 - 8 000 × 1.5）× 10.80 = -21 600（元）

直接人工工资率差异 =（110 000 ÷ 10 000 - 10.800）× 10 000 = +2 000（元）

通过以上计算可以看出，该产品的直接人工成本总体上节约 19 600 元。其中人工效率差异节约 21 600 元，但工资率差异超支 2 000 元。工资率超过标准，可能是为了提高产品质量，调用了一部分技术等级和工资级别较高的工人，使小时工资率增加了 0.20（1 100 ÷ 100 - 10.80）元。但也因此在提高产品质量的同时，提高了效率，使工时的耗用由标准的 12 000（8 000 × 1.5）小时降为 10 000 小时，节约工时 2 000 小时，从而导致了最终成本的节约。可见生产部门在生产组织上的成绩是应该肯定的。

3）变动制造费用成本差异的计算和分析

变动制造费用成本差异是指实际产量下实际发生的变动制造费用与实际产量的标准变动制造费用的差异，可以分解为效率差异和耗费差异两部分，其计算公式如下。

变动制造费用成本差异 = 实际产量下实际变动制造费用 -
实际产量下标准变动制造费用
= 实际工时 × 变动制造费用实际分配率 - 标准工时 ×
变动制造费用标准分配率
=［实际工时 - 标准工时］× 标准分配率 +
［实际分配率 - 标准分配率］× 实际工时
= 变动制造费用效率差异 +
变动制造费用耗费差异 　　　　　　　　　（12 - 17）

（1）效率差异。变动制造费用效率差异即变动制造费用的差异，它是因实际耗用工时脱离标准而导致的成本差异，其计算公式如下。

变动制造费用效率差异 =［实际产量下实际工时 - 实际产量下标准工时］×
变动制造费用标准分配率 　　　　　　　　　（12 - 18）

式中，工时既可以是人工工时，也可以是机器工时，这取决于变动制造费用的分配方法；标准工时是指实际产量下的标准总工时。

（2）耗费差异。变动制造费用耗费差异即变动制造费用的价格差异，它是因变动制造费用或工时的实际耗费脱离实际标准而导致的成本差异，也称变动制造费用分配率差异，计算公式为。

变动制造费用耗费差异 =［变动制造费用实际分配率 - 变动制造费用标准分配率］×
实际产量下实际工时 　　　　　　　　　（12 - 19）

［例 12 - 12］假定例 12 - 11 中企业本月甲产品实际发生变动制造费用 40 000 元。根据该产品标准成本卡所示，其工时标准为 1.5 小时/件，标准费用分配率为

3.60 元/小时。其变动制造费用成本差异计算如下：

变动制造费用成本差异 = 40 000 - 8 000 × 1.5 × 3.60 = -3 200（元）
其中：变动制造费用效率差异 = (10 000 - 8 000 × 1.5) × 3.6 = -7 200（元）
变动制造费用耗费差异 = (40 000 ÷ 10 000 - 3.60) × 10 000 = 4 000（元）

通过以上计算可以看出，甲产品制造费用节约 3 200 元，这是由于提高效率，工时由 12 000（8 000 × 1.5）小时降为 10 000 小时的结果。由于费用分配率由 3.6 提高为 4 即（40 000 ÷ 10 000）元，使变动制造费用发生超支，从而抵消了一部分变动制造费用的节约额。应查明费用分配率提高的具体原因。

4）固定性制造费用成本差异的计算分析

固定性制造费用成本差异是指实际产量下固定制造费用与实际产量下标准固定制造费用的差异，其计算公式为。

固定制造费用成本差异 = 实际产量下实际固定制造费用 -
实际产量下标准固定制造费用
= 实际分配率 × 实际工时 - 标准分配率 ×
实际产量下标准工时 　　　　　　　　（12 - 20）

其中，标准分配率 = 固定制造费用预算总额 ÷ 预算产量下标准总工时

（12 - 21）

式中，成本差异是在实际产量的基础上算出的。由于固定制造费用相对固定，一般不受产量的影响，因此产量变动会对单位产品所分配的固定制造费用产生影响，所以，实际产量与预算产量的差异会对单位产品所承担的固定制造费用产生影响。这样一来，固定制造费用成本差异的分析方法与其他费用成本差异的分析方法有所区别，通常分为两差异分析法和三差异分析法。

（1）两差异法。两差异法是将总差异分解为耗费差异和能量差异两部分，它们的计算公式如下。

耗费差异 = 实际产量下实际固定制造费用 - 预算产量下标准固定制造费用
= 实际固定制造费用 - 预算产量 × 工时标准 × 标准分配率
= 实际固定制造费用 - 预算产量下标准工时 × 标准分配率（12 - 22）
能量差异 = 预算产量下的标准固定制造费用 - 实际产量下的标准固定制造费用
= （预算产量下的标准工时 - 实际产量下的标准工时）× 标准分配率

（12 - 23）

[例 12 - 13] 假定例 12 - 12 中企业甲产品预算产量为 10 400 件，实际固定制造费用为 190 000 元。根据甲产品标准成本卡所列，工时标准为 1.5 小时/件，固定制造费用标准分配率为 12 元/小时，其固定制造费用成本差异计算如下。

固定制造费用的成本差异 = 190 000 − 8 000 × 1.5 × 12 = +46 000（元）
其中，耗费差异 = 190 000 − 10 400 × 1.5 × 12 = +2 800（元）
能量差异 = (10 400 × 1.5 − 8 000 × 1.5) × 12 = +43 200（元）

通过以上分析可以看出，该企业甲产品固定制造费用超支 46 000 元，主要是由于生产能力利用不足，实际产量小于预算产量所致。

(2) 三差异法。三差异法将固定性制造费用成本总差异分解为耗费差异、能力差异（又称产量差异）和效率差异 3 种，其中耗费差异与两差异法中的耗费差异概念和计算都相同，三差异法与两差异法的不同只在于它进一步将两差异法中的能量差异分解为产量差异和效率差异。相关计算公式分别如下。

耗费差异 = 实际产量下实际固定制造费用 − 预算产量下标准固定制造费用
       = 实际固定制造费用 − 预算产量 × 工时标准 × 标准分配率
       = 实际固定制造费用 − 预算产量下标准工时 × 标准分配率 (12 − 24)
产量差异 = (预算产量下标准工时 − 实际产量下实际工时) ×
       标准分配率   (12 − 25)
效率差异 = (实际产量下实际工时 − 实际产量下标准工时) ×
       标准分配率   (12 − 26)

[例 12 − 14] 例 12 − 13 中企业甲产品的有关数据，计算其固定制造费用的成本差异如下。

固定制造费用的成本差异 = 190 000 − 8 000 × 1.5 × 12 = +46 000（元）
其中，耗费差异 = 190 000 − 10 400 × 1.5 × 12 = +2 800（元）
产量差异 = (10 400 × 1.5 − 10 000) × 12 = +67 200（元）
效率差异 = 10 000 − 8 000 × 1.5) × 12 = −24 000（元）

采用三差异法，能够更好的说明生产能力利用程度和生产效率高低所导致的成本差异情况，便于分清责任。

[例 12 − 15] 某企业适用标准成本法控制成本，甲产品每月的正常生产量为 2 000 件，每件产品直接材料的标准用量是 0.6 kg，每千克的标准价格为 100 元，每件产品标准耗用工时 3 小时，每小时标准工资率为 10 元；制造费用预算总额为 18 000 元，其中变动制造费用 6 000 元，固定制造费用 12 000 元。

本月实际生产了 1 875 件，实际材料价格为 105 元/千克，全月实际领用 1 200 千克；本月实际耗用总工时 6 000 小时，每小时支付的平均工资为 9.8 元；制造费用实际发生额为 18 900 元（其中变动制造费用为 6 900 元，固定制造费用 12 000 元）。

要求：(1) 编造甲产品标准成本卡。

(2) 计算和分解直接材料、直接工人、制造费用的成本差异。

解答：(1) 编造甲产品的标准成本卡如表12-13所示。

表12-13 甲产品标准成本卡

项　目	用量标准	价格标准	单位标准成本/元
直接材料	0.6 kg/件	100 元/kg	60
直接人工	3 小时/件	10 元/小时	30
变动制造费用	3 小时/件	1［6 000/（3×2 000）］	3
固定制造费用	3 小时/件	2［12 000/（3×2 000）］	6
单位成本			99

(2) 计算成本差异：

A. 首先列示实际单位成本（表12-14）。

表12-14 实际单位成本

项　目	实际用量	实际价格	实际单位成本/元
直接材料	0.64 kg/件（1 200/1 875）	105 元/kg	67.2
直接人工	3.2 小时/件（6 000/1 875）	9.8 元/小时	31.36
变动制造费用	3.2 小时/件	1.15 元/小时（6 900/6 000）	3.68
固定制造费用	3.2 小时/件	2 元/小时（12 000/6 000）	6.4
单位成本			108.64

B. 直接材料成本差异 = 67.2 × 1 875 - 60 × 1 875 = 13 500（元）

其中，用量差异 = (1 200 - 1 875 × 0.6) × 100 = 7 500（元）

价格差异 = (105 - 100) × 1 200 = 6 000（元）

C. 直接人工成本差异 = 31.36 × 1 875 - 30 × 1 875 = 2 550（元）

其中，效率差异 = (6 000 - 3 × 1 875) × 10 = 3 750（元）

工资率差异 = (9.8 - 10) × 6 000 = -1 200（元）

D. 变动制造费用成本差异 = 6 900 - 3 × 1 875 = 1 275（元）

其中，效率差异 = (6 000 - 1 875 × 3) × 1 = 375（元）

耗费差异 = (1.15 - 1) × 6 000 = 900（元）

E. 固定制造费用成本差异 = 12 000 - 6 × 1 875 = 750（元）

其中，耗费差异 = 12 000 - 6 × 2 000 = 0

产量差异 = (2 000 × 3 - 6 000) × 2 = 0

效率差异 = (6 000 - 1 875 × 3) × 2 = 750（元）

12.5.4 成本控制的其他方法

1. 作业成本控制（也称作业成本法，英文名称是 Activity Based Costing，简称 ABC 法）

1）作业成本法的相关概念

所谓作业，是指企业为了达到其生产经营的目的所进行的与产品相关或对产品有影响的各种具体活动，性质相同的作业所构成的集合叫做作业中心。

作业成本的概念深化了人们对成本的认识。它是指产品消耗的作业所发生的成本和费用。传统的成本概念认为，成本是对象化的费用，是生产经营过程中所耗费的资金。这一概念虽然揭示了成本的经济实质（价值耗费）和经济形式（货币资金），但没有反映出成本形成的动态过程。作业成本法有效地弥补了这一不足。它把企业生产经营过程描述为一个为满足顾客需要而设计的一系列作业的集合（作业链），揭示了成本的经济实质（价值耗费）和经济形式（货币资金），随着作业的推移，在作业链上发生的费用，就转移到最终产品的成本上，并且这一过程也伴随着价值从企业内部逐步积累最后转移到顾客（价值链）。作业成本法通过作业这一媒介，将费用的发生与产品成本的形成联系了起来，形象地揭示了成本形成的动态过程，使成本的概念更为完成和具体。

成本动因是指导致成本发生的因素，即成本的诱因，成本的动因通常以作业活动耗用的资源来进行度量，如质量检查次数、用电度数等。在作业成本法下，成本动因是成本分配的依据。

2）作业成本法的基本原理

作业成本法就是以作业为基础计算和控制产品成本的方法。其基本理念是产品消耗作业、作业消耗资源，生产导致作业发生，作业导致间接成本的发生。作业是产品和间接成本的纽带。

在作业成本法下，将间接费用和直接费用都视为产品消耗作业而付出的代价。对于直接费用的确认和分配，作业成本法和传统的成本计算方法一样；但对于间接费用的分配，则与传统的方法不同，在作业成本法下，间接费用分配的对象不再是产品，而是作业。分配时，首先根据作业中心对资源的耗费情况将资源耗费的成本分配到作业中心去；然后再将上述分配给作业中心的成本按照各自的成本动因，根据作业的耗用数量分配到各产品。在作业成本法下，对于不同的作业中心，由于成本动因的不同，使得间接费用的分配标准也不同。

3）作业成本法的意义

从费用分配的准确性来讲，由于作业成本法采用多样化的分配标准，使成本的归属性得以提高，因此成本信息相对更为客观，真实和准确。从成本控制的角度上讲，由于作业成本法的本质是以作业为确定分配间接费用的基础，引导管理人员将注意力集中在成本发生的动因上，而不仅仅是关注成本计算结果本身，通过对作业成本的计算和有效控制，就可以较好地克服传统成本法中间接费用责任不清的缺点，并且使以往一些不可控制的间接费用在作业成本法系统中变为可控，同时通过对作业活动的动态跟踪，可以更好地发挥决策、计划和控制的作用，以促进作业管理和成本控制的不断提高。因此，作业成本法不仅仅是一种成本计算方法，更是一种成本控制和企业管理的手段。

2. 质量成本控制

所谓质量成本是指企业为保持或提高产品质量所支出的一切费用，以及因产品质量未达到规定水平所产生的一切损失。

1）质量成本的构成

质量成本包括两方面的内容：一是预防和检验成本；二是损失成本。

预防和检验成本也是由两部分构成的：预防成本和检验成本。所谓预防成本是指为保证产品质量达到一定水平而发生的各种费用，如质量计划工作费用、新产品评审费用、工序能力研究费用、质量审核费用、质量情报费用、人员培训费用和质量奖励费用等。所谓检验成本是指为评估和检查产品制造质量而发生的费用。如进货检验费用、工序检验费、产品检验费、破坏性试验的产品试验费用和检验设备的维护、保养费用等。

损失成本包括内部质量损失成本和外部质量损失成本两部分。所谓内部质量损失成本是指生产过程中因质量问题而发生的损失成本，包括产品在生产过程中出现的各类缺陷所造成的损失，以及弥补这些缺陷而发生的各类费用支出，如报废损失、返修损失、复检费用、停工损失、事故分析处理费用和产品降级损失等。所谓外部质量损失成本是指产品销售后，因产品质量缺陷而引起的一切费用支出，如支付用户的索赔费用、退货损失、保修费用和折价损失等。

与质量有关的预防和检验成本以及损失成本是两类具有不同性质的成本。预防和检验成本属于不可避免成本，随着产品质量的不断提高，这部分成本将会不断增大；损失成本则属于可避免成本，随着产品质量的不断提高，这部分成本将逐渐降低，产品质量的高低通常以产品的合格品率来表示。

2）质量成本控制程序

（1）确定最优质量成本，并以此作为质量成本控制的总目标。最优质量既不在质量最高时，也不在质量最低时，而是在使质量成本所有 4 项内容之和最低时的质量水平上。

（2）建立健全质量成本管理的组织体系。有了质量成本的控制标准，还应建立健全质量成本管理的组织体系，以确保目标的实现。由于质量成本涉及到企业的诸多部门，如供应、生产、销售、质检、财会等部门，因此，必须划分责任，归口控制。

（3）应坚持预防为主的方针。在质量成本控制中为保证一定的质量水平，应适当地增大预防检验成本占质量成本的比重，这样可减少事故成本的发生。

（4）计算和分析质量成本差异。企业应及时计算实际质量成本脱离预算的差异，并对此分项逐一进行分析，寻找原因，以采取相应措施加以控制。

3）最佳质量成本模型

尽管现实中，在两类不同性质的质量成本（预防检验成本和损失成本）之间找到最优的平衡点，是相当困难的工作，但理论上，最优的质量成本水平确实是存在的。

确定最优质量成本的方法可参考合理比例法进行。此法是根据质量成本各项目之间的比例关系，确定一个合理的比例，从而找出质量水平的适宜区域，而不是确定最优质量成本点。因为达到某一点的合格品适宜区率不易保持，而使合格品率保持在某一范围内还是容易做到的。

此法将质量总成本曲线分为3个区域：改善区、适宜区和至善区，如图12-2所示。

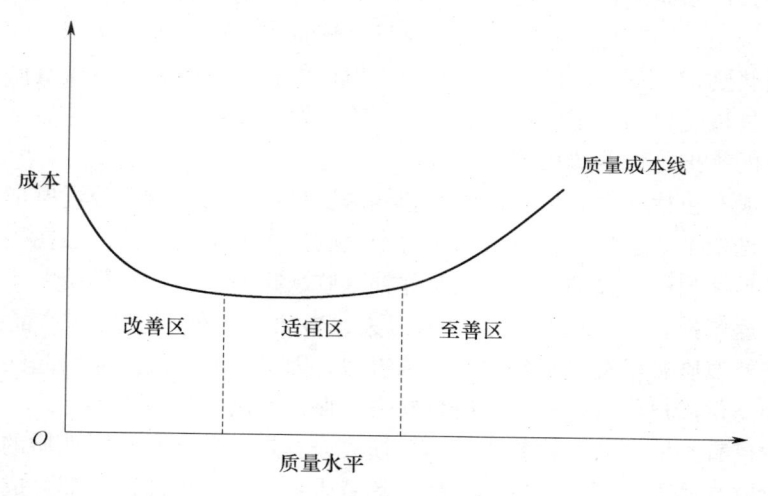

图12-2 质量成本线

如果产品质量处于改善区，说明产品质量水平较低，损失成本高，这为企业敲响警钟，企业应尽快采取措施，追加预防和检验费用的支出，尽可能地提高产品质量；如果产品质量处于至善区，说明产品质量水平很高，甚至超过用户的需要，出现了不必要的质量成本损失，此时也是不可取的。理想的质量水平区域是适宜区，在这一区域内，质量适当，成本低，效益高。

成本质量诸项目间，客观地存在着一个合理的比例，当达到这一合理比例时，质量水平处于适宜区。有关研究者对制造企业平均水平的研究发现，就一般平均而言，质量成本中，预防成本占10%左右，检验成本占30%左右，损失成本占60%左右。我国一些企业的实践证明这个比例基本上具有代表性。当然，不能对此作绝对化理解，还应根据企业自身的具体情况来确定。

3. 使用寿命周期成本控制

1）使用寿命周期成本的含义

在当今社会，企业只关心产品成本的控制是不够的，还必须从用户的角度来研究和分析使用成本的影响，也就是要研究使用寿命周期成本的控制。

所谓使用寿命周期成本也称使用成本，是用户为取得并实现所需产品或劳务的功能所付出的代价。

目前许多西方国家比较重视寿命周期成本的研究，因为客户要求生产厂商报价时，不仅要报原价，还要报使用寿命周期成本，提供产品的能源消耗、排污标准、保修期以及大修理周期等参数。另外，购买单位处理报价投标时，往往以寿命周期成本为准，而不是以售价为准。许多企业家已经认识到，要想在竞争日趋激烈的今天站稳脚跟，求得发展，必须重视产品的寿命周期成本的研究与控制。

2）使用寿命周期成本的内容

使用寿命周期成本包括原始成本和运行维修成本两部分。原始成本是指设计成本、开发成本和生产成本；运行维修成本是指售后的与使用该产品有关的消耗成本及维修成本、保养成本等。可见，运行维修成本是生产成本的补充。一般说，运行维护成本的高低，常常反映出产品的功能或质量的好坏。凡质量高、功能好的产品，其运行维护成本就低，而其寿命期限却长；反之，质量低、功能差的产品，其运行维修成本必然高，而其寿命期限也相对短。因此企业要在激烈的竞争中立于不败之地，不仅要考虑产品的物美价廉，而且还要研究运行维护成本的降低问题。运行维护成本的降低是一个综合性的问题，它牵涉到产品的许多方面，如产品的功能、产品的质量等等，企业可以从生产者和使用者两个不同的角度对此加以控制。

3）生产者角度的使用寿命周期成本控制

从生产者的角度，就是一切为用户着想，千方百计降低产品的寿命周期成本，减少用户的支出，从而达到扩大销量，争取更多用户，增加利润的目的。需注意的一点是：对于生产者来讲，控制寿命周期成本只是促销的一种手段，而不是像产品成本控制那样纯粹为了控制成本。

4）使用者角度的使用寿命周期成本控制

从使用者的角度，就是决定是否购买某一产品时，不仅要考虑产品的售价，而且还要考虑该商品的使用寿命周期成本，采用的分析方法有两种：一是购买时，要求厂家提供使用周期成本的资料，比较不同厂家产品的使用寿命周期成本，取其低者；二是将发生在使用期内不同时点上的运行维护成本分别折现，计算出可供选择产品的现值成本，然后进行比较，择其低者。

4. 利用 ERP 进行成本控制

企业资源计划系统（enterprise resource planning，ERP），是指建立在信息技术应用基础上，结合系统化的管理思想，为企业决策层及员工提供决策手段的管理平台。

ERP 系统集信息技术与先进的管理思想于一身，反映时代对企业合理调配资源，最大化地创造社会财富的要求，成为企业在信息时代生存、发展的基石。ERP 是整合了企业管理信念、业务流程、基础数据、人力物力资源、计算机硬件、软件和网络资源于一体的企业资源管理系统。

ERP 将企业内部所有资源整合在一起，对采购、生产、成本、库存、分销、运输、财务、人力资源等进行规划，以达到最佳资源组合，取得最佳效益。

因此，利用 ERP 这个工具，可以帮助企业在生产运营的各个环节，在采购、生产、库存、销售和资金运作等方面控制成本。

（1）采购成本。利用 ERP 控制采购成本，就是要把整个采购过程公开化、透明化、制度化。利用计算机网络，把不同供应商的报价收集在一起，企业的领导者很容易地调出同一产品不同的供应商的报价。同时，建立起对不同供应商的同一产品的质量统计分析。由企业的检验部门、技术部门、供应部门做质量检验。

（2）生产成本。利用 ERP 控制生产过程的成本，目前大多数 ERP 提供商所提供的软件主要是控制废品率、次品率和物料的耗费。首先是控制废品率，先要设定一个废品率作为计划指标，如果实际废品率是计划成本控制之下的，就没有问题。而控制次品率的方式就是利用 ERP 明确哪一个人在哪个时间段生产了哪批产品，以明确改生产者的责任，加强责任心。其次是利用 ERP 控制物料耗用。有了物料需求计划，各个环节都有详细的物料清单，对于将要生产多少产品，需要多少原料很清楚，可以有效地的避免生产环节的物料浪费。

（3）库存成本。利用 ERP 可以解决从原料库存、半成品库存到产成品库存整个库存环节的成本控制问题。ERP 使得即使生产系统（Just In Time，JIT）在生产环节和库存管理的应用成为可能。JIT 的核心思想就是企业所需物料或产品在恰恰需要的时间、地点和正好需要的数量及时到位，这里面需要考虑安全库存和提前期这两个因素，如果可以忽略这两个因素的话，就能够达到理想的零库存境界。ERP 可以按照生产的节拍和节奏计算出来加工批量，并算出前一个工序在什么时候该把一个批量给下一个工序。这样一来，整个库存结构都是非常合理的。

国外有一些大型的龙头企业把它的物料需求计划公布给他的主要合作伙伴，让供货商按照它的物料需求计划安排生产计划。在忽略安全库存的前提下，大买家的原材料库里是零库存，供应商的产成品库里也是零库存，这样大家的库存与资金占用都下降了。在整个供应链上，如果库存与资金占用都下降，终端产品的价格就可以下降，大型生产厂的竞争力就会增强，这样企业与企业之间的竞争就会演变成供应链与供应链之间的竞争。供应链所得到的好处，是一个企业得不到的，几个企业形成供应链，才做到将成本压到极限。

（4）销售成本。利用 ERP 进行销售成本控制也是遵循了计划和控制的思想。利用 ERP 不仅可以更有效地控制和管理应收账款，还可以对销售网络中各网点的库存结构进行动态管理。对于不能按照计划收回的应收账款，ERP 系统会马上产生一个信息，来控制管理过程，促使应收账款的回收。另外，很多行业都存在分销的问题，也就是产品放在分销网点销售。如何把分销网点的库存结构控制好，是企业控制销售成本关键。当网点多，产品系列、品种和规格很多时，仅仅依靠人工很难把握销售店的库存结构，况且网点的销售和库存是动态的，必须有 ERP 系统帮助控制。

（5）生产环节的资金运作。生产环节的资金运作也可以利用 ERP 进行管理。利用 ERP，可以较好地确定在什么时间，将要购进些什么材料或产品，使得提前的时间刚好够用，并且所支付利息的时间尽量短。有些 ERP 软件供应商提供的软件能够做到工序级的管理，使企业通过 ERP 很清楚地知道企业计划要支出的费用，可以使企业对资金的需求计算得更精确，减少企业在资金上的不合理占用，降低财务成本。

总之，企业应根据自身的情况，分几段、分级别地使用 ERP 这个人工具，即使不能达到零库存的境界，至少也能在不同程度上控制成本。

【本章小结】

财务控制是指依照财务预算和有关制度，对财务活动施加影响或进行调节，确保企业及其内部机构和人员全面落实及实现财务预算的过程。

财务控制具有以下特征：价值控制综合控制现金流量控制。

建立责任中心、编制和执行责任预算、考核和监控责任预算的执行情况是企业实行财务控制的一种有效的方法，所以又称之为责任中心财务控制。责任中心就是具有一定的管理权限，并承担相应经济责任的企业内部单位。

根据企业内部责任单位的权责范围及业务活动的特点不同，责任中心一般可分为成本中心、利润中心和投资中心 3 大类。

成本中心是指对成本或费用承担责任的责任中心。成本中心往往没有收入，其职责是用一定的成本去完成规定的具体任务。成本中心是责任中心中应用最为广泛的一种责任中心形式。成本中心的考核指标主要采用相对指标和比较指标，包括成本（费用）变动额和变动率两个指标。

利润中心是既要对成本负责，对收入负责，又要对利润负责的责任中心。它是处于比成本中心高一层次的责任中心，其权利和责任都相对较大。利润中心主要通过边际贡献总额、负责人可控利润总额、可控利润总额等指标进行考核。

投资中心是指既要对成本、利润负责，又要对投资效果负责的责任中心。投资中心是最高层次的责任中心，它具有最大的决策权，也承担最大的责任。投资中心评价与考核的内容是利润及投资效果，反映投资效果的指标主要是投资报酬率和剩余收益。

成本控制就是对企业生产经营过程中发生的各种耗费进行控制。

标准成本控制，是成本控制中应用最为广泛和有效的一种成本控制的方法。它是以标准成本为基础，把实际发生的成本与标准成本进行对比，揭示成本差异形成的原因和责任，采取相应措施，实现对成本的有效的控制。

除了标准成本控制，还有作业成本控制、质量成本控制、寿命周期成本控制以及利用 ERP 进行成本控制。

【练习题】

1. 名词解释

（1）财务控制。

（2）责任中心。

（3）投资利润率。

（4）成本控制。

（5）两差异法。

2. 单选题

（1）考查利润中心负责人经营业绩最好的指标是（　　）。

A. 利润中心边际贡献总额　　　　B. 利润中心负责人可控利润总额

C. 利润中心可控利润总额　　　　D. 企业利润总额

（2）在投资中心的主要考核指标中，能够全面反映该责任中心投入产出的关系，避免本位主义发生，并使个别投资中心的利益与整个企业的利润统一起来的指标是（　　）。

A. 可控成本　　B. 利润总额　　C. 投资利润率　　D. 剩余收益

（3）关于内部结算方式下列说法错误的是（　　）

A. 内部结算方式有内部支票结算方式、转账通知单方式和内部货币结算方式 3 种

B. 转账通知单方式手续简便，结算及时

C. 内部支票结算方式主要适用于企业内部收、付款双方直接见面进行经济往来的业务结算

D. 内部货币结算方式适用于经常性的质量与价格较稳定的往来业务

（4）一般说来，应对直接材料价格差异应负责的部门是（　　）。

A. 生产部门　　B. 采购部门　　C. 劳动人事部门　　D. 计划部门

（5）固定制造费用效率差异体现的是（　　）。

A. 实际工时与标准工时之间的差异　B. 实际工时与预算工时之间的差异

C. 预算工时与标准工时之间的差异　　D. 实际分配率与标准分配率之间的差异

3. 判断题

（1）利润中心必然是成本中心，投资中心必然是利润中心。　　　　　（　　）

（2）同一成本项目，对有的部门来说是可控的，而对另一部门则可能是不可控的。也就是说，成本的可控与否是相对的，而不是绝对的。　　　　　　（　　）

（3）责任报告都是自上而下依次编报的。　　　　　　　　　　　　　（　　）

（4）内部转移价格一般包括市场价格、协商价格和双重价格3种类型。（　　）

（5）直接人工工资率差异的形成原因很复杂，工资制度的变动、工人的升降级、加班或临时工的增减都将导致工资率差异。　　　　　　　　　　（　　）

4. 计算题

（1）甲企业的A部门为利润中心，有关数据如下。

利润中心销售收入90万元，利润中心销售产品变动成本和变动销售费用50万元，利润中心负责人可控固定成本15万元，利润中心负责人不可控而应由该中心负担的固定成本20万元。

要求：①计算该利润中心的边际贡献总额。②计算该利润中心负责人可控利润总额。③计算该利润中心可控利润总额。

（2）某公司下设A、B两个投资中心。A中心的投资额为250万元，投资利润率为16%；B中心的投资额300万元，剩余收益为9万元。公司要求的平均投资利润率为13%，现公司决定追加投资150万元，若投向A中心，该中心每年增加利润30万元，若投向B中心，该中心每年增加利润25万元。

要求计算的指标有：①追加投资前A中心的剩余收益。②追加投资前B中心的投资利润率。③若A中心接受追加投资，计算其投资利润率。④若B中心接受追加投资，计算其剩余收益。

（3）某厂某产品的材料耗用定额为10 kg，每千克标准价格为1元，材料标准成本为10元（10×1）。如本月投入生产120台，实际消耗材料1 250 kg，实际单位为每千克1.10元。请计算出价格差异、用量差异。

（4）上述产品的直接人工标准工时为每台8小时，每小时标准工资率为0.5元，直接人工的标准成本为4元（8×0.5）。如生产120台共耗用900工时，实际工资率为0.6元，请计算人工效率差异和工资率差异。

（5）上述产品的变动制造费用的计划单位成本，其标准工时为8小时，标准费用分配率为0.25元，则标准成本为2元（8×0.25）。如实际产量120台的实际耗用为900小时，实际费用分配率为0.2元，请计算变动制造费用效率差异和变动制造费用耗费差异。

第13章

财务分析

【学习目的】

(1) 了解财务分析的含义和意义。
(2) 理解财务分析的基础以及基本方法。
(3) 掌握常见的财务分析指标以及杜邦财务分析体系。

【引导性案例】

股神巴菲特接受中国中央电视台记者采访

沃伦·巴菲特（Warren Buffett）1930年8月30日出生于美国内布拉斯加州的奥马哈市。他从小就极具投资意识，1941年，11岁的巴菲特购买了生平第一张股票。1947年，巴菲特进入宾夕法尼亚大学攻读财务和商业管理。两年后，巴菲特考入哥伦比亚大学金融系，拜师于著名投资理论学家本杰明·格雷厄姆。在格雷厄姆门下，巴菲特如鱼得水。1956年，他回到家乡创办巴菲特有限公司。1964年，巴菲特的个人财富达到400万美元，而此时他掌管的资金已高达2 200万美元。1965年，35岁的巴菲特收购了一家名为伯克希尔·哈撒（Berkshire Hathaway）的纺织企业，1994年年底已发展成拥有230亿美元的伯克希尔工业王国，由一家纺纱厂变成巴菲特庞大的投资金融集团。他的股票在30年间上涨了2 000倍，而标准普尔500指数内的股票平均才上涨了近50倍。多年来，在《福布斯》一年一度的全球富豪榜上，巴菲特一直稳居前三名。2009年3月5日，77岁的他以620亿美元的身价，当选《福布斯》杂志富豪榜的榜首。

2007年10月24日上午11点半，沃伦·巴菲特先生的私人飞机从美国飞抵中国，这是与1995年时隔12年之后再次来到中国。在机场，巴菲特先生接受了中央电视台专访。下面是巴菲特先生与中央电视台记者的一段对话。

记者："道听途说您一年看1万多份年报，真的么？"

沃伦·巴菲特："我读年报像其他人在读报纸一样，每年我都读成千上万的年报，我不知道我读了多少，不过像中石油，我先读了2002年的年报，又读了2003年的年报，然后我决定投资5亿元给中石油，仅仅根据我读的年报，我没有见过管理层，也没有见过分析家的报告，多少非常通俗易懂，是很好的一个投资。"

记者："您最关心年报中的哪些方面？"

沃伦·巴菲特："学生总是问我这个问题，但是所有的年报都是不同的，如果你要找个男人的话，什么样的吸引你，是有体育才能的，还是帅的，还是聪明的。所以，同样的，看企业也有不同的方法，从一个企业到另外一个企业，我看的是不同的东西。根本性地说，我是看企业的价值。"

因而，不妨带着下面几个问题去阅读本章：年报有哪些内容？基本的财务报表能否为投资者提供足够的决策依据？是否还有其他有用的信息？

13.1　财务分析概述

财务分析是以财务报告和其他有关信息资料为起点，采用一系列专门方法，对企业等经济组织一定时期的财务状况、经营成果、现金流量以及未来前景进行分析，借以评价企业财务活动业绩、控制财务活动运行、预测财务发展趋势、促进企业提高财务管理水平和经济效益的财务管理活动。财务分析作为经济组织一定财务活动的总结，为企业进行下一步的财务预测和决策提供了依据。

13.1.1　财务分析的意义

财务分析的意义主要表现在以下3个方面。

（1）财务分析是正确了解国家企业财务状况、考核其经营业绩的依据。

通过财务分析，可以了解企业资产、负债和所有者权益的状况，了解企业的偿债能力、营运能力及盈利能力等，可以考核财务计划的完成程度及经营目标的实现程度。通过分析、发现问题，可以找出课借鉴的经验或教训，明确经济责任，合理评价各部门的经营业绩，并据此进行奖优惩劣。

（2）财务分析是进行财务预测和决策的基础。

财务预测和决策是企业财务管理的重要环节。财务决策是财务管理的关键，财务预测是财务决策的前提。要做好财务预测与决策，必须首先进行财务分析，通过分析了解过去，掌握现在，预测未来发展趋势，进而进行正确的决策。

（3）财务分析是挖掘内部潜力，实现企业财务管理目标的手段。

企业财务管理目标是实现企业价值最大化。在市场经济条件下，每个企业都面临着激烈的市场竞争，为了谋生存、求发展，实现企业价值最大化，研究财务管理中存在的薄弱环节，分析其产生的原因，不断挖掘企业改善财务状况、扩大经营成果的潜力，采取有力措施，促使企业生产经营活动按照财务管理的目标实现良性运行。

13.1.2 财务分析的目的

财务分析的目的受财务分析主体和财务分析服务对象的制约，不同的财务分析主体其财务分析的目的也不尽相同，即不同财务分析服务对象所关心的问题也不一样。因此，财务分析的目的或财务分析的研究目标就是各种财务分析主体的分析目的和财务分析服务对象所关心的问题。

1. 从投资者的角度来看

企业的投资者包括企业的所有者和潜在投资者，其进行财务分析的最根本目的是关注企业的盈利能力状况，因为盈利能力是投资者资本保值增值的关键所在。然而投资者在关心盈利能力的同时，还需研究企业的权益结构、支付能力及营运状况。

2. 从债权人的角度来看

企业债权人包括企业借款的银行及一些金融机构，以及购买企业债券的单位与个人等。债权人进行财务分析的目的与经营者和投资者考虑不同。从债权人角度进行财务分析的主要目的，一是对企业的借款或其他债权是否能及时、足额收回，即研究企业的偿债能力的大小；二是看债权人的收益状况与风险程度是否相适应。

3. 从经营者的角度来看

企业经营者主要是指企业的经理以及各分厂、部门、车间等的管理人员。他们进行财务分析的目的是综合多方面的。从对企业所有者负责的角度，他们首先也关心盈利能力，这是他们的总体目标。

4. 从其他财务分析主体的角度来看

其他财务分析的主体或服务对象主要是与企业经营有关的企业和国家行政管理与监督部门。与企业经营有关的企业单位主要指材料供应者、产品购买者等，这些企业单位处于保护自身利益的需要，也非常关心往来企业的财务状况，进行财务分析。

13.1.3 财务分析的内容

财务报表是根据日常会计核算资料，归集、加工、汇总而成的一个完整的报告体系，用于反映企业的现金流量资产、负债和所有者权益情况，以及一定期间经营成果、财务状况和现金流量的信息。企业的财务分析主要是根据企业的财务报表分析企业的相关能力，主要分析内容如下几个方面。

1. 偿债能力分析

偿债能力是指企业对债务的清仓能力或保证程度。偿债能力或保证程度具体是指企业的资产拥有量和是否有住够的现金流入量来偿还各种到期债务。偿债能力大小的分析是判断企业财务状况稳定与否的重要内容。企业偿债能力强，说明企业可以举债筹集资金来获取利益；反之，偿债能力差，说明企业资金紧张，难以偿还到期应偿债务，甚至危及企业生存。

2. 营运能力分析

营运能力即资金的利用效率。运用资金是否有效是决定企业经营水平的前提。企业资金的多少可以表现为经营能力的大小，有效的经营可以提高资金利用效率，使企业增加收入，加速资金周转。因此，判断企业经营理财水平高低，只有分析企业是否有效地运用了资金。营运能力的大小对企业获利能力的持续增长与偿债能力的不断提高有着决定性的影响。

3. 盈利能力分析

所谓盈利能力实际上是指企业赚取利润和使企业的资金增值的能力，它通常体现为企业收益数额的大小。盈利是企业经营理财的核心，盈利能力的大小是衡量企业经营好坏的重要标志。一般来说，经营良好、管理有方的企业就有较强的盈利能力。

4. 财务状况的综合分析

财务状况的综合分析是将企业的盈利能力、偿债能力、营运能力等方面的分析纳入一个有机的整体中，全面对企业经营状况、财务状况进行解剖和分析，从而对企业经济效益的优劣做出准确的评价和判断的系统分析。

13.2 财务分析的基础

评估一个企业财务健康状况最重要的信息来源就是财务报表。企业财务报表，是指企业对外提供的反映企业某一特定日期财务状况和某一会计期间经营成果、现金流量和财务状况变动的文件。按现行财务会计制度，基本财务报表包括资产负债表、利润表、现金流量表和所有者权益变动表。

13.2.1 资产负债表

资产负债表相当于企业的财务快照，是指反映企业在某一特定日期的财务状况的财务报表。它是根据"资产 = 负债 + 所有者权益"这一会计恒等式来编制的，主要从两方面反映了企业财务状况的时点（静态）指标：一方面反映企业某一日期所拥有的资产规模及其分布，另一方面反映企业这一日期的资产来源及其结构。据此，财务报表使用者可以评价企业财务状况的优劣，预测企业未来财务状况的变动趋势，从而做出相应的决策。

资产负债表按照资产、负债和所有者权益分类分项列式，其主体的格式一般有 3 种：账户式、报告式和财务状况式。我国现行财务会计制度规定，资产负债表采用账户式，其基本格式如表 13-1 所示。

表 13-1 资产负债表

编制单位：XYZ 公司　　　　　2009 年 12 月 31 日　　　　　　　　　　万元

资产	期末数	年初数	负债和所有者权益	期末数	年初数
流动资产			流动负债		
货币资金	50	25	短期借款	60	45
交易性金融资产	6	12	应付票据	5	4
应收票据	8	11	应付账款	100	109
应收股利	0	0	预收账款	10	4
应收利息	0	0	交易性金融负债	28	10
应收账款	398	199	应付职工薪酬	2	1
其他应收款	12	22	应付股利	0	0
预付账款	22	4	应交税费	5	4
应收补贴款	0	0	应付利息	12	10
存货	119	326	其他应付款	23	18
待摊费用	0	0	预计负债	2	4
一年内到期的非流动资产	77	11	一年内到期的非流动负债	0	0
其他流动资产	8	0	其他流动负债	53	5
流动资产合计	700	610	流动负债合计	300	220
非流动资产：					
可供出售金融资产	0	45			
持有至到期投资			非流动负债		
长期股权投资	30	0	长期借款	450	245
长期应收款			应付债券	240	260
固定资产	1 238	955	长期应付款	50	60
在建工程	18	35	专项应付款	0	0
固定资产清理		12	递延所得税负债	0	0
无形资产	6	8	其他非流动负债	0	15

续表

资产	期末数	年初数	负债和所有者权益	期末数	年初数
开发支出			非流动负债合计	740	580
商誉			负债合计	1 040	800
长期待摊费用	5	15			
递延所得税资产	0	0	所有者权益		
其他非流动资产	3	0	实收资本	100	100
非流动资产合计	1 300	1 070	资本公积	10	10
			盈余公积	100	40
			未分配利润	750	730
			减：库存股	0	0
			所有者权益合计	960	880
资产总计	2 000	1 680	负债和所有者权益（或股东权益）总计	2 000	1 680

13.2.2 利润表

利润表是反映企业在一定会计期间经营成果的财务报表。它是根据"利润＝收入－费用"这一会计恒等式来编制的动态报表。

为了提供清晰明了的信息，利润表应当按照各项收入、费用以及构成利润的各个项目分类、分项列式。利润表的格式有单步式和多步式两种。我国现行财务制度规定采用多步式格式，其基本格式如表13－2所示。

表13－2 利润表

编制单位：XYZ　　　　　2009年度　　　　　　　　　　　　　万元

项目	本年金额	上年金额（略）
一、营业收入	3 000	
减：营业成本	2 644	
营业税金及附加	28	
销售费用	22	
管理费用	46	
财务费用	110	
资产减值损失	0	

续表

项目	本年金额	上年金额（略）
加：公允价值变动损益（损失以"-"号填列）	0	
投资收益（损失以"-"号填列）	6	
其中：对联营企业和合影企业的投资收益	0	
二、营业利润（亏损以"-"号填列）	156	
加：营业外收入	45	
减：营业外支出	1	
其中：非流动资产处置损失	0	
三、利润总额（亏损总额以"-"号填列）	200	
减：所得税费用	60	
四、净利润（净亏损以"-"号填列）	140	
五、每股收益		
1. 基本每股收益		
2. 稀释每股收益		

13.2.3 现金流量表

现金流量表是反映企业一定会计期间现金和现金等价物流入和流出情况的动态报表。其中，现金是指企业的库存现金及可以随时用于支付的存款；现金等价物是指企业持有的期限短、流动性强、易于转换为已知金额现金、价值变动风险很小的投资；现金流量是指企业一定时期的现金和现金等价物流入和流出的数量。现金流量表的具体结构如表13-3所示。

表13-3 现金流量表

编制单位：XYZ公司　　　　　　　2009年度　　　　　　　　　　万元

项目	本年金额	上年金额（略）
一、经营活动产生的现金流量：		
销售商品、提供劳务收到的现金	2 810	
收到的税费返还		
收到其他与经营活动有关的现金	10	
经营活动现金流入小计	2 820	
购买商品、接受劳务支付的现金	2 363	
支付给职工以及为职工支付的现金	29	

续表

项目	本年金额	上年金额（略）
支付的各项税费	91	
支付其他与经营活动有关的现金支出	14	
经营活动的现金流出小计	2 497	
经营活动产生的现金流量净额	323	
二、投资活动产生的现金流量：		
收回投资收到的现金	4	
取得投资收益收到的现金	6	
处置固定资产、无形资产和其他长期资产收回的现金净额	12	
处置子公司及其他营业单位收到的现金净额		
收到其他与投资活动有关的现金		
投资活动现金流入小计	22	
购置固定资产、无形资产和其他长期资产支付的现金	369	
投资支付的现金	30	
支付其他与投资活动有关的现金		
投资活动现金流出小计	399	
投资活动产生的现金流量净额	-377	
三、筹资活动产生的现金流量：		
吸收投资收到的现金	-	
取得借款收到的现金	270	
收到其他与筹资活动相关的现金	-	
筹资活动现金流入小计	270	
偿还债务支付的现金	20	
分配股利、利润或偿付利息支付的现金	152	
支付其他与筹资活动有关的现金	25	
筹资活动现金流出小计	197	
筹资活动产生的现金流量净额	73	
四、汇率变动对现金及现金等价物的影响		
五、现金及现金等价物净增加额	19	

续表

项目	本年金额	上年金额（略）
加：期初现金及现金等价物余额	37	
六、期末现金及现金等价物余额	56	
补充资料		
1. 将净利润调节为经营活动现金流量		
净利润	136	
加：资产减值准备		
固定资产折旧、油气资产折耗、生产性生物资产折旧	100	
无形资产摊销	2	
长期待摊费用摊销		
处置固定资产、无形资产和其他长期资产的损失（收益以"－"号填列）	－11	
固定资产报废损失（收益以"－"号填列）		
公允价值变动损失（收益以"－"号填列）		
财务费用（收益以"－"号填列）	110	
投资损失（收益以"－"号填列）	－6	
递延所得税资产减少（增加以"－"号填列）		
递延所得税负债增加（减少以"－"号填列）		
存货的减少（增加以"－"号填列）	207	
经营性应收项目的减少（增加以"－"号填列）	－212	
经营性应付项目的增加（减少以"－"号填列）	－3	
其他		
经营活动产生的现金流量净额	323	
2. 不涉及现金收支的投资和筹资活动：		
债券转为资本		
一年内到期的可转换公司债券		
融资租入固定资产		
3. 现金及现金等价物净增加情况：		
现金的期末余额	56	
减：现金的期初余额	37	

续表

项目	本年金额	上年金额（略）
加：现金等价物的期末余额		
减：现金等价物的期初余额		
现金及现金等价物净增加额	19	

13.2.4 所有者（股东）权益变动表

所有者（股东）权益变动表反映构成所有者权益的各组成部分当期的增减变化情况，直接计入所有者（股东）权益的利得和损失，以及最终属于所有者（股东）权益的净利润。直接计入所有者（股东）权益的利得和损失包括：可供出售金融资产、公允价值变动净额、现金流量套用期工具、公允价值变动净额、与计入所有者（股东）权益项目相关的所得税影响等。所有者（股东）权益变动表结构如表13-4所示。

表13-4 所有者（股东）权益变动表

编制单位：XYZ公司　　　　　　　　　2009年度　　　　　　　　　万元

项 目	本年金额							上年金额
	股本	资本公积	减：库存股	盈余公积	未分配利润	股东权益合计	（略）
一、上年年末余额	100	10		40	730	880	
加：会计政策变更							
前期差错更正							
二、本年年初余额	100	10		40	730	880	
三、本年增减变化金额							
（一）净利润					136	136	
（二）直接计入股东权益的利得和损失							
1. 可供出售金融资产公允价值变动净额							
2. 权益法下被投资单位其他股东权益变动的影响							

续表

项目	本年金额						上年金额
	股本	资本公积	减：库存股	盈余公积	未分配利润	股东权益合计	（略）
3. 与记录股东权益项目相关的所得税影响							
4. 其他							
上述（一）和（二）小计							
（三）所有者投入和减少资本						136	136
1. 所有者投入资本							
2. 股份支付计入股东权益的金额							
3. 其他							
（四）利润分配							
1. 提取盈余公积					60	-60	0
2. 对股东的分配						-56	-56
3. 其他							
（五）股东权益内部结转							
1. 资本公积转增股本							
2. 盈余公积转增资本							
3. 盈余公积弥补亏损							
4. 其他							
四、本年年末余额	100	10	0	100	750	960	

13.3　财务分析的方法

　　财务分析方法是进行财务分析的方式和手段，要实现财务分析的目的，就必须掌握各种财务分析方法，并能在财务分析工作中正确地选择和有效地运用。财务分析方法主要有比较分析法、比率分析法，因素分析法和趋势分析法。

13.3.1 比较分析法

比较分析法是指通过经济指标的数量上的比较，来揭示经济指标的数量关系和数量差异的一种方法，也称为绝对数分析法。经济指标存在某种数量关系（大于或小于、增加或减少），能说明生产经营活动的一定状况，经济指标出现了数量差异，往往说明有值得进一步分析的问题。比较分析法的主要作用，在于揭示财务活动中的数量关系和存在的差异，从中发现问题，为进一步分析原因、挖掘潜力指明方向。比较的方法是最基本的分析方法，没有比较就没有分析。根据分析的目的和要求不同，比较法有以下3种形式。

1. 实际指标与计划（定额）标志比

可以揭示实际与计划或定额之间的差异，了解该项指标的计划或定额的完成情况。

2. 本期指标与上期指标或历史最好水平比较（纵向—内部比较）

可以确定前后不同时期有关指标的变动情况，了解企业生产经营活动的发展趋势和管理工作的改进情况。

3. 本单位指标与国内外同行先进单位比较（横向—外部比较）

可以找出与先进单位之间的差距，推动本单位改善经营管理，赶超先进水平。

应用比较分析法对同一性质指标进行数据比较时，要注意所利用指标的可比性。比较双方的指标在内容、时间、计算方法、计价标准上应当口径一致，可以比较。必须可对所用的指标按同一口径进行调整换算。

13.3.2 比率分析法

比率分析是财务分析的最基本、最重要的方法，比率分析实质上是将影响财务状况的两个相关因素联系起来，通过计算比率，反映他们之间的关系，借以评价企业财务状况和经营状况的一种财务分析方法，也称为相对数分析法。比率分析的形式有：①百分比，如速动比率为100%。②比率，如流动比率为2∶1。③分数，如负债为总资产的2/3。

比率分析以其简单、明了、可比性强等优点在财务分析实践中被广泛采用。常见的比率指标主要有以下3类。

1. 结构比率

结构比率又称构成比率。它是某项经济指标的各个组成部分与总体的比率，反映总体内部各部分占总体构成比率的关系，其计算公式为

$$结构比率 = 某个组成部分数额 \div 总体总额 \qquad (13-1)$$

结构比率通常反映会计报表各个项目的纵向关系。利用结构比率，可以考虑总体中各个部分的形成和安排是否合理，某个部分在总体中的地位和作用，以便

协调各项财务活动，突出重点。

2. 效率比率

它是某项经济活动中所费与所得的比率，反映投入与产出、耗费与收入的比例关系。利用效率比率指标，可以进行得失比较，考察经营成果，评价经济效益。

3. 相关比率

它是以某个项目和与其有关的项目加以对比所得的比率，反映有关经济活动的相互关系。利用相关比率指标，可以考察有联系的相关业务安排是否合理，以保障企业运营活动能够顺畅进行。

13.3.3 趋势分析法

趋势分析法是分析同一企业若干年的财务指标升降变化。它是将两期或连续若干期财务报告中的相同指标进行对比，确定其增减变动的方向、数额和幅度，以说明企业财务状况和经营成果变动趋势的一种方法。采用这种方法，可以分析引起变动的主要原因、变动的性质，并预测企业未来的发展前景。

1. 财务比率趋势分析

财务比率趋势比较是将不同时期财务报告中的相同指标或比率进行比较，直接观察其增减变动情况及变动幅度，考察其发展趋势，预测其发展前景。

2. 会计报表金额趋势分析

会计报表金额趋势分析是将连续数期的会计报表净额并列起来，比较其相同指标的增减变动金额和变动幅度，据以判断企业财务状况和经营成果发展变化的一种方法。

3. 会计报表构成趋势分析

这是在会计报表金额趋势分析的基础上发展而来的。它是以会计报表中的某个总体指标作为基数1，再计算其各组成项目占该总体指标的百分比，从而比较各个项目百分比的增减变动，以此来判断有关财务活动的变化趋势。这种方法比前面两种方法更能准确分析企业财务活动的发展趋势。

在采用趋势分析法时，首先应掌握分析的重点。财务报表项目很多，其重要程度也不一致，为揭示企业财务状况和经营成果的变化趋势，分析人员应对财务报表的重要项目进行重点分析。同时，将绝对数和相对数分析结合使用，以便在进行绝对数分析也能反映相对程度的变化。

13.3.4 因素分析法

因素分析是根据分析指标与其影响因素之间的关系，按照一定的程序和方法，确定各因素对分析指标差异影响程度的一种技术方法。因素分析是经济活动分析中最重要的方法之一，也是财务分析的方法之一。因素分析法中最主要的方法就是连环替代法。

连环替代法指确定因素影响，并按照一定的替换顺序逐个因素替换，计算出各个因素对综合性经济指标变动程序的一种计算方法。

1. 连环替代法的程序

（1）确定分析指标与其影响因素之间的关系。将某一经济指标在计算公式的基础上进行分解或扩展，从而得出各影响因素与分析指标之间的关系式。

分析指标与影响因素之间的关系式，既说明哪些因素影响分析指标，又说明这些因素与分析指标之间的关系及顺序。

（2）确定分析对象。根据分析指标的报告期数值与基期数值列出两个关系式，或指标体系，确定分析对象。

（3）连环顺序替代，计算替代结果。

所谓连环顺序替代就是以基期指标体系为计算基础，用实际指标体系中的每个因素的实际数顺序地替代其相应的基期数，每次替代一个因素，替代后的因素被保留下来。计算替代结果，就是在每次替代后，按关系式计算其结果。有几个因素就替代几次，并相应确定计算结果。

（4）比较各因素的替代结果，确定各因素对分析指标的影响程度。比较替代结果是连环进行的，即将每次替代说计算的结果与这一因素被替代前的结果进行对比，两者的差额就是替代因素对分析对象的影响程度。

（5）检验分析结果，即将各因素对分析指标的影响额相加，其代数和应等于分析对象。如果两者相等，说明分析结果可能是正确的；如果两者不相等，则说明分析结果一定是错误的。

连环替代法的程序或步骤是紧密相连、缺一不可的，尤其是前4个步骤。任何一个步骤出现错误，都会出现错误结果。下面举例说明连环替代法的步骤和应用。

2. 应用连环替代法应注意的问题

连环替代法，作为因素分析法的主要形式，在实践中应用比较广泛。在应用连环替代法的过程中必须注意以下几个问题。

（1）因素分解的相关性问题。所谓因素分解的相关性，是指分析指标与其影响因素之间必须真正相关，即有实际经济意义，各影响因素的变动应确实能说明分析指标差异产生的原因。当然，有经济意义的因素分解式并不是唯一的，一个经济指标从不同角度看，可分解为不同的有经济意义的因素分解式。这就需要大家在因素分解时，根据分析的目的和要求，确定合适的因素分解式，以找出分析指标变动的真正原因。

（2）分析前提的假定性。所谓分析前提的假定性是指分析某一因素对经济指标差异的影响时，必须假定其他因素不变，否则就不能分清各单一因素对分析对象的影响程度。但实际上，有些因素对经济指标的影响是共同作用的结果，如果共同影响的因素越多，那么这种假定的准确性就越差，分析结果的准确性也就会降低。

因此，在因素分解时，并非分解的因素越多越好，而应根据实际情况，具体问题具体分析，尽量减少对相互影响较大的因素再分解，使之与分析前提的假设基本相符。否则，因素分解过细，从表面看有利于分清原因和责任，但在共同影响因素较多时，反而影响了分析结果的正确性。

（3）因素替代的顺序性。一般地说，替代顺序在前的因素对经济指标影响的程度不受其他因素影响或影响较小，排列在后的因素中含有其他因素共同作用的成分。从这个角度看问题，为分清责任，将对分析指标影响较大的、并能明确责任的因素放在前面可能要更好一些。

（4）顺序替代的连环性。连环性是指在确定各因素变动对分析对象影响时，都是将某因素替代后的结果与该因素替代前的结果对比，一环套一环。这样才既能保证各因素对分析对象影响结果的可分性，又分析结果的准确性。因为只有连环替代并确定各因素影响额，才能保证各因素对经济指标的影响之和与分析对象相等。

13.4 财务指标分析

基本财务指标主要来源于财务报表，基本财务指标体系是将这些财务指标进行归类整理，相互比较，形成能揭示一定时期不同侧面财务状况的指标组合。

基本财务指标体系具有包括偿债能力指标体系、营运能力指标体系、获利能力指标体系。

由于股东对股份公司的投资回报是按照每股投资汇报的相关指标进行评价，加之上市公司本身的股票市场价格又是决定市场投资者投资回报的重要依据，因此，对股份公司乃至上市公司的评价，除了包括以上三方面基本指标体系之外，还包括了股东投资评价指标和市况指标体系。

13.4.1 偿债能力指标

1. 流动比率

流动比率是企业同一时点流动资产与流动负债的比值，它表明企业每 1 元流动负债有多少流动资产作为偿还保证，其计算公式为

$$流动资产 = \frac{速运资产}{流动负债} \qquad (13-2)$$

流动比率指标的意义在于，通过流动资产与流动负债的对应程度，揭示了短期债务偿还的安全性。一般情况下，流动比率越高，企业的短期偿债能力越强。

从理论上讲，只要流动比率等于1，企业便具有短期债务的偿还能力；而事实上，流动资产变现的不确定性及呆账风险的存在，要求流动比率要大于1。这样，在流动资产变现发生一定程度的障碍时，企业也具备一定的缓冲余地。

2. 速动比率

速动比率是企业同一时点速动资产与流动负债的币值，它表明企业每1元流动负债有多少速动资产作为偿还保证，其计算公式如下。

$$流动比率 = \frac{流动资产}{流动负债} \qquad (13-3)$$

速动资产，是指从流动资产中扣除存货后的部分。利用速动资产与流动负债的比率可以更清晰地解释企业的短期偿债能力。由于速动资产不包括边线速度相对较慢的存货，因此，速动比率所揭示的短期偿债能力更加可靠。该指标的国际公认标准是1∶1。

3. 利息保障倍数

利息保障倍数是企业同期间的利润总额、利息费用的合计与利息支出之间的倍数关系。这种倍数关系是偿付债务利息的安全保障，其计算公式如下。

$$利息保障倍数 = \frac{息税前利润}{利息支出} = \frac{利润总额 + 利息支出}{利息支出} \qquad (13-4)$$

利息保障倍数是从企业收益水平的角度，揭示同期偿还所有债务利息的保障程度，这事企业举债经营的前提依据。要让企业具有正常的利息支付保障，该指标至少应大于1，而且指标值越大，偿付利息的能力越强。

4. 资产负债率

资产负债率是企业同一时点负债总额与资产总额的比值，即表达资产总额中含有多大比率是通过负债筹资所形成的，其计算公式如下。

$$资产负债率 = \frac{负债总额}{资产总额} \times 100\% \qquad (13-5)$$

资产负债率也称为负债比率，它通过揭示企业资产与负债的依存关系显示企业的财务结构，反映企业偿还的物资保证程度，可以作为企业长期偿债能力的评价指标，因此受到企业债权人的关注。债权人认为，该指标越低，债务偿还的安全性越高；反之则债务安全性就会受到影响。在企业确已破产的情况下，资产负债率有助于确定对债权人的保护程度。

5. 权益乘数

权益乘数也叫权益总资产率，是资产总额相对于主权资本总额（即股东权益）的倍数关系，其计算公式如下。

$$权益乘数 = \frac{资产总额}{股东权益} = \frac{1}{1 - 资产负债率} \qquad (13-6)$$

权益乘数指标揭示了企业负债程度，从另外的角度反映财务杠杆比率。公式中的分子与分母都应当来源于同一份报表的同一时点数据；如果将该指标应用于会计期间各项财务指标的联动分析，可以改用会计期间"平均资产总额"和"平均股东权益"。

13.4.2 营运能力指标

1. 应收账款周转率

应收账款周转率是揭示应收账款周转速度的指标。由于应收账款是商业信用的产物，其周转速度可以反映出商业信用运行的现状及问题，也能显示债权资产占用规模的合理性，应收账款周转率计算公式如下。

$$应收账款周转率 = \frac{赊销收入净额}{应收账款平均余额} \qquad (13-7)$$

式中，赊销收入净额 = 销售收入—现销收入—销货退回—销售折让—销售折扣；

应收账款平均余额 =（期初应收账款 + 期末应收账款）÷2。

由于应收账款周转率反映的是周转期内（通常为 1 年内）应收账款的周转次数，因此，周转次数越多，营运效率越高；反之，营运效率越低。

应收账款周转速度还可以通过应收账款周转天数来表达，计算公式如下。

$$应收账款周转天数 = \frac{计算期天数}{应收账款周转次数}$$

$$= \frac{应收账款平均余额 \times 计算期天数}{赊销收入净额} \qquad (13-8)$$

应收账款周转天数越少，反映的营运效率越高；反之，营运效率越低。由于每笔应收账款周转天数就是该笔应收账款的账龄，这对于利用账龄评价购买单位的信用程度有一定的作用。

2. 存货周转率

存货周转率是反映企业存货周转速度的指标。由于存货资产在企业整体流动资产中占较高的比重，其营运效率的高低举足轻重，加之存货周转率还能揭示企业供、产、销过程的顺利与否，理所应当受到企业管理当局的重视，存货周转率计算公式如下。

$$存货周转率 = \frac{销货成本}{存货平均余额} \qquad (13-9)$$

式中，存货平均余额 =（期初存货 + 期末存货）÷2。

一般认为，存货周转率高，揭示企业一定时期的周转次数越多，营运效率高，存货储备适度，也反映企业经营活动正常。如果利用存货周转天数进行补充分析，则计算公式如下。

$$存货周转天数 = \frac{计算期天数}{存货周转次数} \qquad (13-10)$$

正常情况下，周转天数越少，企业营运效率越高。

3. 流动资产周转率

流动资产周转率是一定时期（通常是 1 年）流动资产周转额与流动资产平均

余额的比值，是揭示企业流动资产周转速度的指标，其计算公式如下。

$$流动资产周转率 = \frac{流动资产周转额}{流动资产平均余额} \qquad (13-11)$$

一定时期内，流动资产周转率越高，表明流动资产利用效率越高。就散流动资产周转率所采用的流动资产周转额一般采用销售收入指标。

如果利用流动资产周转天数进行补充分析，则计算公式如下。

$$流动资产周转天数 = \frac{计算期天数}{流动资产周转率} \qquad (13-12)$$

流动资产周转天数越少，效率越高。

4. 总资产周转率

总资产周转率揭示了企业总资产的周转速度，计算公式如下。

$$总资产周转率 = \frac{销售收入净额}{平均总资产} \qquad (13-13)$$

式中，销售收入净额 = 销售收入—销售退回—销售折扣—销售折让。

总资产周转率越高，说明企业整体资产的运营效率越高。

13.4.3 获利能力指标

1. 销售利润率

销售利润率是利润与销售收入净额的比率，计算公式如下。

$$销售利润率 = \frac{利润}{销售收入净额} \times 100\% \qquad (13-14)$$

该指标越高，说明企业销售获利能力越强。

2. 成本费用利润率

成本费用利润率是企业利润总额与成本费用总额的比率，计算公式如下。

$$成本费用利润率 = \frac{利润总额}{成本费用总额} \times 100\% \qquad (13-15)$$

该指标高，不仅说明企业获利能力强，并且说明企业所付出的代价小，揭示了企业具有相应的成本费用控制能力。

3. 总资产报酬率

总资产报酬率是揭示企业全部资产获利能力的指标，计算公式如下。

$$总资产报酬率 = \frac{息税前利润}{平均总资产} \times 100\% = \frac{利润总额 + 利息支出}{平均总资产} \times 100\%$$

$$(13-16)$$

总资产报酬率在计算中之所以将财务费用中的利息支出也作为资产报酬的一部分，是因为企业总资产是由投资总额形成的，相当于负债总额和所有者权益总额的合计，利息既是筹资代价，也是对经济社会的贡献。因此，总资产报酬率的计算，可以反映资产的社会贡献程度。

4. 净资产收益率

净资产收益率也叫做主权资本净利率，是揭示企业净资产（所有者权益）的获取净利润能力的指标，计算公式如下。

$$净资产收益率 = \frac{净利润}{平均净资产} \times 100\% \qquad (13-17)$$

净资产收益率的高低与主权资本投资者的利益相联系，是主权投资者特别关注的指标。通过净资产收益率与总资产报酬率之间的比较，可以显示负债资金的杠杆效应。

13.4.4 股东投资评价指标与市况评价指标

1. 每股收益

每股收益也称为每股利润，是揭示某会计期间普通股每股获利能力水平的指标，每股收益指标的一般计算公式如下。

$$每股收益 = \frac{净利润 - 优先股股利}{流通在外普通股股数} \qquad (13-18)$$

2. 每股净资产

每股净资产揭示每股普通股的账面价值，计算公式如下。

$$每股净资产 = \frac{股东权益总额 - 优先股权益}{流通在外普通股加权平均股数} \qquad (13-19)$$

股东所持有的每股股票市价应当大于每股净资产，如果情况相反，说明市场投资者失去了投资信心。

3. 市盈率

市盈率揭示的是市场投资者从某种股票所获得的 1 元利润所愿意支付的货币倍数。如果公司亏损，每股收益为负数，市盈率无意义，不予与计算，市盈率的计算公式如下。

$$市盈率 = \frac{普通股每股市价}{普通股每股收益} \qquad (13-20)$$

由于市盈率是普通股市价相当于每股收益的倍数，因此，较高的市盈率显示出市场投资者的投资信心。由于普通股市价是随时变动的，上市公司可以根据需要，分别计算某一市价条件下的市盈率和全年平均每股市价条件下的市盈率；相对应的每股收益也应当是加权平均每股收益。

13.5 财务综合分析

13.5.1 综合指标分析的含义和特点

财务分析的最终目的在于全方位地了解企业经营理财的状况，并借以对企业经济效益的优劣作出系统的、合理的评价。单独分析任何一项财务指标，都难以全面评价企业的财务状况和经营成果,要想对企业财务状况和经营成果有一个总的评价,就必须进行相互关联的分析,采用适当的标准进行综合性的评价。所谓综合指标分析就是将运营能力、偿债能力、获利能力和发展能力指标等诸方面纳入一个有机的整体之中,全面地对企业经营状况、财务状况进行揭示与披露,从而对企业经济效益的优劣作出准确的评价与判断。

综合指标分析的特点,体现在其财务指标体系的要求上。一个健全有效的综合财务指标体系必须具备3个基本要素。

1. 指标要素齐全适当

这是指所设置的评价指标必须能够涵盖着企业营运能力、偿债能力和获利能力等诸方面总体考核的要求。

2. 主辅指标功能匹配

这里要强调两个方面:第一,在确立营运能力、支付能力和获利能力诸方面评价的主要指标与辅助指标的同时,进一步明晰总体结构中各项指标的主辅地位;第二,不同范畴的主要考核指标所反映的企业经营状况、财务状况的不同侧面与不同层次的信息有机统一,应当能够全面而详实地解释出企业经营理财的实际业绩。

3. 满足多方面信息需要

这要求评价指标体系必须能够提供多层次、多角度的信息资料,既能满足企业内部管理当局实施决策对充分而具体的财务信息的需要,同时又能满足外部投资者和政府凭以决策好实施宏观调控的要求。

13.5.2 综合指标分析方法

综合指标分析的方法很多,其中应用比较广泛的有杜邦财务分析体系和沃尔比重评分法。本章只介绍杜邦财务分析体系。

杜邦财务分析体系(简称为杜邦体系)是利用各财务指标间的内在关系,对企业综合经营理财及经济效益进行系统分析评价的方法。因其最初由美国杜邦公司创立并成功运用而得名。该体系以净资产收益率为核心,将其分解为若干财务指标,通过分析各分解指标的变动对净资产收益率的影响来解释企业获利能力及其变动原因。

杜邦体系各主要指标之间的关系如下。

$$净资产收益率 = 总资产净利率 \times 权益乘数$$
$$= 营业净利率 \times 总资产周转率 \times 权益乘数 \quad (13-21)$$

其中

$$营业净利率 = \frac{净利润}{营业收入}$$

$$总资产周转率 = \frac{营业收入}{平均资产总额}$$

$$权益乘数 = \frac{资产总额}{所有者权益总额} = \frac{1}{1-资产负债率} \quad (13-22)$$

杜邦分析体系的分析过程可以用一张杜邦分析图来直观地表示，如图 13－1 所示。

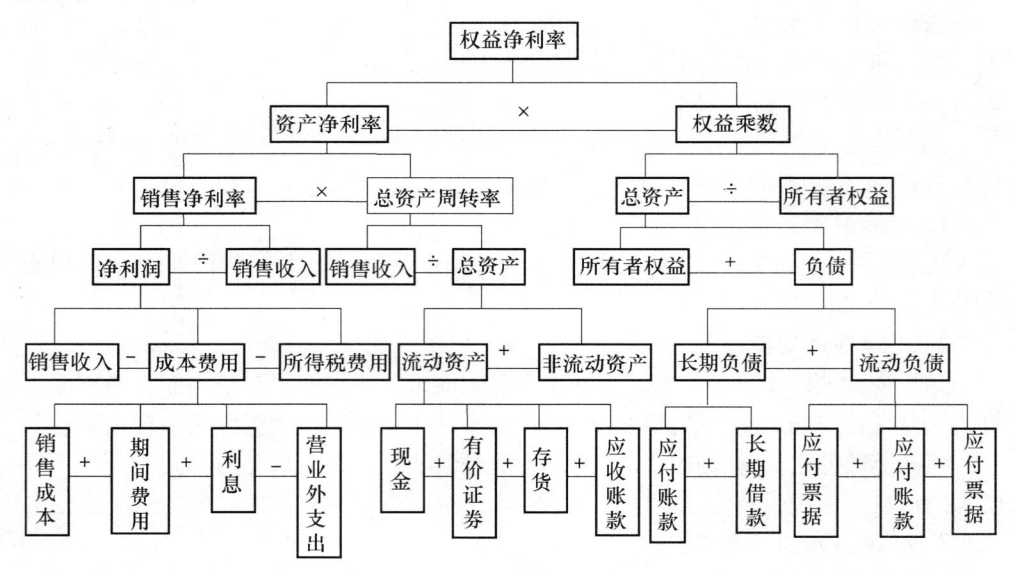

图 13－1　ABC 公司杜邦分析图

注：权益乘数＝资产÷权益＝1÷(1－资产负债率)。

【本章小结】

本章主要包括财务分析概述、基本方法、基本内容和综合财务分析等内容。

财务分析是指以企业财务报表反映的财务信息为基础对企业的财务状况进行分析和评价，是财务管理的重要环节之一。不同的企业利息相关者对财务分析的目的不同。

财务分析的主要内容包括营运能力分析、偿债能力分析、盈利能力分析和财务状况的综合分析。营运能力是企业对营运资金的管理控制能力，营运能力的强弱对企业获利能力的持续增长与偿债能力的提高具有决定性的影响。

财务分析的基本方法有比例分析法、比率分析法、趋势分析法、因素分析法。在进行财务分析的过程中可以同时采用几种分析方法。

【练习题】

1. 名词解释

（1）总资产收益率。

（2）资产负债率。

（3）速动资产。

（4）存货周转率。
（5）利息保障倍数。

2. 选择题
（1）从企业债权人的角度来看，财务分析的最直接目的是看（　　）。
A 企业的盈利能力　B 企业的营运能力　C 企业的偿债能力　D 企业的增长能力
（2）财务分析的对象是（　　）。
A 财务报表　　　B 财务报告　　　C 财务活动　　　D 财务效率
（3）企业资产经营的效率主要反映企业的（　　）。
A 盈利能力　　　B 偿债能力　　　C 营运能力　　　D 增长能力
（4）杜邦分析法是（　　）。
A 基本因素分析的方法　　　B 财务综合分析的方法
C 财务综合评价的方法　　　D 财务预测分析的方法
（5）总资产报酬率是指（　　）与平均总资产之间的比率
A 利润总额　　　B 息税前利润　　　C 净利润　　　D 息前利润

3. 判断题
（1）净资产收益率是反映盈利能力的核心指标。（　　）
（2）从一定意义上讲，流动性比收益性更重要。（　　）
（3）对于企业债权人而言，企业的资产负债率越高越好。（　　）
（4）利息保障倍数指标可以反映企业偿付利息的能力。（　　）
（5）在销售利润率不变的情况下，提高资产利用率可以提高资产报酬率。
（　　）

4. 计算综合题
（1）某公司流动资产由速动资产和存货构成，年初存货为 145 万元，年初应收账款为 125 万元，年末流动比率为 3，年末速动比率为 1.5，存货周转率为 4 次，年末流动资产余额为 270 万元。一年按 360 天计算。
要求：①计算该公司流动负债年末余额。②计算该公司存货年末余额和年平均余额。③计算该公司本年销货成本。④假定本年赊销净额为 960 万元，应收账款以外的其他速动资产忽略不计，计算该公司应收账款周转期。
（2）某企业 200X 年销售收入为 20 万元，毛利率为 40%，赊销比例为 80%，销售净利率为 16%，存货周转率为 5 次，期初存货余额为 2 万元；期初应收账款余额为 4.8 万元，期末应收账款余额为 1.6 万元，速动比率为 1.6，流动比率为 2，流动资产占资产总额的 28%，该企业期初资产总额为 30 万元。该公司期末无待摊费用和待处理流动资产损失。
要求：①计算应收账款周转率。②计算总资产周转率。③计算资产净利率。

附录1
年金现值系数表

计算公式：$f = \dfrac{1-(1+i)^{-n}}{i}$

期数	1%	2%	3%	4%	5%	6%	7%	8%	9%	10%
1	0.990 1	0.980 4	0.970 9	0.961 5	0.952 4	0.943 4	0.934 6	0.925 9	0.917 4	0.909 1
2	1.970 4	1.941 6	1.913 5	1.886 1	1.859 4	1.833 4	1.808	1.783 3	1.759 1	1.735 5
3	2.941	2.883 9	2.828 6	2.775 1	2.723 2	2.673	2.624 3	2.577 1	2.531 3	2.486 9
4	3.902	3.807 7	3.717 1	3.629 9	3.546	3.465 1	3.387 2	3.312 1	3.239 7	3.169 9
5	4.853 4	4.713 5	4.579 7	4.451 8	4.329 5	4.212 4	4.100 2	3.992 7	3.889 7	3.790 8
6	5.795 5	5.601 4	5.417 2	5.242 1	5.075 7	4.917 3	4.766 5	4.622 9	4.485 9	4.355 3
7	6.728 2	6.472	6.230 3	6.002 1	5.786 4	5.582 4	5.389 3	5.206 4	5.033	4.868 4
8	7.651 7	7.325 5	7.019 7	6.732 7	6.463 2	6.209 8	5.971 3	5.746 6	5.534 8	5.334 9
9	8.566	8.162 2	7.786 1	7.435 3	7.107 8	6.801 7	6.515 2	6.246 9	5.995 2	5.759
10	9.471 3	8.982 6	8.530 2	8.110 9	7.721 7	7.360 1	7.023 6	6.710 1	6.417 7	6.144 6
11	10.367 6	9.786 8	9.252 6	8.760 5	8.306 4	7.886 9	7.498 7	7.139	6.805 2	6.495 1
12	11.255 1	10.575 3	9.954	9.385 1	8.863 3	8.383 8	7.942 7	7.536 1	7.160 7	6.813 7
13	12.133 7	11.348 4	10.635	9.985 6	9.393 6	8.852 7	8.357 7	7.903 8	7.486 9	7.103 4
14	13.003 7	12.106 2	11.296 1	10.563 1	9.898 6	9.295	8.745 5	8.244 2	7.786 2	7.366 7
15	13.865 1	12.849 3	11.937 9	11.118 4	10.379 7	9.712 2	9.107 9	8.559 5	8.060 7	7.606 1
16	14.717 9	13.577 7	12.561 1	11.652 3	10.837 8	10.105 9	9.446 6	8.851 4	8.312 6	7.823 7
17	15.562 3	14.291 9	13.166 1	12.165 7	11.274 1	10.477 3	9.763 2	9.121 6	8.543 6	8.021 6
18	16.398 3	14.992	13.753 5	12.659 3	11.689 6	10.827 6	10.059 1	9.371 9	8.755 6	8.201 4

续表

期数	1%	2%	3%	4%	5%	6%	7%	8%	9%	10%
19	17.226	15.678 5	14.323 8	13.133 9	12.085 3	11.158 1	10.335 6	9.603 6	8.950 1	8.364 9
20	18.045 6	16.351 4	14.877 5	13.590 3	12.462 2	11.469 9	10.594	9.818 1	9.128 5	8.513 6
21	18.857	17.011 2	15.415	14.029 2	12.821 2	11.764 1	10.835 5	10.016 8	9.292 2	8.648 7
22	19.660 4	17.658	15.936 9	14.451 1	13.163	12.041 6	11.061 2	10.200 7	9.442 4	8.771 5
23	20.455 8	18.292 2	16.443 6	14.856 8	13.488 6	12.303 4	11.272 2	10.371 1	9.580 2	8.883 2
24	21.243 4	18.913 9	16.935 5	15.247	13.798 6	12.550 4	11.469 3	10.528 8	9.706 6	8.984 7
25	22.023 2	19.523 5	17.413 1	15.622 1	14.093 9	12.783 4	11.653 6	10.674 8	9.822 6	9.077
26	22.795 2	20.121	17.876 8	15.982 6	14.375 2	13.003 2	11.825 8	10.81	9.929	9.160 9
27	23.559 6	20.706 9	18.327	16.329 6	14.643	13.210 5	11.986 7	10.935 2	10.026 6	9.237 2
28	24.316 4	21.281 3	18.764 1	16.663 1	14.898 1	13.406 2	12.137 1	11.051 1	10.116 1	9.306 6
29	25.065 8	21.844 4	19.188 5	16.983 7	15.141 1	13.590 7	12.277 7	11.158 4	10.198 3	9.369 6
30	25.807 7	22.396 5	19.600 4	17.292	15.372 5	13.764 8	12.409	11.257 8	10.273 7	9.426 9

期数	11%	12%	13%	14%	15%	16%	17%	18%	19%	20%
1	0.900 9	0.892 9	0.885	0.877 2	0.869 6	0.862 1	0.854 7	0.847 5	0.840 3	0.833 3
2	1.712 5	1.690 1	1.668 1	1.646 7	1.625 7	1.605 2	1.585 2	1.565 6	1.546 5	1.527 8
3	2.443 7	2.401 8	2.361 2	2.321 6	2.283 2	2.245 9	2.209 6	2.174 3	2.139 9	2.106 5
4	3.102 4	3.037 3	2.974 5	2.913 7	2.855	2.798 2	2.743 2	2.690 1	2.638 6	2.588 7
5	3.695 9	3.604 8	3.517 2	3.433 1	3.352 2	3.274 3	3.199 3	3.127 2	3.057 6	2.990 6
6	4.230 5	4.111 4	3.997 5	3.888 7	3.784 5	3.684 7	3.589 2	3.497 6	3.409 8	3.325 5
7	4.712 2	4.563 8	4.422 6	4.288 3	4.160 4	4.038 6	3.922 4	3.811 5	3.705 7	3.604 6
8	5.146 1	4.967 6	4.798 8	4.638 9	4.487 3	4.343 6	4.207 2	4.077 6	3.954 4	3.837 2
9	5.537	5.328 2	5.131 7	4.946 4	4.771 6	4.606 5	4.450 6	4.303	4.163 3	4.031
10	5.889 2	5.650 2	5.426 2	5.216 1	5.018 8	4.833 2	4.658 6	4.494 1	4.338 9	4.192 5
11	6.206 5	5.937 7	5.686 9	5.452 7	5.233 7	5.028 6	4.836 4	4.656	4.486 5	4.327 1
12	6.492 4	6.194 4	5.917 6	5.660 3	5.420 6	5.197 1	4.988 4	4.793 2	4.610 5	4.439 2
13	6.749 9	6.423 5	6.121 8	5.842 4	5.583 1	5.342 3	5.118 3	4.909 5	4.714 7	4.532 7
14	6.981 9	6.628 2	6.302 5	6.002 1	5.724 5	5.467 5	5.229 3	5.008 1	4.802 3	4.610 6
15	7.190 9	6.810 9	6.462 4	6.142 2	5.847 4	5.575 5	5.324 2	5.091 6	4.875 9	4.675 5

续表

期数	11%	12%	13%	14%	15%	16%	17%	18%	19%	20%
16	7.379 2	6.974	6.603 9	6.265 1	5.954 2	5.668 5	5.405 3	5.162 4	4.937 7	4.729 6
17	7.548 8	7.119 6	6.729 1	6.372 9	6.047 2	5.748 7	5.474 6	5.222 3	4.989 7	4.774 6
18	7.701 6	7.249 7	6.839 9	6.467 4	6.128	5.817 8	5.533 9	5.273 2	5.033 3	4.812 2
19	7.839 3	7.365 8	6.938	6.550 4	6.198 2	5.877 5	5.584 5	5.316 2	5.07	4.843 5
20	7.963 3	7.469 4	7.024 8	6.623 1	6.259 3	5.928 8	5.627 8	5.352 7	5.100 9	4.869 6
21	8.075 1	7.562	7.101 6	6.687	6.312 5	5.973 1	5.664 8	5.383 7	5.126 8	4.891 3
22	8.175 7	7.644 6	7.169 5	6.742 9	6.358 7	6.011 3	5.696 4	5.409 9	5.148 6	4.909 4
23	8.266 4	7.718 4	7.229 7	6.792 1	6.398 8	6.044 2	5.723 4	5.432 1	5.166 8	4.924 5
24	8.348 1	7.784 3	7.282 9	6.835 1	6.433 8	6.072 6	5.746 5	5.450 9	5.182 2	4.937 1
25	8.421 7	7.843 1	7.33	6.872 9	6.464 1	6.097 1	5.766 2	5.466 9	5.195 1	4.947 6
26	8.488 1	7.895 7	7.371 7	6.906 1	6.490 6	6.118 2	5.783 1	5.480 4	5.206	4.956 6
27	8.547 8	7.942 6	7.408 6	6.935 2	6.513 5	6.136 4	5.797 5	5.491 9	5.215 1	4.963 6
28	8.601 6	7.984 4	7.441 2	6.960 7	6.533 5	6.152	5.809 9	5.501 6	5.222 8	4.969 7
29	8.650 1	8.021 8	7.470 1	6.983	6.550 9	6.165 6	5.820 4	5.509 8	5.229 2	4.974 7
30	8.693 8	8.055 2	7.495 7	7.002 7	6.566	6.177 2	5.829 4	5.516 8	5.234 7	4.978 9

期数	21%	22%	23%	24%	25%	26%	27%	28%	29%	30%
1	0.826 4	0.819 7	0.813	0.806 5	0.8	0.793 7	0.787 4	0.781 3	0.775 2	0.769 2
2	1.509 5	1.491 5	1.474	1.456 8	1.44	1.423 5	1.407 4	1.391 6	1.376 1	1.360 9
3	2.073 9	2.042 2	2.011 4	1.981 3	1.952	1.923 4	1.895 6	1.868 4	1.842	1.816 1
4	2.540 4	2.493 6	2.448 3	2.404 3	2.361 6	2.320 2	2.28	2.241	2.203 1	2.166 2
5	2.926	2.863 6	2.803 5	2.745 4	2.689 3	2.635 1	2.582 7	2.532	2.483	2.435 6
6	3.244 6	3.166 9	3.092 3	3.020 5	2.951 4	2.885	2.821	2.759 4	2.7	2.642 7
7	3.507 9	3.415 5	3.327	3.242 3	3.161 1	3.083 3	3.008 7	2.937	2.868 2	2.802 1
8	3.725 6	3.619 3	3.517 9	3.421 2	3.328 9	3.240 7	3.156 4	3.075 8	2.998 6	2.924 7
9	3.905 4	3.786 3	3.673 1	3.565 5	3.463 1	3.365 7	3.272 8	3.184 2	3.099 7	3.019
10	4.054 1	3.923 2	3.799 3	3.681 9	3.570 5	3.464 8	3.364 4	3.268 9	3.178 1	3.091 5
11	4.176 9	4.035 4	3.901 8	3.775 7	3.656 4	3.543 5	3.436 5	3.335 1	3.238 8	3.147 3
12	4.278 4	4.127 4	3.985 2	3.851 4	3.725 1	3.605 9	3.493 3	3.386 8	3.285 9	3.190 3

续表

期数	21%	22%	23%	24%	25%	26%	27%	28%	29%	30%
13	4.3624	4.2028	4.053	3.9124	3.7801	3.6555	3.5381	3.4272	3.3224	3.2233
14	4.4317	4.2646	4.1082	3.9616	3.8241	3.6949	3.5733	3.4587	3.3507	3.2487
15	4.489	4.3152	4.153	4.0013	3.8593	3.7261	3.601	3.4834	3.3726	3.2682
16	4.5364	4.3567	4.1894	4.0333	3.8874	3.7509	3.6228	3.5026	3.3896	3.2832
17	4.5755	4.3908	4.219	4.0591	3.9099	3.7705	3.64	3.5177	3.4028	3.2948
18	4.6079	4.4187	4.2431	4.0799	3.9279	3.7861	3.6536	3.5294	3.413	3.3037
19	4.6346	4.4415	4.2627	4.0967	3.9424	3.7985	3.6642	3.5386	3.421	3.3105
20	4.6567	4.4603	4.2786	4.1103	3.9539	3.8083	3.6726	3.5458	3.4271	3.3158
21	4.675	4.4756	4.2916	4.1212	3.9631	3.8161	3.6792	3.5514	3.4319	3.3198
22	4.69	4.4882	4.3021	4.13	3.9705	3.8223	3.6844	3.5558	3.4356	3.323
23	4.7025	4.4985	4.3106	4.1371	3.9764	3.8273	3.6885	3.5592	3.4384	3.3254
24	4.7128	4.507	4.3176	4.1428	3.9811	3.8312	3.6918	3.5619	3.4406	3.3272
25	4.7213	4.5139	4.3232	4.1474	3.9849	3.8342	3.6943	3.564	3.4423	3.3286
26	4.7284	4.5196	4.3278	4.1511	3.9879	3.8367	3.6963	3.5656	3.4437	3.3297
27	4.7342	4.5243	4.3316	4.1542	3.9903	3.8387	3.6979	3.5669	3.4447	3.3305
28	4.739	4.5281	4.3346	4.1566	3.9923	3.8402	3.6991	3.5679	3.4455	3.3312
29	4.743	4.5312	4.3371	4.1585	3.9938	3.8414	3.7001	3.5687	3.4461	3.3317
30	4.7463	4.5338	4.3391	4.1601	3.995	3.8424	3.7009	3.5693	3.4466	3.3321

附录2
企业财务通则

根据《国务院关于〈企业财务通则〉、〈企业会计准则〉的批复》（国函[1992] 178号）的规定，财政部对《企业财务通则》（财政部令第4号）进行了修订，修订后的《企业财务通则》已经部务会议讨论通过，现予公布，自2007年1月1日起施行。

第一章 总则

第一条 为了加强企业财务管理，规范企业财务行为，保护企业及其相关方的合法权益，推进现代企业制度建设，根据有关法律、行政法规的规定，制定本通则。

第二条 在中华人民共和国境内依法设立的具备法人资格的国有及国有控股企业适用本通则。金融企业除外。其他企业参照执行。

第三条 国有及国有控股企业（以下简称企业）应当确定内部财务管理体制，建立健全财务管理制度，控制财务风险。企业财务管理应当按照制定的财务战略，合理筹集资金，有效营运资产，控制成本费用，规范收益分配及重组清算财务行为，加强财务监督和财务信息管理。

第四条 财政部负责制定企业财务规章制度。各级财政部门（以下通称主管财政机关）应当加强对企业财务的指导、管理、监督，其主要职责包括：（一）监督执行企业财务规章制度，按照财务关系指导企业建立健全内部财务制度。（二）制定促进企业改革发展的财政财务政策，建立健全支持企业发展的财政资金管理制度。（三）建立健全企业年度财务会计报告审计制度，检查企业财务会计报告质量。（四）实施企业财务评价，监测企业财务运行状况。（五）研究、拟订企业国有资本收益分配和国有资本经营预算的制度。（六）参与审核属于本级人民政府及其有关部门、机构出资的企业重要改革、改制方案。（七）根据企业财务管理的需要提供必要的帮助、服务。

第五条 各级人民政府及其部门、机构，企业法人、其他组织或者自然人等企业投资者（以下通称投资者），企业经理、厂长或者实际负责经营管理的其他领导成员（以下通称经营者），依照法律、法规、本通则和企业章程的规定，履行企业内部财务管理职责。

第六条 企业应当依法纳税。企业财务处理与税收法律、行政法规规定不一致的，纳税时应当依法进行调整。

第七条 各级人民政府及其部门、机构出资的企业，其财务关系隶属同级财政机关。

第二章　企业财务管理体制

第八条 企业实行资本权属清晰、财务关系明确、符合法人治理结构要求的财务管理体制。企业应当按照国家有关规定建立有效的内部财务管理级次。企业集团公司自行决定集团内部财务管理体制。

第九条 企业应当建立财务决策制度，明确决策规则、程序、权限和责任等。法律、行政法规规定应当通过职工（代表）大会审议或者听取职工、相关组织意见的财务事项，依照其规定执行。企业应当建立财务决策回避制度。对投资者、经营者个人与企业利益有冲突的财务决策事项，相关投资者、经营者应当回避。

第十条 企业应当建立财务风险管理制度，明确经营者、投资者及其他相关人员的管理权限和责任，按照风险与收益均衡、不相容职务分离等原则，控制财务风险。

第十一条 企业应当建立财务预算管理制度，以现金流为核心，按照实现企业价值最大化等财务目标的要求，对资金筹集、资产营运、成本控制、收益分配、重组清算等财务活动，实施全面预算管理。

第十二条 投资者的财务管理职责主要包括：（一）审议批准企业内部财务管理制度、企业财务战略、财务规划和财务预算。（二）决定企业的筹资、投资、担保、捐赠、重组、经营者报酬、利润分配等重大财务事项。（三）决定企业聘请或者解聘会计师事务所、资产评估机构等中介机构事项。（四）对经营者实施财务监督和财务考核。（五）按照规定向全资或者控股企业委派或者推荐财务总监。投资者应当通过股东（大）会、董事会或者其他形式的内部机构履行财务管理职责，可以通过企业章程、内部制度、合同约定等方式将部分财务管理职责授予经营者。

第十三条 经营者的财务管理职责主要包括：（一）拟订企业内部财务管理制度、财务战略、财务规划，编制财务预算。（二）组织实施企业筹资、投资、担保、捐赠、重组和利润分配等财务方案，诚信履行企业偿债义务。（三）执行国家有关职工劳动报酬和劳动保护的规定，依法缴纳社会保险费、住房公积金等，保障职工合法权益。(四)组织财务预测和财务分析,实施财务控制。(五)编制并提供企业财务会计报告,如实反映财务信息和有关情况。(六)配合有关机构依法进行审计、评估、财务监督等工作。

第三章 资金筹集

第十四条 企业可以接受投资者以货币资金、实物、无形资产、股权、特定债权等形式的出资。其中,特定债权是指企业依法发行的可转换债券、符合有关规定转作股权的债权等。企业接受投资者非货币资产出资时,法律、行政法规对出资形式、程序和评估作价等有规定的,依照其规定执行。企业接受投资者商标权、著作权、专利权及其他专有技术等无形资产出资的,应当符合法律、行政法规规定的比例。

第十五条 企业依法以吸收直接投资、发行股份等方式筹集权益资金的,应当拟订筹资方案,确定筹资规模,履行内部决策程序和必要的报批手续,控制筹资成本。企业筹集的实收资本,应当依法委托法定验资机构验资并出具验资报告。

第十六条 企业应当执行国家有关资本管理制度,在获准工商登记后 30 日内,依据验资报告等向投资者出具出资证明书,确定投资者的合法权益。企业筹集的实收资本,在持续经营期间可以由投资者依照法律、行政法规以及企业章程的规定转让或者减少,投资者不得抽逃或者变相抽回出资。除《公司法》等有关法律、行政法规另有规定外,企业不得回购本企业发行的股份。企业依法回购股份,应当符合有关条件和财务处理办法,并经投资者决议。

第十七条 对投资者实际缴付的出资超出注册资本的差额(包括股票溢价),企业应当作为资本公积管理。经投资者审议决定后,资本公积用于转增资本。国家另有规定的,从其规定。

第十八条 企业从税后利润中提取的盈余公积包括法定公积金和任意公积金,可以用于弥补企业亏损或者转增资本。法定公积金转增资本后留存企业的部分,以不少于转增前注册资本的 25% 为限。

第十九条 企业增加实收资本或者以资本公积、盈余公积转增实收资本,由投资者履行财务决策程序后,办理相关财务事项和工商变更登记。

第二十条 企业取得的各类财政资金,区分以下情况处理:(一)属于国家直接投资、资本注入的,按照国家有关规定增加国家资本或者国有资本公积。(二)属于投资补助的,增加资本公积或者实收资本。国家拨款时对权属有规定的,按规定执行;没有规定的,由全体投资者共同享有。(三)属于贷款贴息、专项经费补助的,作为企业收益处理。(四)属于政府转贷、偿还性资助的,作为企业负债管理。(五)属于弥补亏损、救助损失或者其他用途的,作为企业收益处理。

第二十一条　企业依法以借款、发行债券、融资租赁等方式筹集债务资金的，应当明确筹资目的，根据资金成本、债务风险和合理的资金需求，进行必要的资本结构决策，并签订书面合同。企业筹集资金用于固定资产投资项目的，应当遵守国家产业政策、行业规划、自有资本比例及其他规定。企业筹集资金，应当按规定核算和使用，并诚信履行合同，依法接受监督。

第四章　资产营运

第二十二条　企业应当根据风险与收益均衡等原则和经营需要，确定合理的资产结构，并实施资产结构动态管理。

第二十三条　企业应当建立内部资金调度控制制度，明确资金调度的条件、权限和程序，统一筹集、使用和管理资金。企业支付、调度资金，应当按照内部财务管理制度的规定，依据有效合同、合法凭证，办理相关手续。企业向境外支付、调度资金应当符合国家有关外汇管理的规定。企业集团可以实行内部资金集中统一管理，但应当符合国家有关金融管理等法律、行政法规规定，并不得损害成员企业的利益。

第二十四条　企业应当建立合同的财务审核制度，明确业务流程和审批权限，实行财务监控。企业应当加强应收款项的管理，评估客户信用风险，跟踪客户履约情况，落实收账责任，减少坏账损失。

第二十五条　企业应当建立健全存货管理制度，规范存货采购审批、执行程序，根据合同的约定以及内部审批制度支付货款。企业选择供货商以及实施大宗采购，可以采取招标等方式进行。

第二十六条　企业应当建立固定资产购建、使用、处置制度。企业自行选择、确定固定资产折旧办法，可以征询中介机构、有关专家的意见，并由投资者审议批准。固定资产折旧办法一经选用，不得随意变更。确需变更的，应当说明理由，经投资者审议批准。企业购建重要的固定资产、进行重大技术改造，应当经过可行性研究，按照内部审批制度履行财务决策程序，落实决策和执行责任。企业在建工程项目交付使用后，应当在一个年度内办理竣工决算。

第二十七条　企业对外投资应当遵守法律、行政法规和国家有关政策的规定，符合企业发展战略的要求，进行可行性研究，按照内部审批制度履行批准程序，落实决策和执行的责任。企业对外投资应当签订书面合同，明确企业投资权益，实施财务监管。依据合同支付投资款项，应当按照企业内部审批制度执行。企业向境外投资的，还应当经投资者审议批准，并遵守国家境外投资项目核准和外汇管理等相关规定。

第二十八条　企业通过自创、购买、接受投资等方式取得的无形资产，应当依法明确权属，落实有关经营、管理的财务责任。无形资产出现转让、租赁、质押、授权经营、连锁经营、对外投资等情形时，企业应当签订书面合同，明确双方的权利义务，合理确定交易价格。

第二十九条　企业对外担保应当符合法律、行政法规及有关规定，根据被担保单位的资信及偿债能力，按照内部审批制度采取相应的风险控制措施，并设立备查账簿登记，实行跟踪监督。企业对外捐赠应当符合法律、行政法规及有关财务规定，制定实施方案，明确捐赠的范围和条件，落实执行责任，严格办理捐赠资产的交接手续。

第三十条　企业从事期货、期权、证券、外汇交易等业务或者委托其他机构理财，不得影响主营业务的正常开展，并应当签订书面合同，建立交易报告制度，定期对账，控制风险。

第三十一条　企业从事代理业务，应当严格履行合同，实行代理业务与自营业务分账管理，不得挪用客户资金、互相转嫁经营风险。

第三十二条　企业应当建立各项资产损失或者减值准备管理制度。各项资产损失或者减值准备的计提标准，一经选用，不得随意变更。企业在制订计提标准时可以征询中介机构、有关专家的意见。对计提损失或者减值准备后的资产，企业应当落实监管责任。能够收回或者继续使用以及没有证据证明实际损失的资产，不得核销。

第三十三条　企业发生的资产损失，应当及时予以核实、查清责任，追偿损失，按照规定程序处理。企业重组中清查出的资产损失，经批准后依次冲减未分配利润、盈余公积、资本公积和实收资本。

第三十四条　企业以出售、抵押、置换、报废等方式处理资产时，应当按照国家有关规定和企业内部财务管理制度规定的权限和程序进行。其中，处理主要固定资产涉及企业经营业务调整或者资产重组的，应当根据投资者审议通过的业务调整或者资产重组方案实施。

第三十五条　企业发生关联交易的，应当遵守国家有关规定，按照独立企业之间的交易计价结算。投资者或者经营者不得利用关联交易非法转移企业经济利益或者操纵关联企业的利润。

第五章　成本控制

第三十六条　企业应当建立成本控制系统，强化成本预算约束，推行质量成本控制办法，实行成本定额管理、全员管理和全过程控制。

第三十七条　企业实行费用归口、分级管理和预算控制，应当建立必要的费用开支范围、标准和报销审批制度。

第三十八条　企业技术研发和科技成果转化项目所需经费，可以通过建立研发准备金筹措，据实列入相关资产成本或者当期费用。符合国家规定条件的企业集团，可以集中使用研发费用，用于企业主导产品和核心技术的自主研发。

第三十九条　企业依法实施安全生产、清洁生产、污染治理、地质灾害防治、生态恢复和环境保护等所需经费，按照国家有关标准列入相关资产成本或者当期费用。

第四十条 企业发生销售折扣、折让以及支付必要的佣金、回扣、手续费、劳务费、提成、返利、进场费、业务奖励等支出的，应当签订相关合同，履行内部审批手续。企业开展进出口业务收取或者支付的佣金、保险费、运费，按照合同规定的价格条件处理。企业向个人以及非经营单位支付费用的，应当严格履行内部审批及支付的手续。

第四十一条 企业可以根据法律、法规和国家有关规定，对经营者和核心技术人员实行与其他职工不同的薪酬办法，属于本级人民政府及其部门、机构出资的企业，应当将薪酬办法报主管财政机关备案。

第四十二条 企业应当按照劳动合同及国家有关规定支付职工报酬，并为从事高危作业的职工缴纳团体人身意外伤害保险费，所需费用直接作为成本（费用）列支。经营者可以在工资计划中安排一定数额，对企业技术研发、降低能源消耗、治理"三废"、促进安全生产、开拓市场等作出突出贡献的职工给予奖励。

第四十三条 企业应当依法为职工支付基本医疗、基本养老、失业、工伤等社会保险费，所需费用直接作为成本（费用）列支。已参加基本医疗、基本养老保险的企业，具有持续盈利能力和支付能力的，可以为职工建立补充医疗保险和补充养老保险，所需费用按照省级以上人民政府规定的比例从成本（费用）中提取。超出规定比例的部分，由职工个人负担。

第四十四条 企业为职工缴纳住房公积金以及职工住房货币化分配的财务处理，按照国家有关规定执行。职工教育经费按照国家规定的比例提取，专项用于企业职工后续职业教育和职业培训。工会经费按照国家规定比例提取并拨缴工会。

第四十五条 企业应当依法缴纳行政事业性收费、政府性基金以及使用或者占用国有资源的费用等。企业对没有法律法规依据或者超过法律法规规定范围和标准的各种摊派、收费、集资，有权拒绝。

第四十六条 企业不得承担属于个人的下列支出：（一）娱乐、健身、旅游、招待、购物、馈赠等支出。（二）购买商业保险、证券、股权、收藏品等支出。（三）个人行为导致的罚款、赔偿等支出。（四）购买住房、支付物业管理费等支出。（五）应由个人承担的其他支出。

第六章 收益分配

第四十七条 投资者、经营者及其他职工履行本企业职务或者以企业名义开展业务所得的收入，包括销售收入以及对方给予的销售折扣、折让、佣金、回扣、手续费、劳务费、提成、返利、进场费、业务奖励等收入，全部属于企业。企业应当建立销售价格管理制度，明确产品或者劳务的定价和销售价格调整的权限、程序与方法，根据预期收益、资金周转、市场竞争、法律规范约束等要求，采取相应的价格策略，防范销售风险。

第四十八条 企业出售股权投资，应当按照规定的程序和方式进行。股权投资出售底价，参照资产评估结果确定，并按照合同约定收取所得价款。在履行交割时，对尚未收款部分的股权投资，应当按照合同的约定结算，取得受让方提供的有效担保。上市公司国有股减持所得收益，按照国务院的规定处理。

第四十九条 企业发生的年度经营亏损，依照税法的规定弥补。税法规定年限内的税前利润不足弥补的，用以后年度的税后利润弥补，或者经投资者审议后用盈余公积弥补。

第五十条 企业年度净利润，除法律、行政法规另有规定外，按照以下顺序分配：（一）弥补以前年度亏损。（二）提取10%法定公积金。法定公积金累计额达到注册资本50%以后，可以不再提取。（三）提取任意公积金。任意公积金提取比例由投资者决议。（四）向投资者分配利润。企业以前年度未分配的利润，并入本年度利润，在充分考虑现金流量状况后，向投资者分配。属于各级人民政府及其部门、机构出资的企业，应当将应付国有利润上缴财政。国有企业可以将任意公积金与法定公积金合并提取。股份有限公司依法回购后暂未转让或者注销的股份，不得参与利润分配；以回购股份对经营者及其他职工实施股权激励的，在拟订利润分配方案时，应当预留回购股份所需利润。

第五十一条 企业弥补以前年度亏损和提取盈余公积后，当年没有可供分配的利润时，不得向投资者分配利润，但法律、行政法规另有规定的除外。

第五十二条 企业经营者和其他职工以管理、技术等要素参与企业收益分配的，应当按照国家有关规定在企业章程或者有关合同中对分配办法作出规定，并区别以下情况处理：（一）取得企业股权的，与其他投资者一同进行企业利润分配。（二）没有取得企业股权的，在相关业务实现的利润限额和分配标准内，从当期费用中列支。

第七章　重组清算

第五十三条 企业通过改制、产权转让、合并、分立、托管等方式实施重组，对涉及资本权益的事项，应当由投资者或者授权机构进行可行性研究，履行内部财务决策程序，并组织开展以下工作：（一）清查财产，核实债务，委托会计师事务所审计。（二）制订职工安置方案，听取重组企业的职工、职工代表大会的意见或者提交职工代表大会审议。（三）与债权人协商，制订债务处置或者承继方案。（四）委托评估机构进行资产评估，并以评估价值作为净资产作价或者折股的参考依据。（五）拟订股权设置方案和资本重组实施方案，经过审议后履行报批手续。

第五十四条 企业采取分立方式进行重组，应当明晰分立后的企业产权关系。企业划分各项资产、债务以及经营业务，应当按照业务相关性或者资产相关性原则制订分割方案。对不能分割的整体资产，在评估机构评估价值的基础上，经分立各方协商，由拥有整体资产的一方给予他方适当经济补偿

第五十五条 企业可以采取新设或者吸收方式进行合并重组。企业合并前的各项资产、债务以及经营业务，由合并后的企业承继，并应当明确合并后企业的产权关系以及各投资者的出资比例。企业合并的资产税收处理应当符合国家有关税法的规定，合并后净资产超出注册资本的部分，作为资本公积；少于注册资本的部分，应当变更注册资本或者由投资者补足出资。对资不抵债的企业以承担债务方式合并的，合并方应当制定企业重整措施，按照合并方案履行偿还债务责任，整合财务资源。

第五十六条 企业实行托管经营，应当由投资者决定，并签订托管协议，明确托管经营的资产负债状况、托管经营目标、托管资产处置权限以及收益分配办法等，并落实财务监管措施。受托企业应当根据托管协议制订相关方案，重组托管企业的资产与债务。未经托管企业投资者同意，不得改组、改制托管企业，不得转让托管企业及转移托管资产、经营业务，不得以托管企业名义或者以托管资产对外担保。

第五十七条 企业进行重组时，对已占用的国有划拨土地应当按照有关规定进行评估，履行相关手续，并区别以下情况处理：（一）继续采取划拨方式的，可以不纳入企业资产管理，但企业应当明确划拨土地使用权权益，并按规定用途使用，设立备查账簿登记。国家另有规定的除外。（二）采取作价入股方式的，将应缴纳的土地出让金转作国家资本，形成的国有股权由企业重组前的国有资本持有单位或者主管财政机关确认的单位持有。（三）采取出让方式的，由企业购买土地使用权，支付出让费用。（四）采取租赁方式的，由企业租赁使用，租金水平参照银行同期贷款利率确定，并在租赁合同中约定。企业进行重组时，对已占用的水域、探矿权、采矿权、特许经营权等国有资源，依法可以转让的，比照前款处理。

第五十八条 企业重组过程中，对拖欠职工的工资和医疗、伤残补助、抚恤费用以及欠缴的基本社会保险费、住房公积金，应当以企业现有资产优先清偿。

第五十九条 企业被责令关闭、依法破产、经营期限届满而终止经营的，或者经投资者决议解散的，应当按照法律、法规和企业章程的规定实施清算。清算财产变卖底价，参照资产评估结果确定。国家另有规定的，从其规定。企业清算结束，应当编制清算报告，委托会计师事务所审计，报投资者或者人民法院确认后，向相关部门、债权人以及其他的利益相关人通告。其中，属于各级人民政府及其部门、机构出资的企业，其清算报告应当报送主管财政机关。

第六十条 企业解除职工劳动关系，按照国家有关规定支付的经济补偿金或者安置费，除正常经营期间发生的列入当期费用以外，应当区别以下情况处理：

（一）企业重组中发生的，依次从未分配利润、盈余公积、资本公积、实收资本中支付。（二）企业清算时发生的，以企业扣除清算费用后的清算财产优先清偿。

第八章　信息管理

第六十一条　企业可以结合经营特点，优化业务流程，建立财务和业务一体化的信息处理系统，逐步实现财务、业务相关信息一次性处理和实时共享。

第六十二条　企业应当逐步创造条件，实行统筹企业资源计划，全面整合和规范财务、业务流程，对企业物流、资金流、信息流进行一体化管理和集成运作。

第六十三条　企业应当建立财务预警机制，自行确定财务危机警戒标准，重点监测经营性净现金流量与到期债务、企业资产与负债的适配性，及时沟通企业有关财务危机预警的信息，提出解决财务危机的措施和方案。

第六十四条　企业应当按照有关法律、行政法规和国家统一的会计制度的规定，按时编制财务会计报告，经营者或者投资者不得拖延、阻挠。

第六十五条　企业应当按照规定向主管财政机关报送月份、季度、年度财务会计报告等材料，不得在报送的财务会计报告等材料上作虚假记载或者隐瞒重要事实。主管财政机关应当根据企业的需要提供必要的培训和技术支持。企业对外提供的年度财务会计报告，应当依法经过会计师事务所审计。国家另有规定的，从其规定。

第六十六条　企业应当在年度内定期向职工公开以下信息：（一）职工劳动报酬、养老、医疗、工伤、住房、培训、休假等信息。（二）经营者报酬实施方案。（三）年度财务会计报告审计情况。（四）企业重组涉及的资产评估及处置情况。（五）其他依法应当公开的信息。

第六十七条　主管财政机关应当建立健全企业财务评价体系，主要评估企业内部财务控制的有效性，评价企业的偿债能力、盈利能力、资产营运能力、发展能力和社会贡献。评估和评价的结果可以通过适当方式向社会发布。

第六十八条　主管财政机关及其工作人员应当恰当使用所掌握的企业财务信息，并依法履行保密义务，不得利用企业的财务信息谋取私利或者损害企业利益。

第九章　财务监督

第六十九条　企业应当依法接受主管财政机关的财务监督和国家审计机关的财务审计。

第七十条　经营者在经营过程中违反本通则有关规定的，投资者可以依法追究经营者的责任。

第七十一条　企业应当建立、健全内部财务监督制度。企业设立监事会或者监事人员的，监事会或者监事人员依照法律、行政法规、本通则和企业章程的规定，履行企业内部财务监督职责。经营者应当实施内部财务控制，配合投资者或者企业监事会以及中介机构的检查、审计工作。

第七十二条　企业和企业负有直接责任的主管人员和其他人员有以下行为之一的，县级以上主管财政机关可以责令限期改正、予以警告，有违法所得的，没收违法所得，并可以处以不超过违法所得 3 倍、但最高不超过 3 万元的罚款；没有违法所得的，可以处以 1 万元以下的罚款。（一）违反本通则第三十九条、四十条、四十二条第一款、四十三条、四十六条规定列支成本费用的。（二）违反本通则第四十七条第一款规定截留、隐瞒、侵占企业收入的。（三）违反本通则第五十条、五十一条、五十二条规定进行利润分配的。但依照《公司法》设立的企业不按本通则第五十条第一款第二项规定提取法定公积金的，依照《公司法》的规定予以处罚。（四）违反本通则第五十七条规定处理国有资源的。（五）不按本通则第五十八条规定清偿职工债务的。

第七十三条　企业和企业负有直接责任的主管人员和其他人员有以下行为之一的，县级以上主管财政机关可以责令限期改正、予以警告。（一）未按本通则规定建立健全各项内部财务管理制度的。（二）内部财务管理制度明显与法律、行政法规和通用的企业财务规章制度相抵触，且不按主管财政机关要求修正的。

第七十四条　企业和企业负有直接责任的主管人员和其他人员不按本通则第六十四条、第六十五条规定编制、报送财务会计报告等材料的，县级以上主管财政机关可以依照《公司法》、《企业财务会计报告条例》的规定予以处罚。

第七十五条　企业在财务活动中违反财政、税收等法律、行政法规的，依照《财政违法行为处罚处分条例》（国务院令第 427 号）及有关税收法律、行政法规的规定予以处理、处罚。

第七十六条　主管财政机关以及政府其他部门、机构有关工作人员，在企业财务管理中滥用职权、玩忽职守、徇私舞弊或者泄露国家机密、企业商业秘密的，依法进行处理。

第十章　附则

第七十七条　实行企业化管理的事业单位比照适用本通则。

第七十八条　本通则自 2007 年 1 月 1 日起施行

附录3
历届诺贝尔经济学奖获得者

诺贝尔经济学奖（The Nobel Economics Prize），全称是"纪念阿尔弗雷德·诺贝尔瑞典银行经济学奖（The Bank of Sweden Prize in Economic Sciences in Memory of Alfred Nobel）"，通常称为诺贝尔经济学奖，也称瑞典银行经济学奖。

诺贝尔经济学奖不属于诺贝尔遗嘱中所提到的五大奖励领域之一，而是由瑞典银行在1968年为纪念诺贝尔而增设的，其评选标准与其他奖项是相同的，获奖者由瑞典皇家科学院评选，1969年（该银行的300周年庆典）第一次颁奖，由挪威人弗里希和荷兰人丁伯根共同获得。

历年获奖人员列表：

20世纪60年代

1969年

拉格纳·弗里希（Ragnar Frisch）挪威人（1895—1973）

简·丁伯根（Jan Tinbergen）荷兰人（1903—1994）

他们发展了动态模型来分析经济进程。前者是经济计量学的奠基人，后者经济计量学模式建造者之父

20世纪70年代

1970年

保罗·萨缪尔森（Paul A. Samuelson）美国人（1915—2009）

他发展了数理和动态经济理论，将经济科学提高到新的水平。他的研究涉及经济学的全部领域。

1971年

西蒙·库兹涅茨（Simon Kuznets）乌克兰人，后入美国籍（1901—1985）

他在研究人口发展趋势及人口结构对经济增长和收入分配关系方面做出了巨大贡献。

1972 年
约翰·希克斯（John R. Hicks）英国人（1904—1989）
肯尼斯·约瑟夫·阿罗（Kenneth J. Arrow）美国人（1921—）
他们深入研究了经济均衡理论和福利理论。

1973 年
华西里·列昂惕夫（Wassily Leontief）苏联人（1906—1999）
他发展了投入产出方法，该方法在许多重要的经济问题中得到运用。

1974 年
弗里德里克·哈耶克（Friedrich August von Hayek）奥地利人（1899—1992）
纲纳·缪达尔（Gunnar Myrdal）瑞典人（1898—1987）
他们深入研究了货币理论和经济波动，并深入分析了经济、社会和制度现象的互相依赖。

1975 年
列奥尼德·康托罗维奇（Leonid Vitaliyevich Kantorovich）苏联人（1912—1986）
佳林·库普曼斯（Tjalling C. Koopmans）美国人（1910—1985）
前者在 1939 年创立了享誉全球的线形规划要点，后者将数理统计学成功运用于经济计量学。他们对资源最优分配理论做出了贡献。

1976 年
米尔顿·弗里德曼（Milton Friedman）美国人（1912—2006）
他创立了货币主义理论，提出了永久性收入假说。

1977 年
戈特哈德·贝蒂·俄林（Bertil Ohlin）瑞典人（1899—1979）
詹姆斯·爱德华·米德（James E. Meade）英国人（1907—1995）
他们对国际贸易理论和国际资本流动作了开创性研究。

1978 年
赫伯特·西蒙（Herbert A. Simon）美国人（1916—2001）
他对经济组织内的决策程序进行了研究，这一有关决策程序的基本理论被公认为关于公司企业实际决策的创新见解。

1979 年
威廉·阿瑟·刘易斯（Sir Arthur Lewis）英国人，后入美国籍（1915—1991）

他在发展经济学方面颇有建树,提出了二元经济模型和进出口交换比价模型。

西奥多·舒尔茨(Theodore W. Schultz)美国人(1902—1998)

他在经济发展方面做出了开创性研究,深入研究了发展中国家在发展经济中应特别考虑的问题。

20 世纪 80 年代

1980 年

劳伦斯·罗·克莱因(Lawrence R. Klein)美国人(1920—)

他以经济学说为基础,根据现实经济中实有数据所作的经验性估计,建立起经济体制的数学模型。

1981 年

詹姆斯·托宾(James Tobin)美国人(1918—2002)

他阐述和发展了凯恩斯的系列理论及财政与货币政策的宏观模型。在金融市场及相关的支出决定、就业、产品和价格等方面的分析做出了重要贡献。

1982 年

乔治·斯蒂格勒(George J. Stigler)美国人(1911—1991)

他在工业结构、市场的作用和公共经济法规的作用与影响方面,做出了创造性重大贡献。

1983 年

罗拉尔·德布鲁(Gerard Debreu)美国人(1921—)

他概括了帕累托最优理论,创立了相关商品的经济与社会均衡的存在定理。

1984 年

理查德·约翰·斯通(Richard Stone)英国人(1913—1991)

他被称为国民经济统计之父,在国民账户体系的发展中做出了奠基性贡献,极大地改进了经济实证分析的基础。

1985 年

弗兰科·莫迪利安尼(Franco Modigliani)意大利(1918—)

第一个提出储蓄的生命周期假设的人,这一假设在研究家庭和企业储蓄中得到了广泛应用。

1986 年

詹姆斯·麦基尔·布坎南(James M. Buchanan Jr.)美国人(1919—)

他将政治决策的分析同经济理论结合起来,使经济分析扩大和应用到社会—政治法规的选择。

1987 年
罗伯特·索洛(Robert M. Solow)美国人(1924—)
他对经济增长理论做出贡献,提出长期的经济增长主要依靠技术进步,而不是依靠资本和劳动力的投入。

1988 年
莫里斯·阿莱斯(Maurice Allais)法国人(1911—)
他在市场理论及资源有效利用方面做出了开创性贡献。对一般均衡理论重新做了系统阐述。

1989 年
特里夫·哈维默(Trygve Haavelmo)挪威人(1911—)
他建立了现代经济计量学的基础性指导原则。

20 世纪 90 年代
1990 年
默顿·米勒(Merton H. Miller)美国人(1923—2000)
哈里·马科维茨(Harry M. Markowitz)美国人(1927—)
威廉·夏普(William F. Sharpe)美国人(1934—)
他们在金融经济学方面做出了开创性工作。

1991 年
罗纳德·科斯(Ronald H. Coase)英国人(1910—)
他揭示并澄清了经济制度结构和函数中交易费用和产权的重要性。

1992 年
加里·贝克尔(Gary S. Becker)美国人(1930—)
他将微观经济学的理论扩展到对于人类行为的分析上,包括非市场经济行为。

1993 年
道格拉斯·诺斯(Douglass C. North)美国人(1920—)
罗伯特·福格尔(Robert W. Fogel)美国人(1926—)
前者建立了包括产权理论、国家理论和意识形态理论在内的"制度变迁理论"。后者用经济史的新理论及数理工具重新诠释了过去的经济发展过程。

1994 年
约翰·福布斯·纳什（John F. Nash Jr.）美国人（1928—）
约翰·海萨尼（John C. Harsanyi）美国人（1920—）
莱因哈德·泽尔腾（Reinhard Selten）德国人（1930—）
这 3 位数学家在非合作博弈的均衡分析理论方面做出了开创性德贡献，对博弈论和经济学产生了重大影响。

1995 年
小罗伯特·卢卡斯（Robert E. Lucas Jr.）美国人（1937—）
他倡导和发展了理性预期与宏观经济学研究的运用理论，深化了人们对经济政策的理解，并对经济周期理论提出了独到的见解。

1996 年
詹姆斯·莫里斯（James A. Mirrlees）英国人（1936—）
威廉·维克瑞（William Vickrey）美国人（1914—1996）
前者在信息经济学理论领域做出了重大贡献，尤其是不对称信息条件下的经济激励理论。后者在信息经济学、激励理论、博弈论等方面都做出了重大贡献。

1997 年
罗伯特·默顿（Robert C. Merton）美国人（1944—）
迈伦·斯科尔斯（Myron S. Scholes）美国人（1941—）
前者对布莱克－斯科尔斯公式所依赖的假设条件做了进一步减弱，在许多方面对其做了推广。后者给出了著名的布莱克－斯科尔斯期权定价公式，该法则已成为金融机构涉及金融新产品的思想方法。

1998 年
阿马蒂亚·森（Amartya Sen）印度人（1933—）
他对福利经济学几个重大问题做出了贡献，包括社会选择理论、对福利和贫穷标准的定义、对匮乏的研究等。

1999 年
罗伯特·蒙代尔（Robert A. Mundell）加拿大人（1923—）
他对不同汇率体制下货币与财政政策以及最适宜的货币流通区域所做的分析使他获得这一殊荣。

21 世纪

2000 年

詹姆斯·赫克曼（James J. Heckman）1944 年生于美国芝加哥，曾就读于科罗拉多学院。1971 年获普林斯顿大学经济系博士学位。现为芝加哥大学的教授。

丹尼尔·麦克法登（Daniel L. McFadden）1937 年生于美国北卡罗来纳州的瑞雷，曾就读于明尼苏达大学。1962 年获得明尼苏达大学博士学位。现为加州大学伯克莱分校教授。

在微观计量经济学领域，他们发展了广泛应用于个体和家庭行为实证分析的理论和方法。

2001 年

乔治·阿克尔洛夫（George A. Akerlof）生于 1940 年，美国加州大学伯克莱分校教授。

迈克尔·斯宾塞（A. Michael Spence）生于 1943 年，美国加州斯坦福大学教授。

约瑟夫·斯蒂格利茨（Joseph E. Stiglitz）生于 1943 年，美国纽约哥伦比亚大学教授。

为不对称信息市场的一般理论奠定了基石。他们的理论迅速得到了应用，从传统的农业市场到现代的金融市场，他们的贡献来自于现代信息经济学的核心部分。

2002 年

丹尼尔·卡纳曼（Daniel Kahneman）1934 年出生，美国普林斯顿大学心理学和公共事务教授。

弗农·史密斯（Vernon L. Smith）1927 年出生，美国乔治·梅森大学经济学和法律教授。

传统上，经济学研究主要建立在人们受自身利益驱动并能作出理性决策的假设基础之上。长期以来，经济学被普遍视为是一种依赖于实际观察的经验科学，或者是建立在演绎、推理方法基础之上的思辨性哲学，而不是在可控实验室中进行检测的实验性科学。然而，现在经济学研究越来越重视修正和测试基础经济理论的前提假设，并越来越依赖于在实验室里而不是从实地获得的数据。这种研究源于两个截然不同。但目前正在相互融合的领域：一个是用认知心理学分析方法研究人类的判断和决策行为的领域；另一个是通过实验室实验来测试或检验根据经济学理论作出预测的未知或不确定性领域。卡纳曼和史密斯正是这两个研究领域的先驱。卡纳曼因卓有成效地把心理学分析方法与经济学研究融合在一起，而为创立一个新的经济学研究领域奠定了基础，其主要研究成果是，他发现了人类决策的不确定性,即发现人类决策常常与根据标准经济理论假设所作出的预测大相径庭。他与已故的阿莫斯·特维尔斯基合作,提出了一种能够更好地说明人类行为的期望理论。

2003 年

克莱夫·格兰杰(Clive W. J. Granger)1934 年生于英国威尔士的斯旺西,现为英国公民。他 1959 年获英国诺丁汉大学博士学位,现是美国圣迭戈加利福尼亚大学荣誉经济学教授。

罗伯特·恩格尔(Robert F. Engle III)1942 年生于美国纽约的锡拉丘兹,1969 年获美国康奈尔大学博士学位,现为美国纽约大学金融服务管理学教授。

他们分别用"随着时间变化的易变性"和"共同趋势"两种新方法分析经济时间序列,从而给经济学研究和经济发展带来巨大影响。研究人员在进行估量关系、作出预测以及检验经济学理论中的假设时,往往以时间序列,即以按时间排列的观察周期的形式来使用数据。这种时间序列显示了国内生产总值、价格、利率、股票价格等的演变。在 20 世纪 80 年代,两位获奖者发明了新的统计方法来处理许多经济时间序列中两个关键属性:随时间变化的易变性和非稳定性。在金融市场上,随着时间的随机波动,即易变性,具有特殊重要的意义,因为股票和各类有价证券的价值取决于易变性的风险。波动可以随着时间发生很大变化:一个波动很大的动荡期后总是一个波动很小的平静期。恩格尔所发明的"自动递减条件下的异方差性"(ARCH)理论能精确地获取很多时间序列的特征,并对能把随时间变化的易变性进行统计模型化的方法进行了发展。现在,他的 ARCH 模型已经不仅是研究人员不可缺少的工具,金融市场上的分析家也用它来进行资产定价和证券投资风险评估。大部分整体经济时间序列都有一个随机趋势,一次暂时的失调会产生长期持续的影响。这些时间序列被叫做"非稳定的"序列。格兰杰论证出,当用于稳定时间序列的统计方法运用于非稳定的数据分析时,人们很容易做出安全错误的判断。他的重大发现是,把两个以上非稳定的时间序列进行特殊组合后可能呈现稳定性。格兰杰把这种现象叫作"共和体"。他这一方法在对诸如储蓄和消费的关系、汇率和物价的关系以及短期和长期利率的关系等经济学领域的研究中有着意义非凡的作用。

2004 年

芬恩·基德兰德(Finn E. Kydland),1943 年生于挪威。1973 年从匹兹堡的卡内基—梅隆大学获得博士学位,现任卡内基—梅隆大学和加利福尼亚圣巴巴拉分校的教授。

爱德华·普雷斯科特(Edward C. Prescott),1940 年生于美国纽约州。1967 年从匹兹堡的卡内基-梅隆大学获得博士学位。普雷斯科特曾先后在宾州大学、卡内基-梅隆大学和明尼苏达大学任教,现任亚利桑那州立大学凯瑞(W. P. Carey)商学院经济学讲席教授,并担任明尼阿波利斯联邦储备银行的资深顾问。他在卡内基—梅隆大学任教期间曾担任基德兰德的博士论文导师。

他们不仅通过对宏观经济政策运用中"时间连贯性难题"的分析研究,为经济政策特别是货币政策的实际有效运用提供了思路;而且在对商业周期的研究中,通过对引起商业周期波动的各种因素和各因素间相互关系的分析,使人们对于这一现象的认识更加深入。

2005年

托马斯·克罗姆比·谢林(Thomas Crombie Schelling),1921年生于美国。哈佛大学博士。现任马里兰大学教授。

罗伯特·约翰·奥曼(Robert John Aumann),1930年生于德国。麻省理工学院博士。耶路撒冷希伯来大学教授。

他们通过博弈论分析促进了对冲突与合作的理解。

2006年

埃德蒙德·菲尔普斯(Edmund Phelps)1933年出生,美国人。

菲尔普斯教授的研究方向主要集中于宏观经济学的各个领域,包括就业、通货膨胀和通货紧缩、储蓄、公债、税收、代际公平、价格、工资、微观主体行为、资本形成、财政和货币政策,以及他最有成就的领域——经济增长问题,被誉为"现代宏观经济学的缔造者"和"影响经济学进程最重要的人物"之一。菲尔普斯教授最重要的贡献在于经济增长理论。他是继罗伯特·索洛之后,对经济增长的动态最优化路径进行了分析,提出了著名的"经济增长黄金律",从而正式确立了经济增长理论。

2007年

埃里克·马斯金(Eric S. Maskin),1950年出生于美国纽约。1976年获得哈佛大学应用数学博士学位。1985至2000年任哈佛大学经济系教授。2003年出任世界计量经济学会会长,普林斯顿高等研究院社会科学部主任。在现代经济学最为基础的领域里做出了卓越的贡献,其中包括公共选择理论、博弈论、激励理论与信息理论以及机制设计,被誉为当今国际经济学最受尊敬的经济学大师。

罗杰·B. 迈尔森(Roger B. Myerson),1951年生于美国波士顿,美国国籍。1976年获得哈佛大学应用数学博士学位,其博士课题为"一种合作博弈理论(A Theory of Cooperative Games)",对博弈论有深入的研究。著有《博弈论:矛盾冲突分析》(Game Theory:Analysis of Conflict)及《经济决策的概率模型》(Probability Models for Economic Decisions)。

莱昂尼德·赫维奇（Leonid Hurwicz），犹太人，1917年出生于波兰，第二次世界大战中来到美国，美国科学院院士，美国经济学会院士，总统奖获得者，明尼苏达大学校董事会讲座教授。开始时兴趣主要是计量经济学，对动态计量模型的识别问题作出了奠基性的工作。1947年首先提出并定义了宏观经济学中的理性预期概念。其主要研究领域包括机制和机构设计以及数理经济学。最重要的研究工作是开创了经济机制设计理论。他曾于1990年由于"对现代分散分配机制的先锋性研究"获得美国国家科学奖。

2008年

保罗·克鲁格曼（Paul Krugman）1953年出生于纽约长岛，犹太人，毕业于耶鲁大学经济学专业，1977年获得麻省理工学院博士学位，先后在耶鲁、麻省理工、斯坦福大学任教，2000年开始在普林斯顿大学工作。

2008年10月13日斯德哥尔摩当地时间13时左右（北京时间19时左右），瑞典皇家科学院诺贝尔奖委员会宣布将2008年度诺贝尔经济学奖授予美国经济学家保罗·克鲁格曼。他将获得的奖金额度仍为1 000万瑞典克朗（约合140万美元），不会受金融危机影响。

诺贝尔奖委员会授予他的颁奖词是：因为其在贸易模式上所做的分析工作和对经济活动的定位。

2009年

10月12日中部欧洲时间下午13时00分左右（北京时间19时00分左右），瑞典皇家科学院诺贝尔奖委员会宣布将2009年度诺贝尔经济学奖授予美国经济学家埃莉诺·奥斯特罗姆（她由此成为诺贝尔经济学奖设立以来，首位获此殊荣的女性）和奥利弗·E·威廉姆森。

埃莉诺·奥斯特罗姆（Elinor Ostrom）获颁2009年度诺贝尔经济学奖，以表彰"她对经济治理的分析，尤其是对普通人经济治理活动的研究"，而瑞典科学院将2009年诺贝尔经济学奖颁给奥利弗·E·威廉姆森，以表彰"他对经济治理的分析，特别是对公司的经济治理边界的分析"。

埃莉诺·奥斯特罗姆1933年出生于美国，现供职于美国印第安纳大学，奥利弗·E·威廉姆森1932年出生于美国，现在在美国加利福尼亚大学伯克利分校工作。两位经济学家将各获得一半奖金。

2010年

瑞典皇家学院将2010年诺贝尔经济学奖授予美国经济学家彼得·戴蒙德、戴尔·莫滕森，英裔、塞浦路斯籍经济学家克里斯托弗·皮萨里德斯3位学者。

皮特·戴蒙得生于1940年，现为麻省理工学院经济学教授。他以在最优税收领域的开创性研究而著名，最优税收理论被广泛应用于公共政策领域。此外，他还是美国社会保障研究院的创始人之一。

戴尔·莫滕森生于1939年，现任美国西北大学，最知名之处是他在摩擦性失业理论方面的开创性研究工作。从这一成果出发，他进一步研究了劳工移动率和再安置等方面的工作。

克里斯托弗·皮萨里德斯出生于1948年，他拥有塞浦路斯和英国双重国籍，现任伦敦经济学院。他的学术贡献包括基于失业匹配函数的宏观经济搜索及匹配理论，以及经济的结构性增长等。

附录4

练习题（部分）参考答案

第一章

1. （略）
2. (1) A (2) B (3) C (4) D (5) A
3. (1) √ (2) √ (3) √ (4) × (5) ×
4. （略）

第二章

1. （略）
2. (1) B (2) A (3) A (4) B (5) B
3. (1) √ (2) √ (3) × (4) × (5) √
4. （略）

第三章

1. （略）
2. (1) B (2) C (3) A (4) D (5) D
3. (1) √ (2) √ (3) × (4) × (5) ×
4. （略）

第四章

1. （略）
2. (1) B (2) B (3) A (4) B (5) D
3. (1) × (2) √ (3) × (4) × (5) √
4. (1) 本题中 2002、2003、2004、2005 年每年年初存入 5 000 元，求在

2005 年年末的终值，显然是即付年金求终值的问题，所以，2005 年 12 月 31 日的余额 $=5\,000\times(F/_{A,10\%,4})\times(1+10\%)=25525.5$（元）

（2）第一种付款方案支付款项的现值是 20 万元；第二种付款方案是一个递延年金求现值的问题，第一次收付发生在第四年年初即第三年年末，所以递延期是 2 年，等额支付的次数是 7 次，所以，$P=4\times(P/_{A,10\%,7})\times(P/_{F,10\%,2})=16.09$（万元）

第三种付款方案：此方案中前 8 年是普通年金的问题，最后的两年属于一次性收付款项，所以，$P=3\times(P/_{A,10\%,8})+4\times(P/_{F,10\%,9})+5\times(P/_{F,10\%,10})=19.63$（万元）

因为三种付款方案中，第二种付款方案的现值最小，所以应当选择第二种付款方案。

（3）① $P=A(P/_{A,i,n})=2\,500\times(P/_{A,5\%,5})$
$=2\,500\times4.330=10\,825$（元）

② $F=A(F/_{A,i,n})=2\,500\times(F/_{A,5\%,5})$
$=2\,500\times5.526=13\,815$（元）

（4）$m=4$，$i/m=12\%/4$，$mn=10\times4$
$F=10\,000(1+12\%/4)40=32\,620$

（5）解法一：先将预付年金的现值求出，再求复利现值。
$P=1\,000\times(P/_{A,10\%,6})(1+10\%)(P/_{F,10\%,3})=3\,599$（元）

解法二：第 4 年年初看成为第三年年末，则变成为"前 2 年无流入，从第 3 年年末到第八年年末流入"。

$P=1\,000\times(P/_{A,10\%,6})(P/_{F,10\%,2})=1\,000\times4.355\,3\times0.826\,4=3\,599$（元）

第五章

1.（略）

2.（1）B　（2）D　（3）B　（4）B　（5）A

3.（1）√　（2）√　（3）×　（4）×　（5）√

4.（1）①预期收益率期望值

A 项目：$20\%\times0.2+10\%\times0.6+5\%\times0.2=11\%$

B 项目：$30\%\times0.2+10\%\times0.6+(-5\%)\times0.2=11\%$

②计算两个项目收益率的标准差：

A 项目：$\sqrt{(20\%-11\%)^2\times0.2+(10\%-11\%)^2\times0.6+(5\%-11\%)^2\times0.2}=4.9\%$

B 项目：$\sqrt{(30\%-11\%)^2\times0.2+(10\%-11\%)^2\times0.6+(-5\%-11\%)^2\times0.2}=11.14\%$

③由于 A、B 两个项目投资额相同，预期收益率期望值亦相同，而 A 项目风险相对较小（其标准差小于 B 项目），故 A 项目优于 B 项目。

（2）A 资产的期望收益率 = 1/3 × 30% + 1/3 × 10% + 1/3 × (- 7%) = 11%

　　B 资产的期望收益率 = 1/3 × (- 5%) + 1/3 × 7% + 1/3 × 19% = 7%

　　资产组合的期望收益率 = 11% × 50% + 7% × 50% = 9%

（3）①计算以下指标。

甲公司证券组合的 β 系数 = 50% × 2.0 + 30% × 1.0 + 20% × 0.5 = 1.4

甲公司证券组合的风险收益率（RP） = 1.4 × (15% - 10%) = 7%

甲公司证券组合的必要投资收益率（K） = 10% + 7% = 17%

投资 A 股票的必要投资收益率 = 10% + 2.0 × (15% - 10%) = 20%

②因为 8% = βP(15% - 10%)，所以 βP = 1.6

设 A 股票的投资比率为 x，则有

1.6 = 2.0x + 1.0 × 30% + 0.5 × (70% - x)

解得 x = 63.33%，所以 A 的投资比率为 63.33%，C 的投资比率为 6.67%。

第六章

1. （略）
2. （1）B　　（2）C　　（3）A　　（4）ABCD　　（5）ABC
3. （1）√　　（2）√　　（3）×　　（4）√　　（5）×
4. （1）P_0 = 2/(10% - 5%) = 40（元）

　　（2）P = 2 000 × ($P/F,10\%,5$) = 2 000 × 0.621 = 1 242（元）

　　（3）P = (1 000 × 10% × 5 + 1 000) × ($P/F,10\%,5$)

　　　　　= 1 500 × 0.621

　　　　　= 931.5（元）

第七章

1. （略）
2. （1）D　　（2）B　　（3）C　　（4）ABC　　（5）ABCD
3. （1）×　　（2）√　　（3）√　　（4）√　　（5）√
4. （1）采用补偿性余额借入资金实际利率 = 10%/(1 - 5%) = 10.53%

采用贴息法借入资金的实际利率 = 10%/(1 - 10%) = 11.11%

债券成本 = 10% × (1 - 30%)/(1 - 2%) = 7.14%

长期借款股成本 = 12% × (1 - 30%)/(1 - 3%) = 8.66%

留存收益成本 = 10%

普通股成本 = 10%/(1 - 4%) = 10.42%

（2）甲方案各年的净现金流量

甲方案的折旧 = (100 - 5)/5 = 19（万元）

甲方案的息税前利润 = 90 - 60 = 30（万元）

税前 NCF：

$NCF_0 = -150$（万元）

$NCF_{1\sim4} = 30 + 19 = 49$（万元）

$NCF_5 = 49 + 55 = 104$（万元）

税后 NCF：

$NCF_0 = -150$（万元）

$NCF_{1\sim4} = 30 \times (1 - 25\%) + 19 = 41.5$（万元）

$NCF_5 = 41.5 + 55 = 96.5$（万元）

乙方案各年的净现金流量

乙方案的折旧 = (120 + 10 - 8)/5 = 24.4（万元）

乙方案的年息税前利润 = 170 - 80 - 24.4 = 65.6（万元）

税前 NCF：

$NCF_0 = -120$（万元）

$NCF_1 = 0$

$NCF_2 = -80$（万元）

$NCF_{3\sim6} = 65.6 + 24.4 = 90$（万元）

$NCF_7 = 90 + 80 + 8 = 178$（万元）

税后 NCF：

$NCF_0 = -120$（万元）

$NCF_1 = 0$

$NCF_2 = -80$（万元）

$NCF_{3\sim6} = 65.6 \times (1 - 25\%) + 24.4 = 73.6$（万元）

$NCF_7 = 73.6 + 80 + 8 = 161.6$（万元）

第八章

1. （略）
2. （1）D　（2）B　（3）C　（4）B　（5）D
3. （1）×　（2）×　（3）×　（4）×　（5）√
4. （1）经营杠杆系数 $= \dfrac{S - VC}{S - VC - F} = \dfrac{S - VC}{EBIT} = \dfrac{210 - 210 \times 60\%}{60} = 1.4$

财务杠杆系数 $\dfrac{EBIT}{ETIT - T} = \dfrac{60}{60 - 200 \times 40\% \times 15\%} = 1.25$

总杠杆系数 = 1.4 × 1.25 = 1.75

（2）原经营杠杆系数 1.5 =（营业收入 - 变动成本）/（营业收入 - 变动成本 - 固定成本）

$$= (500-200)/(500-200-\text{固定成本})$$

得固定成本 = 100。

财务杠杆系数 2 = (营业收入 - 变动成本 - 固定成本)/(营业收入 - 变动成本 - 固定成本 - 利息)

$$= (500-200-100)/(500-200-100-\text{利息})$$

得利息 = 100。

固定成本增加 50 万元，新经营杠杆系数 = (500 - 200) / (500 - 200 - 150) = 2

新财务杠杆系数 = (500 - 200 - 150) / (500 - 200 - 150 - 100) = 3

所以，新的总杠杆系数 = 经营杠杆系数 × 财务杠杆系数 = 2 × 3 = 6

第九章

1. （略）
2. （1） B　　（2） A　　（3） D　　（4） D　　（5） D
3. （1） ×　　（2） √　　（3） √　　（4） ×　　（5） √
4. （1） ①变动资产销售百分比 = (300 + 900 + 1 800) /6 000 = 50%

　　　　变动负债销售百分比 = (300 + 600) /6 000 = 15%

2011 年需要增加的营运资金额 = 6 000 × 25% × (50% - 15%) = 525（万元）

②2011 年需要增加对外筹集的资金额 = 525 + 200 + 100 - 6 000 × (1 + 25%) × 10% × (1 - 50%) = 450（万元）

③2011 年末的流动资产 = (300 + 900 + 1 800) × (1 + 25%) = 3 750（万元）

2011 年末的流动资负债 = (300 + 600) × (1 + 25%) = 1 125（万元）

2011 年末的资产总额 = 5 400 + 200 + 100 + (300 + 900 + 1 800) × 25% = 6 450（万元）

（上式中"200 + 100"是指长期资产的增加额："(300 + 900 + 1800) × 25%"是指流动资产的增加额）

因为题目中说明企业需要增加对外筹集的资金由投资者增加投入解决，所以长期负债不变，即 2011 年末的负债总额 = 2 700 + 1 125 = 3 825（万元）

2011 年末的所有者权益总额 = 资产总额 - 负债总额 = 6 450 - 3 825 = 2 625（万元）

（2）①2011 年公司需增加的营运资金 = 20 000 × 30% × [(1 000 + 3 000 + 6 000)/20 000 - (1 000 + 2 000)/20 000] = 2 100（万元）

②2011 年需要对外筹集的资金量 = (2 100 + 148) - 20 000 × (1 + 30%) × 12% × (1 - 60%) = 2 248 - 1 248 = 1 000（万元）

或 2011 年需增加的资金总额 = 2 100 + 148 = 2 248（万元）

2011 年内部融资额 = 20 000 × (1 + 30%) × 12% × (1 - 60%) = 1 248（万元）

2011 年需要对外筹集的资金量 = 2 248 - 1 248 = 1000（万元）

第十章

1. （略）
2. （1）D （2）B （3）C （4）C （5）D
3. （1）× （2）√ （3）× （4）√ （5）×
4. （1）经济进货批量 $Q = \sqrt{\dfrac{2 \times 40\,000 \times 30}{15}} = 400$

   总成本 $TC = \sqrt{2 \times 40\,000 \times 30 \times 15} = 6\,000$

   最佳进货批次 $N = \dfrac{40\,000}{400} = 100$

   （2）①1 000 －（1 000 － 300）＝ 300

   ②1 000 －（1 000 × 80%）＝ 200

第十一章

1. （1）B （2）C （3）C （4）A （5）A （6）B （7）B （8）C
2. （1）ABCD （2）ABD （3）AB （4）ABC （5）ACD
3. （1）× （2）√ （3）× （4）× （5）√
4.

万元

月份	2	3	4
（1）期初现金余额	70	74	76.6
（2）经营现金收入	640	740	840
（3）材料采购支出	450	510	570
（4）直接工资支出	50	55	60
（5）制造费用支出	56	60	68
（6）预交所得税			90
（7）购置固定资产	200		
（8）现金余额	－46	189	128.6
（9）向银行借款	120		
（10）归还银行借款		－110	－10
（11）支付借款利息		－2.4	－0.1
（12）期末现金余额	74	76.6	118.5

【答案解析】　2月份数据的计算。

经营现金收入：600×60%＋700×40%＝640（万元）

材料采购支出：700×60%×50%＋800×60%×50%＝450（万元）

制造费用支出：66－10＝56（万元）

现金余额：70＋640－450－50－56－200＝－46（万元）

所以向银行借款的数额至少为：70＋46＝116（万元）

因为借款为10万元的倍数，所以借款数额为120万元

期末现金余额：120－46＝74（万元）

3月份数据的计算：

经营现金收入：700×60%＋800×40%＝740（万元）

材料采购支出：800×60%×50%＋900×60%×50%＝510（万元）

制造费用支出：70－10＝60（万元）

现金余额：74＋740－510－55－60＝189（万元）

需要归还的利息数额为：120×12%×2/12＝2.4（万元）

所以可以用来归还银行借款的数额为：189－70－2.4＝116.6（万元）

因为还款为10万元的倍数，并且要保证期末现金余额不低于70万元，所以还款数额为110万元

期末现金余额：189－2.4－110＝76.6（万元）

4月份数据的计算：

经营现金收入：800×60%＋900×40%＝840（万元）

材料采购支出：1 000×60%×50%＋900×60%×50%＝570（万元）

制造费用支出：78－10＝68（万元）

现金余额：76.6＋840－570－60－68－90＝128.6（万元）

需要归还的利息数额为：10×12%×1/12＝0.1（万元）

借款数额中还有10万元未归还，所以应归还借款10万元

期末现金余额：128.6－0.1－10＝118.5（万元）

注意：

（1）按照规定，在归还借款的"本金"时支付借款利息，否则不支付借款利息。

（2）计算"支付借款利息"的数额时，按照"借款在期初，还款在期末"确定利息的计算期间，因此，在3月份计算"支付借款利息"的数额时，应该按照"2月初借入，3月末还款"计算，即应该按照"2个月"计算利息；

（3）"支付借款利息"的含义是支付"全部"积欠的借款利息，所以，本题3月份支付的借款利息＝120×12%×2/12＝2.4（万元）

（4）由于在3月末时，已经把本金120万元的2、3月份的利息全部支付，所以，4月份支付的借款利息仅仅是4月份发生的新利息；由于3月末时已经归

还 110 万元本金，所以，只需要按照剩余的本金 10 万元计算利息，并且计算的期间为 4 月份 1 个月。

第十二章

1. （略）
2. （1）B （2）D （3）C （4）B （5）A
3. （1）√ （2）√ （3）× （4）× （5）√
4. （1）①该利润中心的边际贡献总额 = 90 - 50 = 40（万元）

②该利润中心负责人可控利润总额 = 40 - 15 = 25（万元）

③该利润中心可控利润总额 = 25 - 20 = 5（万元）

（2）①追加投资前 A 中心的剩余收益 = 250 × 16% = 40（万元）

②追加投资前 B 中心的投资利润率 = 9/300 × 100% = 3%

③若 A 中心接受追加投资，其投资利润率 =（40 + 30）/（250 + 150）× 100% = 17.5%

④若 B 中心接受追加投资，其剩余收益 = 9 + 25 = 34（万元）

（3）直接材料实际成本 = 1250 × 1.10 = （元）

直接材料标准成本 120 × 10 × 1 = 1 200（元）

直接材料成本差异 = 1 375 - 1 200 = 175（元）

材料价格差异 =（1.10 - 1）× 1250 = 125（元）

材料用量差异 =（1250 - 120 × 10）× 1 = 50（元）

（4）直接人工实际成本 = 900 × 0.6 = 540（元）

直接人工标准成本 120 × 8 × 0.5 = 480（元）

直接人工成本差异 = 540 - 480 = 60（元）

人工效率差异 =（900 - 120 × 8）× 0.5 = -30（元）

工资率差异 =（0.6 - 0.5）× 900 = 90（元）

（5）变动制造费用实际成本 = 900 × 0.2 = 180（元）

变动制造费用标准成本 120 × 8 × 0.25 = 240（元）

变动制造费用成本差异 = 180 - 240 = -60（元）

变动制造费用效率差异 =（900 - 120 × 8）× 0.25 = -15（元）

变动制造费用耗费差异 =（0.20 - 0.25）× 900 = -45（元）

第十三章

1. （略）
2. （1）C （2）B （3）C （4）B （5）B
3. （1）√ （2）√ （3）× （4）√ （5）×

4.（1）流动资产年末余额为 90 万元，该公司存货年末余额和年平均余额分别为 135 万元和 140 万元，本年销货成本为 560 万元，应收账款周转期为 48.75 天

计算步骤如下：
年末流动负债 = 年末流动资产/年末流动比率 = 270/3 = 90（万元）
年末速动资产 = 年末流动负债 × 年末速动比率 = 90 × 1.5 = 135（万元）
年末存货 = 年末流动资产—年末速动资产 = 270 - 135 = 135（万元）
存货年平均余额 =（135 + 145）/2 = 140（万元）
销货成本 = 存货年平均余额 × 存货周转率 = 140 × 4 = 560（万元）
应收账款年平均余额 +（125 + 135）/2 = 130（万元）
应收账款周转期 = 360 × 应收账款年平均余额/年赊销净额 = 360 × 130/960 = 48.75（天）

（2）应收账款周转率为 5 次，总资产周转率为 0.4 次，资产净利率为 8%。
销货成本 = 20 ×（1 - 40%）= 12（万元）
赊销收入 = 20 × 80% = 16（万元）
净利润 = 20 × 16% = 3.2（万元）
应收账款平均余额 =（4.8 + 1.6）/2 = 3.2（万元）
应收账款周转率 = 16/3.2 = 5（次）
存货年平均余额 = 12/5 = 2.4（万元）
期末存货 = 2.4 × 2 - 2 = 2.8（万元）
期末流动负债 = 2.8/(2—1.6) = 7（万元）
期末流动资产 = 7 × 2 = 14（万元）
期末总资产 = 14/28% = 50（万元）
总资产平均余额 =（30 + 50）/2 = 40（万元）
总资产周转率 = 16/40 = 0.4（次）
资产净利率 = 3.2/40 = 8%

参 考 文 献

[1] 沈洪涛，樊莹，罗淑贞．初级财务管理［M］．大连：东北财经大学出版社，2008.
[2] Arthur J. Keown. 现代财务管理基础［M］．金马，译．北京：清华大学出版社，2004.
[3] keown, Arthur J., Martin, John D., Petty, J. William, Scott, David F. Jr. Financial Management: Principles and Applications. ［M］. loth ed. New Jersey: Pearson Education, Inc., 2005.
[4] 张涛．财务管理基础［M］．北京：中国财政经济出版社，2009.
[5] 贺世强．财务管理基础［M］．北京：清华大学出版社，2009.
[6] 金颖、黄艳艳．财务管理学基础［M］．北京：清华大学出版社，2010.
[7] 乔世震，王满．财务管理基础［M］．大连：东北财经大学出版社，2010.
[8] 熊楚熊，刘传兴，赵晋琳．公司理财学原理［M］．上海：立信会计出版社，2010.
[9] 荆新、王化成、刘俊彦．财务管理学［M］．北京：中国人民大学出版社，2009.
[10] 贾国军、陈文华、钱海波．财务管理学［M］．北京：经济管理出版社，2006.
[11] 郭复初、王庆成．财务管理学［M］．北京：高等教育出版社，2006.
[12] 荆新、王化成、刘俊彦．财务管理学［M］．北京：中国人民大学出版社，2009.
[13] 王化成．财务管理［M］．北京：中国人民大学出版社，2010.
[14] 财政部会计资格评价中心．财务管理［M］．北京：中国财政经济出版社，2010
[15] 陆宇建．财务管理［M］．北京：中国人民大学出版社，2009.
[16] 王化成、黎来芳、佟岩．财务管理［M］．大连：东北财经大学出版社，2008.
[17] 冯俊萍、佘伯明．财务管理实务［M］．大连：东北财经大学出版社，2010.
[18] 乔世震、王满．财务管理基础习题与案例［M］．大连：东北财经大学出版社，2010.
[19] 唐婉虹、柳世平、廉春慧、张洪珍．财务管理教程［M］．上海：立信会计版社，2006.
[20] 乔氏震．财务管理［M］．大连：东北财经大学出版社，2006.
[21] 财政部会计资格评价中心．中级会计资格/财务管理［M］．北京：中国财政经济出版社，2009.
[22] 熊晴海、熊细银．财务管理学［M］．广州：暨南大学出版社，2008.